인생이 즐거워지고 비즈니스가 풍요로워지는
디지털콘텐츠그룹 교육 소개

디지털콘텐츠그룹은 2010년 4월 'SNS소통연구소'로 출발하여, AI와 디지털 복지를 기반으로 한 뉴미디어 교육을 선도해왔습니다. 스마트폰 활용, SNS 마케팅, 유튜브 크리에이터, 프레젠테이션, 컴퓨터 활용 등 디지털 전환 시대에 발맞춘 다양한 교육을 꾸준히 운영하며 변화하는 미디어 환경에 능동적으로 대응하고 있습니다.

특히 AI 챗GPT 전문지도사, 디지털복지사, 노코딩 AI 데이터 분석 지도사 등 첨단 기술을 접목한 자격 과정과 전문 교육을 통해 지금까지 약 5,900여 명의 스마트폰 활용지도사를 양성하였으며, 이는 디지털 소외 없는 사회 실현을 위한 중요한 기반이 되고 있습니다.

현재는 전국 61개 지부 및 지국을 중심으로 지역사회에 밀착한 맞춤형 교육과 컨설팅을 활발히 진행하며, 지역 균형 발전과 디지털 역량 강화에 기여하고 있습니다.

- **스마트폰 활용지도사 2급 및 1급 자격증**
  스마트폰 기본 활용부터 스마트폰 UCC, 스마트폰 카메라, 스마트워크, 스마트폰 마케팅 교육 등 스마트폰 전문 강사를 양성하고 있습니다.

- **유튜브 크리에이터 전문지도사 2급 및 1급 자격증**
  유튜브 기본 활용부터 실전 유튜브 마케팅까지 실질적으로 도움이 되고 돈이 되는 교육을 실시하고 있습니다.

- **SNS마케팅 전문지도사 2급 및 1급 자격증**
  다양한 SNS채널을 활용해서 고객을 유혹하고 매출을 증대시킬 수 있는 실전 노하우와 SNS마케팅 효과를 극대화하기 위한 광고 전략을 구축할 수 있는 노하우에 대해서 교육을 진행 하고 있습니다.

- **디지털문해교육 전문지도사 2급 및 1급 자격증**
  초등학교부터 대기업 임원을 포함한 퇴직 예정자들까지 디지털 기술 활용에 대한 교육을 진행할 수 있도록 디지털 문해교육 전문지도사가 교육하고 있습니다.

- **디지털범죄예방 전문지도사 2급 및 1급 자격증**
  4차 산업혁명시대! 디지털리터러시 시대에 청소년부터 성인들에게 이르기까지 각종 디지털범죄로 인해 입을 피해를 방지하고자 교육합니다.

- **AI 챗GPT 전문지도사 2급 및 1급 자격증**
  디지털 대전환시대에 누구나 배우고 익혀야 할 AI챗GPT 각 분야별 전문 강사를 양성하고 있습니다.

- **AI 활용 전문지도사 2급 및 1급 자격증**
  AI 교육 및 응용 지원, 데이터 분석과 AI 모델 개발을 목적으로 등급에 따라 기초부터 고급 AI 교육을 제공하며, AI 프로젝트의 설계와 관리, AI 윤리와 법률 관련 교육을 제공하고, 기업을 위한 AI 전략 기획 및 컨설팅을 수행합니다.

- **노코딩 AI 데이터분석 전문지도사 2급 및 1급 자격증**
  인공지능(AI)과 빅데이터의 핵심 개념과 기술을 토대로 데이터 리터러시 교육을 전문적으로 수행할 수 있는 지도자를 양성하고 데이터 분석 및 AI 기술의 활용 능력을 겸비한 전문가를 배출하여 다양한 교육 및 컨설팅 업무를 수행합니다.

교육 문의 Tel. 02-747-3265 / 010-9967-6654   이메일 : snsforyou@gmail.com

 책을 내면서…

대한민국 국민 5,168만명!
이동전화 가입자 수 5,693만대!

이번에 출간하는 책은 16년 동안 뉴미디어 마케팅 교육(스마트폰, SNS마케팅 등)을 해오고 있는 ㈜디지털콘텐츠그룹에서 액티브 시니어·실버 세대가 더욱 즐겁고 편리하게 스마트폰을 활용할 수 있도록, 시니어 눈높이에 맞춰 보기 쉽게 제작한 책입니다.

책 크기도 A4 크기이고 글자 크기도 12포인트로 제작하여 액티브 시니어·실버 분들이 책을 보는 데 있어 매우 편하게 되어 있습니다.

㈜디지털콘텐츠그룹은 16년 동안 액티브 시니어·실버들에게 스마트폰 활용 교육을 하면서 꼭 필요한 스마트폰 활용 기능이 무엇인지 누구보다도 잘 알고 있습니다. 따라서 ㈜디지털콘텐츠그룹에서 발행한 이 책은 스마트폰 활용을 잘못하시는 시니어·실버 분들에게 훌륭한 스마트폰 기본 활용의 지침서가 될 것입니다.

'부모님을 위한 스마트폰 교과서 (2026 개정판)' 편에서는 스마트폰 기본 활용, 카메라 활용, 인공지능 서비스, 유튜브 활용, 키오스크 활용, 디지털 범죄, AI챗GPT활용 등에 대해서 다루고 있습니다.

전국에서 스마트폰 활용 교육을 하고 계시는 스마트폰 강사님들도 이 책을 스마트폰 활용 교육 시 교재로 사용하시면 강사님과 수강생분들에게 많은 도움이 되실 거라 자부합니다.

㈜디지털콘텐츠그룹은 2010년도부터 스마트폰 활용 교육을 전문적으로 해오고 있습니다.
스마트폰 교육 전문가를 양성하기 위해서 국내 최초로 스마트폰 강사 자격증인 [스마트폰 활용지도사] 교육을 통해 현재까지 5,700명 이상 되는 분들을 양성했습니다. 자격을 취득하고 훈련을 통해 전문가로 거듭난 [스마트폰 활용지도사] 선생님들은 전국 각 기관 및 단체에서 왕성히 활동하고 있습니다.

이번 책 구성도 전국에서 강의하는 스마트폰 활용지도사 선생님들의 교육 커리큘럼을 참고해서 탄생하게 된 것입니다.

필요로 하는 전부를 담아내지는 못했지만 그래도 이번 책을 통해 스마트폰 활용 교육 강사님들이나 수강생들 모두에게 도움이 되었으면 좋겠습니다.
㈜디지털콘텐츠그룹이 항상 강조하고 있는 "스마트폰 제대로 배우고 익히면 인생이 즐거워지고 비즈니스가 풍요로워집니다!"를 대한민국 국민 모두가 공감하고 스마트폰 활용을 제대로 하셨으면 하는 바람이 간절합니다.

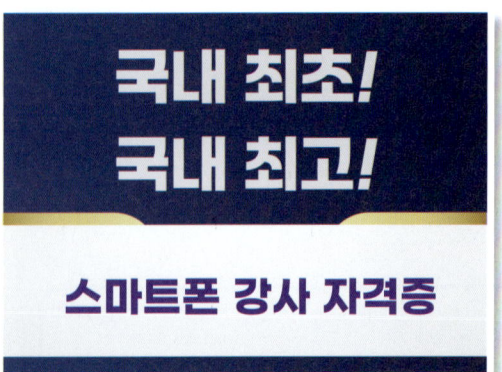

● 스마트폰 활용지도사 자격증에 대해서 아시나요?

과학기술정보통신부가 검증하고 한국직업능력개발원이 관리하는 스마트폰 자격증 취득에 관심 있으신 분들은 살펴보세요.

상담 문의
이종구 010-9967-6654
E-mail : snsforyou@gmail.com
카톡 ID : snsforyou

스마트폰 활용지도사 1급

● **해당 등급의 직무내용**

초/중/고/대학생 및 성인 남녀노소 누구에게나 스마트폰 활용 및 SNS 기본 교육을 실시할 수 있습니다. 또한 개인이나 소기업이 브랜드 전략을 구축하는 데 필요한 모바일 마케팅 전략 수립교육도 수행할 수 있으며, 특히 적은 비용으로 효과적인 브랜딩과 마케팅을 실현할 수 있는 실무 중심의 교육을 진행할 수 있습니다.

스마트폰 활용지도사 2급

● **해당 등급의 직무내용**

시니어 실버분들에게 스마트폰 활용교육을 실시할 수 있습니다. 개인 및 소기업이 모바일 마케팅 전략을 수립하는 데 필요한 기초 교육을 제공하며, 1인 기업이나 소기업이 스마트 워크 시스템을 구축할 수 있도록 기초적인 제반 사항을 안내하고 교육할 수 있습니다.

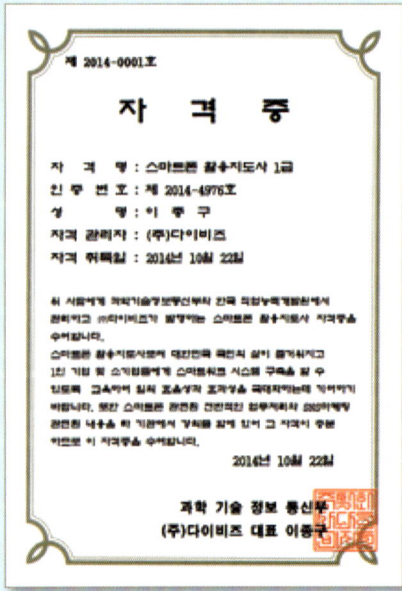

| 시험 응시료 : 3만원
| 자격증 발급비 : 7만원

● 종이 자격증 및 우단 케이스 제공
● 스마트폰 활용지도사 강의자료 제공비 포함

● **시험 일시** : 매월 둘째 주, 넷째 주 일요일 5시부터 6시까지 1시간
● **시험 과목** : 2급 – 스마트폰 활용 분야 / 1급 – 스마트폰 SNS마케팅
● **합격점수**
   1급 – 80점 이상(총 50문제 각 2점씩, 100점 만점에 80점 이상)
   2급 – 80점 이상(총 50문제 각 2점씩, 100점 만점에 80점 이상)

시험대비 공부방법
1. 스마트폰 활용지도사 2급 교재 구입 후 공부하기
2. 정규수업 참여해서 공부하기
3. 유튜브에서 [스마트폰 활용지도사] 채널 검색 후 관련 영상 시청하기

시험대비 교육일정
1. 매월 정규 교육을 디지털콘텐츠그룹 전국 지부에서 실시하고 있습니다.
2. 스마트폰 활용지도사 **디지털콘텐츠그룹 블로그** (blog.naver.com/urisesang71) 참고하기
3. 디지털콘텐츠그룹 사이트 참조(digitalcontentgroup.com)
4. NAVER 검색창에 **(디지털콘텐츠그룹)**이라고 검색하세요!

스마트폰 활용지도사 자격증 취득 시 혜택
1. 디지털콘텐츠평생교육원 스마트폰 활용 교육 강사 위촉
2. 디지털콘텐츠그룹 스마트폰 활용 교육 강사 위촉
3. 스마트 소통 봉사단에서 교육받을 수 있는 자격부여
4. SNS 및 스마트폰 관련 자료 공유
5. 매월 1회 세미나 참여 (정보공유가 목적)
6. 향후 일정 수준이 도달하면 기업제 및 단체 출강 가능
7. 매년 상반기 하반기 전국 워크샵 참여 가능
8. 그 외 다양한 혜택 수여

디지털콘텐츠그룹 주요 사업 콘텐츠

디지털 콘텐츠 및 마케팅 교육 (일반 교육 및 자격증 교육 포함)

- 스마트폰활용지도사
- SNS마케팅전문지도사
- 스마트워크전문지도사
- 유튜브크리에이터전문지도사
- 프리젠테이션전문지도사
- 컴퓨터활용전문지도사

- 디지털범죄예방전문지도사
- AI챗GPT활용전문지도사
- AI활용전문지도사
- 노코딩AI데이터분석전문지도사
- 디지털과의존예방전문지도사
- 액티브시니어AI리터러시전문가

※이 외 다양한 디지털 콘텐츠 분야 교육 가능

디지털콘텐츠그룹 지부 및 지국 활성화

- 2010년 4월부터 교육을 시작한 디지털콘텐츠그룹은 현재 전국에 62개의 지부 및 지국을 운영 중

스마트폰 활용지도사
(국내 최초! 국내 최고!)

- 2014년 10월 스마트폰 활용지도사 민간 자격증 취득
- 2급과 1급 과정을 운영 중이며 현재 5,900여 명 이상 지도사 양성

실전에 필요한 전문 교육
(다양한 분야 실전 교육 중심)

- 일반 강사들에게도 꼭 필요한 전문 교육을 실시함
  (SNS마케팅, 스마트워크, 프리젠테이션, AI 교육 등)

디지털콘텐츠그룹 출판사

- 2011년 11월부터 'SNS소통연구소'를 시작으로 출판사 운영
- 스마트폰 활용 및 SNS마케팅 관련된 책 60권 출판
- 강사들에게 필요한 다양한 분야의 책을 출간 진행 중

교육문의

(주)디지털콘텐츠그룹 (직통전화)
02-747-3265 / 010-9967-6654

디지털복지사, 사람과 기술을 잇다

한눈에 보는 디지털복지사 3급·2급·1급 완벽 정리

디지털복지사는 디지털 격차 해소와 정보 소외계층 지원을 위해 등장한 새로운 전문 직업입니다.
이 자격증은 3급(입문형), 2급(실무형), 1급(전문가형)으로 구성되어 있으며,
단계별로 교육 내용과 역할이 달라져 디지털 복지 전문가로 성장할 수 있도록 구성되어 있습니다.

1 디지털복지사 단계별 가이드

구분	대상	교육 내용 및 역량	진출 분야
3급 (입문형)	디지털 기기 사용이 익숙하지 않은 시니어, 복지관 활동가, 디지털 초보자	스마트폰·앱 기초, 인터넷 검색, 개인정보 보호, 디지털 문해력 향상	시니어 교육 초급 강사, 복지센터 실무자, 지역 봉사단
2급 (실무형)	평생교육·복지·지자체· 기업 현장 실무자 및 강사	SNS 마케팅, 스마트워크, 교육 콘텐츠 제작, 디지털 범죄 예방	평생교육센터, 복지관, 기업 디지털 강사, 컨설팅
1급 (전문가형)	공공기관 교육운영자, 교육기획자, 정책입안자, 디지털 컨설턴트	AI·챗GPT 활용, 데이터 분석, 정책 설계, 고급 컨설팅	공공기관 위탁교육, 정책기획, 고급 컨설팅, 기업연수

- 각 급수는 실무 중심의 교육과 평가를 통해 현장에 즉시 투입 가능한 실전형 전문가를 양성합니다.
- 3급은 기초 역량, 2급은 실무 및 응용, 1급은 정책 설계와 고급 컨설팅까지 단계적으로 전문성을 강화합니다.

2 디지털복지사의 주요 역할과 역량

디지털 교육
취약계층 대상 맞춤형 디지털 역량 교육

디지털 지원
서비스 접근성과 생활기술 지원

세대 연결
세대 간 소통 및 소외감 해소

정책 제안
데이터 기반 정책 개발 및 제도 개선

3 디지털복지사와 전통 사회복지사의 차이

구분	디지털복지사	전통 사회복지사
핵심 초점	기술 기반 복지, 디지털 격차 해소 전문	종합적 생활지원, 상담, 자원 연계
교육/실습	디지털 기술·AI 실습 교육 및 데이터 분석 전문	상담·지원·서비스 연계 중심
활동 영역	공공·민간·기업 전방위 활동, 글로벌 확장 가능	복지관, 시설, 공공기관 등 제도권 중심
사회적 역할	세대 연결 강화, 디지털 포용성 증진	대인관계 중심, 전통적 복지서비스 제공

디지털복지사는 단순히 기술을 가르치는 것을 넘어, 기술과 사람을 연결하고, 정보 소외계층의 자립을 돕는 '테크 기반 복지 전문가' 입니다. 반면, **사회복지사**는 심리·정서적 지원과 자원 연계에 더 중점을 둡니다.

4 미래 사회에서 디지털복지사의 중요성과 전망

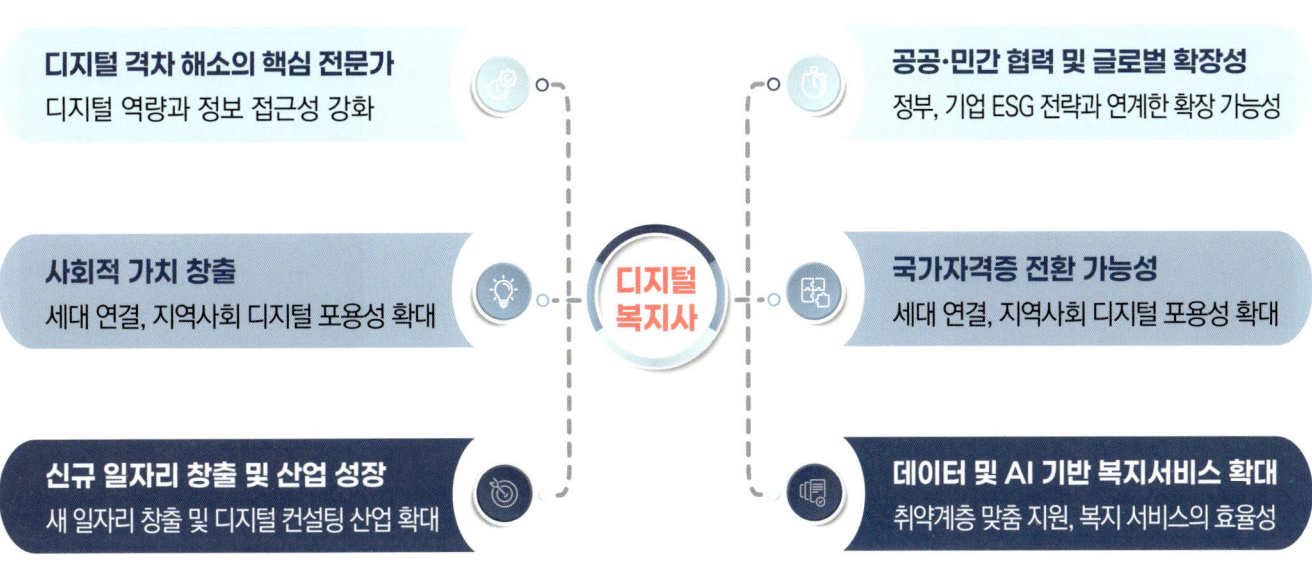

디지털 격차 해소의 핵심 전문가
디지털 역량과 정보 접근성 강화

공공·민간 협력 및 글로벌 확장성
정부, 기업 ESG 전략과 연계한 확장 가능성

사회적 가치 창출
세대 연결, 지역사회 디지털 포용성 확대

디지털 복지사

국가자격증 전환 가능성
세대 연결, 지역사회 디지털 포용성 확대

신규 일자리 창출 및 산업 성장
새 일자리 창출 및 디지털 컨설팅 산업 확대

데이터 및 AI 기반 복지서비스 확대
취약계층 맞춤 지원, 복지 서비스의 효율성

문의 (주)디지털콘텐츠그룹 | 서울시 종로구 대학로12길 63 | Tel. **02-747-3265**

민간자격 등록번호:
제 2025-003089호

디지털콘텐츠그룹 자격증 교육 교재 리스트

내 인생의 반려폰 제대로 활용하기 (기본활용편)
특강에 최적화된 내용과 간결한 구성(68P)

디지털 대전환 시대에 꼭 필요한 디지털 문해 교육의 정석(定石)
디지털문해교육 전문지도사 1급 교재

어르신들을 위한 스마트폰 기초 교실 (2025개정증보판)
스마트폰 기초부터 기본 UCC 활용 책

스마트폰 하나면 나도 사진작가다
스마트폰 카메라 기초부터 활용까지

디지털 범죄예방 교육의 정석(定石)
디지털범죄예방 전문지도사 2급 교재

부모님을 위한 AI교과서
초보자를 위한 AI 입문서

디지털콘텐츠그룹 출판 리스트 60권
(2025년도 11월 기준)

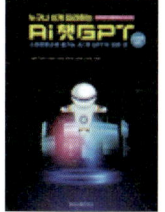      

    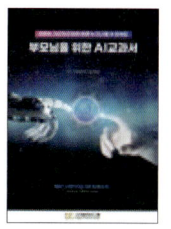  

디지털콘텐츠그룹
전국 지부 및 지국 현황

서울 (지부장-이종구)
- 강남구 (지국장-최영하)
- 강동구 (지국장-윤진숙)
- 강북구 (지국장-백세균)
- 강서구 (지국장-문정임)
- 관악구 (지국장-손희주)
- 광진구 (지국장-최혁희)
- 금천구 (지국장-김명선)
- 동대문구 (지국장-조재일)
- 동작구 (지국장-최상국)
- 영등포구 (지국장-김은정)
- 마포구 (지국장-김용금)
- 서초구 (지국장-조유진)
- 송파구 (지국장-문윤영)
- 양천구 (지국장-송지열)
- 중구 (지국장-유화순)
- 종로구 (지국장-조선아)

경기북부 (지부장-이종구)
- 의정부 (지국장-한경희)
- 양주시 (지국장-오지성)
- 동두천/포천 (지국장-김상기)
- 구리 (지국장-김용희)
- 남양주시 (지국장-정덕모)
- 고양시 (지국장-백종우)

경기동부 (지부장-이종구)
- 성남시 (지국장-김지태)

경기서부 (지부장-이종구)
- 시흥시 (지국장-윤정인)
- 부천시 (지국장-김남심)
- 안산시 (지국장-권택현)

경기남부 (지부장-이종구)
- 수원 (지국장-권미용)
- 이천/여주 (지국장-김찬곤)
- 평택시 (지국장-임계선)
- 화성시 (지국장-한금화)

강원도 (지부장-장해영)
- 강릉시 (지국장-임선강)

인천광역시 (지부장-이종구)
- 서구 (지국장-어현경)
- 부평구 (지국장-최신만)
- 중구 (지국장-조미영)
- 계양구 (지국장-전혜정)
- 연수구 (지국장-조예윤)

충청북도 (지부장-김은경)

충청남도 (지부장-이종구)
- 청양/아산 (지국장-김경태)
- 금산/논산 (지국장-부성아)
- 천안시 (지국장-김숙)
- 홍성/예산 (지국장-김월선)

대구광역시 (지부장-임진영)
- 수성구 (지국장-도윤서)

대전광역시 (지부장-유정화)
- 중구/유성구 (지국장-조대연)

경상북도 (지부장-남호정)
- 고령군 (지국장-김은숙)
- 경주 (지국장-박은숙)

광주광역시 (지부장-이종구)
- 북구 (지국장-김인숙)

울산광역시 (지부장-김상덕)
- 동구 (지국장-김상수)
- 남구 (지국장-박인완)
- 중구 (지국장-장동희)
- 북구 (지국장-이성일)

부산광역시 (지부장-손미연)
- 사상구 (지국장-박소순)
- 해운대구 (지국장-배재기)
- 기장군 (지국장-배재기)
- 연제구 (지국장-조환철)
- 부산진구 (지국장-김채완)
- 북구 (지국장-황연주)

제주도 (지부장-여원식)

CONTENTS

17	4차 산업혁명 시대 스마트폰 활용을 제대로 배우고 익혀야 하는 이유
21	스마트폰 개요
22	스마트폰 운영체제, 제조사, 통신사, 디바이스 정보 알아보기
24	스마트폰 화면 및 전원 켜고 끄기
25	스마트폰 주요 버튼과 아이콘 모양 이해하기
26	스마트폰 각 부분의 명칭 알아보기
27	스마트폰 조작 방법 알아보기
29	스마트폰 화면 구성 (잠금화면, 홈 화면, 앱스화면)
30	상태 알림줄 - 아이콘 설명
31	알림창 및 빠른 설정창 살펴보기
32	소리/진동/무음 바꾸기
32	화면 자동 꺼짐 시간 조절하기
33	WI-FI(와이파이)로 네트워크 연결하기
35	모바일 데이터 사용 및 차단하기
36	화면 글자 크기 조절하기
36	저장공간 확인 및 확보하기

CONTENTS

37	**최근 실행 앱 확인하기**
38	**디바이스 케어로 스마트폰 최적화하기**
	- 스마트폰 기기 최적화하기
	- 홈 화면에 디바이스 케어 위젯 추가하기
40	**연락처 활용**
	- 연락처 추가 및 즐겨찾기 사용하기
	- 그룹 추가하기
	- 최근 기록 사용하기
44	**화면 페이지 편집**
	- 홈페이지 추가 및 삭제
	- 홈 화면 순서변경 및 홈페이지 변경
45	**폴더 관리하기**
	- 폴더 만들기
46	**위젯(Widget) 활용하기**
	- 다이렉트 전화걸기 및 돋보기
48	**시계 앱 활용하기(알람)**
49	**문자메시지**
	- 음성녹음하고 저장된 음성파일 확인하기
	- 빠른음성 문자 보내기 (빠른음성 바로가기가 없을 때)
	- 말로 문자 보내기 (삼성 ONEUI 5.1버전)
	- 말로 문자 보내기 (삼성 ONEUI 6.1버전)
54	**카메라 설정법**
	- 카메라 빠른 실행

55	카메라 앱의 촬영모드별 옵션
70	포토에디터 사용법
76	스냅시드
88	갤러리에서 사진 및 동영상 확인하고 앨범 만들기
89	갤러리에서 앨범 만들기
90	갤러리에서 사진 편집하기
91	휴지통
92	즐겨찾기 기능
93	지메일 계정 설정하기
96	구글 Play 스토어 활용하기
99	구글 어시스턴트 활용하기
103	구글 어시스턴트 뉴스 듣기
106	구글 렌즈 제대로 활용하기

CONTENTS

109 카카오톡
- 카카오톡 친구탭 설정하기
- 내 프로필 편집하기
- 친구 목록 관리하기
- 전체 설정 메뉴 살펴보기

120
- 채팅탭 메뉴 살펴보기
- 채팅방 폴더 만들기
- 새로운 채팅 시작하기
- 팀채팅 만들기
- 비밀채팅
- 채팅방 설정

124
- 지금탭 알아보기
- 그룹채팅방 만들기
- 오픈프로필 만들기

127
- 1:1 보이스톡하기
- 보이스톡 내용 확인하기
- 그룹 보이스톡하기
- 1:1 페이스톡(영상통화) 하기
- 그룹 페이스톡(그룹영상통화) 하기
- 채팅방에서 음성메시지 보내기

132
- 맞춤법 교정하기
- 자동 문자 번역하기
- 채팅방 메시지 수정 및 삭제하기

134
- 중요내용 책갈피 설정하기
- 채팅방에서 이모티콘 전송하기
- 채팅방에서 사진 및 동영상 전송하기
- 주고 받은 사진 및 동영상 저장하기와 확인하기

138
- 저장공간 확보하기
- 채팅방 나가기
- 위치 보내기
- 송금하기
- 결제하기
- 톡클라우드
- 쇼핑(선물하기)

149	**유튜브 앱 제대로 활용하기**
	- 유튜브 광고 차단
	- 시크릿 모드 사용하기
	- 계정 전환과 유튜브 설정
155	**광고 없이 유튜브 재생하기 - 브레이브 브라우저**
158	**네이버 앱 제대로 활용하기**
161	**네이버 MYBOX 앱 제대로 활용하기**
163	**멋진 카드뉴스 만들기**
	- 글그램
	- 글씨팡팡
173	**스마트폰에서 음악 및 동영상 다운받기**
	- 스텔라 브라우저
175	**나만의 감동 영상 편지 만들기**
	- 슬라이드 메시지
182	**나만의 인생 영화 만들기 - 쉽게 따라 할 수 있는 영상편집 앱**
	- 캡컷(CapCut)
191	**이미지 합성 어플 활용하기**
	- 포토퍼니아
194	**사진작가들이 가장 많이 사용하는 카메라 앱**
	- 피크닉 (풍경 사진에 최적화 된 앱)

CONTENTS

197 키오스크 활용하기 - 큐알코드 영상 포함
   1. 버거킹 주문하기
   2. 코레일 예매하기
   3. 영화예매(CGV-비회원 예매)
   4. 휴일날 병원이나 약국 찾기(응급의료정보제공)
   5. 카카오택시 이용하기
   6. 배달(배민 등) 앱 활용하기
   7. 쇼핑(이마트, 네이버 앱 쇼핑)
   8. 이마트몰 주문하기

224
   9. QR-CODE 영상으로 볼 수 있는 키오스크 현장
   ①KTX 열차 예매　　②KTX 예매 취소
   ③무인 민원 발급기　　④베스킨라빈스 31 주문하기
   ⑤KFC 주문하기　　⑥맥도널드 주문하기
   ⑦버거킹 주문하기　　⑧EDIYA 음료 주문하기
   ⑨농협 ATM 사용하기　　⑩무인 점포매장 이용하기

225 스마트폰, 요금제, 보험 선택하는 방법

229 유용한 앱 활용하기
   - 스마트폰 하나면 노래방이 필요없다(노래방 종결자)
   - LED 전광판

231 어르신들이 꼭 알고 활용해야 할 디지털 범죄 예방 앱
   - 세상에 이런일은 없다!
   - 디지털 범죄
   - 모바일 범죄 예시
   - 모바일 범죄 피해 예방 안전 수칙

238 Ai 챗GPT 어렵지 않아요!
   ❶ Ai란 무엇인가?
   ❷ 스마트폰에서 ChatGPT 시작하기
   - AI 추천사이트

253 유용한 사이트 소개

4차 산업혁명 시대 스마트폰 활용을 제대로 배우고 익혀야 하는 이유

1 스마트폰 활용을 제대로 배우고 익혀야 하는 이유?

전 세계 유명한 경제학자들이 연구한 바에 의하면 인구 5천만 명을 기준으로 볼 때, 100만명 이상이 사용하면 패션(Fashion)이라 하고, 500만명 이상이 사용하면 트렌드(Trend)라 하고, 1000만명 이상이 사용하면 문화(Culture)라고 합니다.

패션이나 트렌드는 바뀔 수 있지만, 문화는 쉽게 바뀌지 않습니다.
이제 스마트폰 활용은 선택이 아니라 필수입니다.

이제는 스마트폰 활용 방법을 배울지 말지가 아니라 스마트폰을 제대로 배우고 익혀서 가족 간, 세대 간의 즐거운 인생과 더욱 풍요로운 비지니스 결과를 만들어 내야 할 것입니다.

2024년 3월 현재
이동전화 가입자수 5,672만대

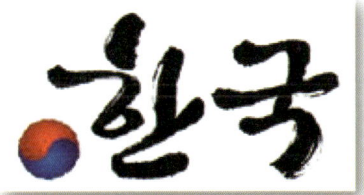

대한민국 국민
5,167만명 기준

100만명 이상이 사용하면
Fashion(패션)

500만명 이상이 사용하면
Trend(트렌드)

1,000만명 이상이 사용하면
Culture(문화)

2 가족 간 지인들 간의 원활한 소통을 위해서라도 스마트폰 활용 방법 제대로 배워야 합니다.

스마트폰 활용이 문화로 자리잡은 요즘 시니어 실버들의 경우 용어 자체가 생소한 경우가 많아 소통하는데 어려움을 많이 겪고 있습니다. 과거의 운전면허 연습은 가족 간에 하면 싸움만 난다고 했습니다.

요즘은 스마트폰에 대해서 실버들이 물어보고 하면 자식들은 "바빠요!"하고 피하고 손주들은 "전에 알려드렸잖아요!"하고 피한답니다. 궁금해도 자존심 때문에 어디 물어볼 데도 마땅치 않은 게 현실이기도 합니다.

스마트폰 제대로 배우고 익히면 세대간의 소통도 원활해질 것입니다.
소통이 원활하지 않으면 불통이 되고 불통이 반복되면 먹통이 되고 맙니다. 진정 스마트폰 활용 교육은 가족 간의 소통을 위해서라도 꼭 필요합니다. 손주들과 자녀들과 소통을 위해서라도 스마트폰 활용은 꼭 배우고 익히셔서 활용하시면 좋을 것 같습니다.

3 디지털 문맹 퇴치를 위해서라도 스마트폰 활용 교육은 체계적으로 이루어져야 합니다.

대한민국 국민 5,160만명!
50세 이상은 2022년 말 기준으로 2천 2백만명이 넘어섰고, 60세 이상은 1,400만명, 65세 이상은 900만명이 되었습니다.

나이가 많다고 해서 스마트폰 활용을 못 하는건 아니지만, 현재 50세 이상 기준으로 보면 스마트폰 등의 디지털 기기 활용에 익숙치 않은 분들이 많이 있습니다. 앞으로의 부국은 자원이 많은 나라보다도 국민 개개인의 지식수준이 높은 나라가 부국이라고 합니다.

스마트폰은 제 2의 두뇌라고도 합니다. 진정 스마트폰을 제대로 배우고 익혀서 디지털 문맹 인구가 줄어들면 자연히 대한민국의 지식수준이 올라가고 부국이 되는 초석이 될 것입니다.

  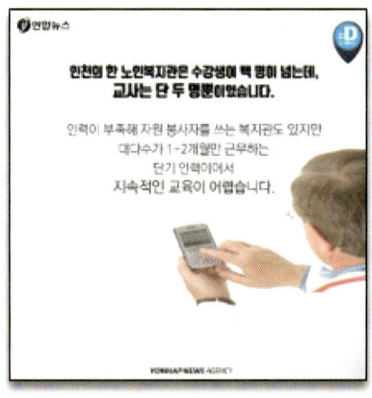

4 스마트폰 활용 몇 번 반복해서 해보시면 어렵지 않게 하실 수 있습니다.

어르신들의 경우 처음 수업을 받으실 때 다들 어려워하십니다. 어려워하는 것이 당연한 일일 것입니다. 60~70년 이상을 기계와 별로 친하지 않게 살아왔고 스마트폰 용어는 생소한 단어라 어려워 하는게 당연한 일입니다.
하지만 몇 번 반복해서 하다보면 기본적인 스마트폰 활용은 어렵지 않게 하시게 됩니다.

실례로 2017년 6월 16일부터 하루에 2시간씩 15회를 서울 노원구에 있는 한 노인복지관에서 스마트폰 기초교육을 시행하였습니다. 14분이 수강을 하시는데 평균연령 74세였습니다.
처음에는 문자 보내는 것도 힘들어하시고 카카오톡에서 사진 보내는 것도 잘 모르시던 분들이 6개월 정도 기간이 지나니까 자판 사용하는 게 어려워 문자도 안 보내고 하시던 분들이 지금은 음성으로 문자도 보내시고 카카오톡 채팅도 즐겁게 잘 하십니다.
카카오페이를 간단히 등록해서 카카오톡에서 손주나 자식들에게 용돈도 보내고 선물도 간단하게 보내니 가족분들이나 주변 친구분들이 놀라워한다고 합니다.

단체방에서도 직접 촬영한 사진 위에 좋은 글이나 명언들을 입력해서 보내고, 친구들과 촬영한 사진으로 이미지 합성을 멋지게 하셔서 친구들과 공유하시고 영상 편지도 직접 만들어서 가족 및 지인들과 공유하고 즐거움을 나누고 계십니다.
현재 전국 노인복지관 등 공공기관에서 스마트폰 활용 교육을 받으시는 70대 80대 노인분들도 몇 번 반복해서 실습해보시면 어느정도 따라와 주시고 지금은 저희 스마트폰 활용지도사 선생님들한테 즐거운 인생을 살게 해줘서 고맙다고 볼 때마다 말씀해 주시고 카톡이나 문자로 "감사합니다" "사랑합니다"를 보내주고 계십니다.

이처럼 스마트폰 활용은 처음에 뭐가 뭔지 잘 몰라서 스마트폰 사용을 못 하지만 조금만 배우고 익히시면 혼자서도 충분히 궁금한 점을 찾아서 하실 수 있습니다.
앞으로의 부국(富國)은 자원이 많은 나라보다도 국민 개개인의 지식수준이 높은 나라가 부국이 된다고 합니다.
대한민국의 발전을 위해서, 가족 간의 소통을 위해서, 조직의 발전을 위해서라도 스마트폰 제대로 배우고 익히셔야 할 것입니다.

앞으로 치명적인 병에 걸리지 않는 이상 누구나 100년을 사는 세상이 되었습니다. 그러나 우리는 100세의 삶이 어떤지, 어떤 미래가 도래할지 제대로 알지 못합니다. 과연 100세 시대는 우리에게 세상을 열어줄 것인가?

지금 나이가 70이어도 앞으로 최소 30년 이상을 더 사실 수 있습니다. 시니어 실버들이 스마트폰을 제대로 배우고 익혀서 실생활에 활용해본다면 아주 늦은 나이에 도전해 큰 성공을 이룬 사람들 영상을 보시고 현재의 삶에 만족하지 마시고 자신이 하고 싶은 일을 하시면서 2막을 살아가시면 하는 바램입니다.

(QR코드를 스캔하시면 관련 영상을 보실 수 있습니다)

CHECK 리스트

스마트폰 개요

1 스마트폰(SmartPhone)

1) 스마트폰이란?

손안의 PC(모바일 PC)로 시간과 공간의 제약 없는 지능형 스마트폰은 휴대폰 기능은 물론 TV, 동영상 제작, 카메라, 팩스, 캠코더, MP3 기능까지 갖추고 있어 **'다기능 지능형 복합 단말기'**라고도 불립니다. 최근에는 AI 기능에 사물 인식 기능, 번역은 물론 다양한 앱을 통해서 비즈니스에도 상용되고 있습니다.

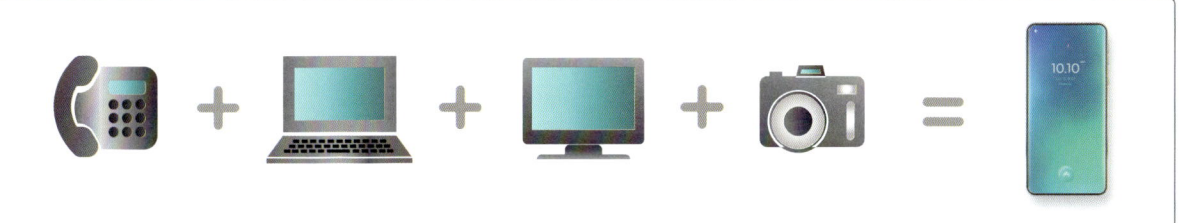

2) 컴퓨터[운영체제]와 비슷한 모바일[운영체제]가 설치되어 있으며, 다양한 프로그램 [애플리케이션]을 설치하여 사용할 수 있습니다.

※ **[운영체제]** : 컴퓨터의 하드웨어(기기)와 소프트웨어(프로그램)를 제어하여 사용자가 컴퓨터를 쓸 수 있게 만들어 주는 프로그램

※ **[애플리케이션]** : 앱 또는 어플이라고 말 하기도 하며, 스마트폰이나 컴퓨터에서 특정한 기능을 사용할 수 있도록 만들어진 프로그램

3) 전화와 문자는 기본이고 음악, 카메라, 인터넷, 게임, 채팅, 사진, 영상, 메일, 날씨, 지도, 내비게이션, 일정표, 파일 공유 등 인공지능 음성 서비스까지 수많은 기능을 사용할 수 있습니다.

2 스마트폰의 특징

1) 크기가 작아 휴대하기 편합니다.
2) 사용법이 간단합니다.
3) 언제 어디서나 인터넷을 연결할 수 있습니다.
4) 와이파이(Wi-Fi)를 사용하여 무료로 인터넷을 사용할 수 있습니다.
5) 생활에 편리한 프로그램이 많아서 유용합니다.
6) 각자 분야에 맞는 앱을 사용하여 일상의 활용도가 높습니다.
7) 다양한 앱을 설치하고 삭제하기가 쉽습니다.
8) 화면구성을 원하는 대로 설정할 수 있습니다.
9) 데이터 사용량이 제한된 용량을 초과할 경우 추가 비용을 부담해야 합니다.
10) 다양한 센서 기술(카메라, 가속도 센서, GPS, 조도 센서, 근접 센서 등 운영체제 및 앱을 쉽고 빠르게 업데이트할 수 있습니다.

스마트폰 운영체제, 제조사, 통신사, 디바이스 정보 알아보기

1 스마트폰의 운영체제 종류

종류	개발사	사용	점유율 (2021년 기준)
안드로이드(Android)	구글	삼성, LG	72.19%
IOS	애플	아이폰과 아이패드	26.99%
윈도우 모바일 OS	MS(마이크로소프트)	MS의 윈도우폰	0.02%

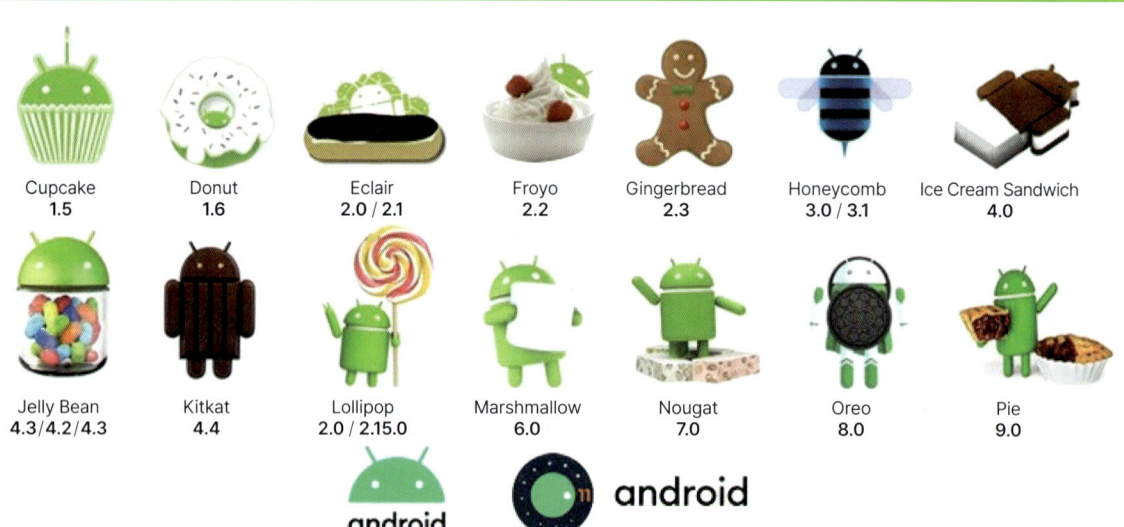

ANDROID VERSIONS LIST: A COMPLETE HISTORY & FEATURES

Cupcake 1.5 / Donut 1.6 / Eclair 2.0 / 2.1 / Froyo 2.2 / Gingerbread 2.3 / Honeycomb 3.0 / 3.1 / Ice Cream Sandwich 4.0 / Jelly Bean 4.3 / 4.2 / 4.3 / Kitkat 4.4 / Lollipop 2.0 / 2.15.0 / Marshmallow 6.0 / Nougat 7.0 / Oreo 8.0 / Pie 9.0 / android 10 / android 11

		안드로이드 버전의 역사			
버전(Version)	코드네임(CodeName)	릴리즈날짜	버전(Version)	코드네임(CodeName)	릴리즈날짜
1.0	Android 1.0	2008년 9월	7.0	누가	2016년 8월
1.5	컵케이크	2009년 4월	8.0	오레오	2017년 10월
2.2	프레오	2010년 5월	9.0	파이	2018년 8월
3.0	허니콤	2011년 2월	10	Android 10	2019년 9월
4.4	킷캣	2013년 10월	11	Android 11	2020년 9월
5.0	롤리팝	2014년 11월	12	스노우콘	2021년 10월
6.0	마시멜로	2015년 10월	13	티라미슈	2022년 2월

2 제조사와 통신사 알아보기

① **제조사** : 삼성, 애플, 샤오미, 화웨이 등(삼성전자 서비스:1588-3366)
② **통신사** : SKT(SK텔레콤), KT(올레), LG U+

3 본인 기기 알아보기

① 제조사 :   ② 통신사(요금제) :   ③ 디바이스(기기) 이름 :   ④ 모델번호 :
⑤ 시리얼번호 :   ⑥ IMEI :   ⑦ 안드로이드버전 :

4 디바이스 정보 – 모델명, 모델번호, IMEI 번호, 안드로이드 버전 찾아보기 (버전 16)

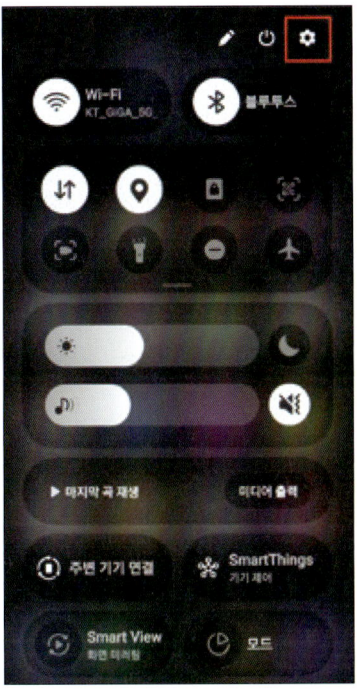

1 스마트폰 화면 상단 상태 알림바를 아래로 드래그 후 우측 상단 톱니바퀴 아이콘 [설정]을 터치합니다.
2 설정 메뉴 화면 가장 하단으로 이동하여 [휴대전화 정보]를 터치합니다.
3 제품명, 모델명, 시리얼 번호를 확인할 수 있습니다.

1 휴대전화 정보 화면 하단으로 이동하여 [소프트웨어 정보]를 터치합니다.
2 기기의 [One UI 버전]과 [Android 버전]을 확인할 수 있습니다.

스마트폰 화면 및 전원 켜고 끄기

1) 화면 켜고 끄기

① **화면 켜기**: 홈버튼 또는 전원버튼을 짧게 터치합니다.

- 잠금 미설정 시: 화면을 드래그합니다.
- 잠금 설정 시: 잠금을 해제합니다.

② **화면 끄기**: 전원버튼을 짧게 누릅니다.

2) 전원 켜기

① 전원버튼을 몇 초간 길게 누릅니다.

3) 전원 끄기

① [빅스비]가 탑재되면서 전원 끄는 방법이 매우 다양해졌습니다.

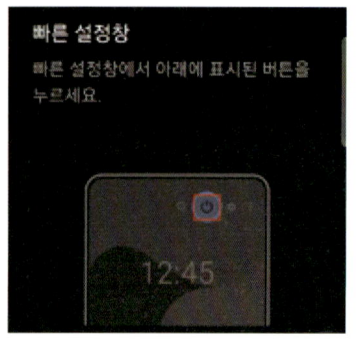
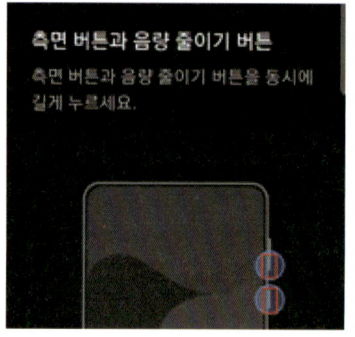

[상태표시줄]을 두번 내리면 [전원] 버튼이 나옵니다.

[음량줄이기]버튼과 [측면] 버튼을 동시에 길게 눌러줍니다.

[빅스비]를 사용하시는 분은 ["하이 빅스비"] 를 불러서 ["전원 꺼줘"]라고 말합니다.

② 예전처럼 [전원]버튼을 사용하시려면

설정 ▶ 유용한 기능 ▶ 측면 버튼 ▶ 길게 누르기 ▶ [전원 끄기] 메뉴를 터치합니다.

4) 다시 시작 (또는 재시작)

① [전원] 버튼을 길게 누릅니다. ② [다시 시작] (또는 [재시작])을 터치합니다.

스마트폰 주요 버튼과 아이콘 모양 이해하기

※ 스마트폰의 기종에 따라 모양이나 위치가 다를 수 있습니다.

버튼		기능
📱	전원	• 길게 누르면 전원을 켜거나 끔 • 짧게 누르면 화면이 켜지거나 잠김
⦀	최근 실행 앱	• 짧게 누르면 최근에 실행한 애플리케이션 목록이 보이고 모두 닫기 할 수 있음
⋮	메뉴	• 짧게 누르면 현재 화면에서 사용 가능한 메뉴가 나타남
○	홈	• 짧게 누르면 홈 화면이 실행 • 버튼일 경우 누르면 화면이 켜짐 (길게 누르면 OK 구글이 실행되기도 한다.)
< ↩	취소	• 짧게 터치하면 이전 화면으로 전환

2) 홈 화면 하단 주요 버튼 아이콘

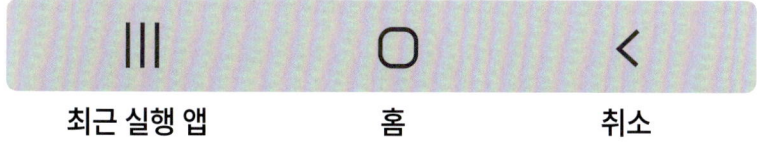

최근 실행 앱   홈   취소

3) 주요 아이콘

⚙	설정	⤴	공유
🔍	검색	✏	편집
🗑	삭제	•••	더보기
⋮ ≡	메뉴	⬇	저장
★	즐겨찾기	🔗	링크

스마트폰 각 부분의 명칭 알아보기

※ 스마트폰 기종이나 출시한 통신사에 따라 다를 수 있습니다. (삼성 갤럭시 S21+ 기준)

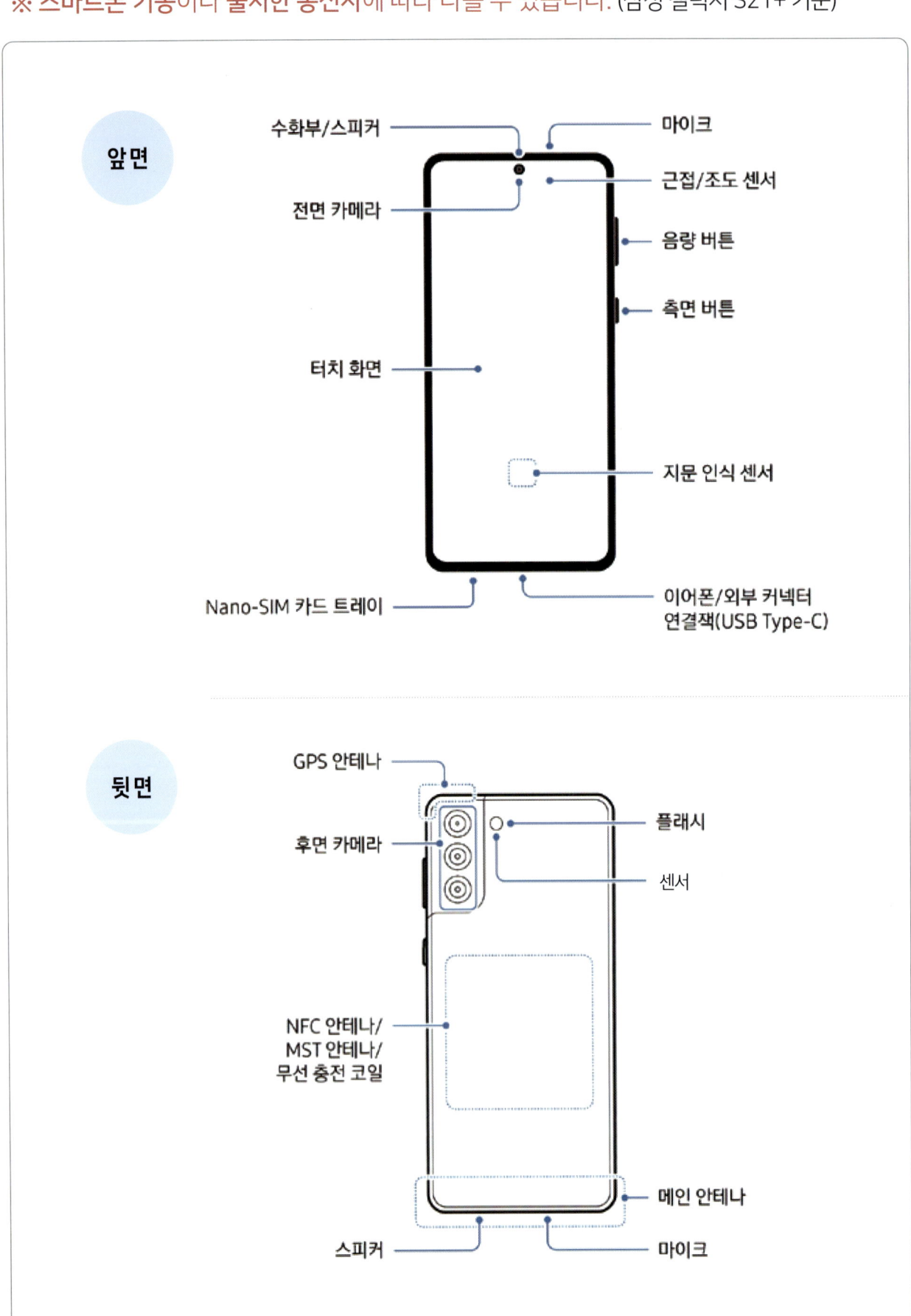

스마트폰 조작 방법 알아보기

1. 터치, 탭 누르기

① 스마트폰 화면을 가볍고 짧게 눌렀다 떼는 작업입니다.
② 앱을 실행하거나 메뉴 선택 등에 사용합니다.
③ 키보드를 이용해서 문자를 입력할 때는
   화면을 가볍게 누릅니다.

2. 롱 터치 (길게 누르기)

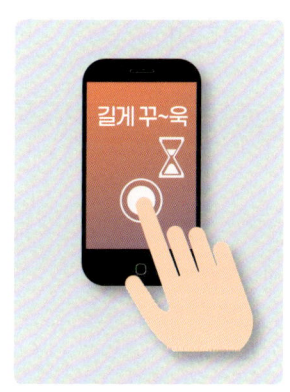

① 스마트폰 화면을 길게 누릅니다.
   (세게 누르지 않아도 됩니다.)
② 선택한 대상에 대해 가능한 작업 목록이 나옵니다.

3. 더블 터치 (두 번 두드리기)

① 화면을 빠르게 두 번 누릅니다.
② 사진, 지도, 웹 페이지 등이 실행된 상태에서
   일정 비율로 화면을 확대/축소할 수 있습니다.

4. 드래그 (끌기)

① 화면에 손가락을 터치 상태에서 손을 떼지 않고 원하는 위치로 이동한 후 손을 떼는 것
② 화면 이동할 때 사용합니다.

5. 스크롤 하기 (위/아래로 올리기/내리기, 좌우로 밀기)

① 손가락을 위·아래, 좌·우로 스크롤 합니다.
② 홈 화면 또는 앱스 화면에서 다른 페이지로 이동할 수 있습니다.
③ 웹 페이지나 목록 화면에서는 위, 아래로 스크롤하여 내용을 확인할 수 있습니다.

6. 핑거 줌 실행 (오므리고 펼치기)

① 두 손가락으로 동시에 화면을 오므려서 축소하거나, 펼쳐서 확대하여 사용합니다.
② 사진, 글자, 인터넷 화면을 확대/축소할 수 있습니다.

스마트폰 화면 구성 (잠금 화면, 홈 화면, 앱스 화면)

1. 잠금 화면

스마트폰의 화면을 켰을 때 가장 먼저 나타나는 화면입니다.

① **잠금 미설정 시** : 화면을 드래그합니다.

② **잠금 설정 시** : 잠금을 해제합니다.

(화면 잠금 방식 : 패턴, 비밀번호, PIN)

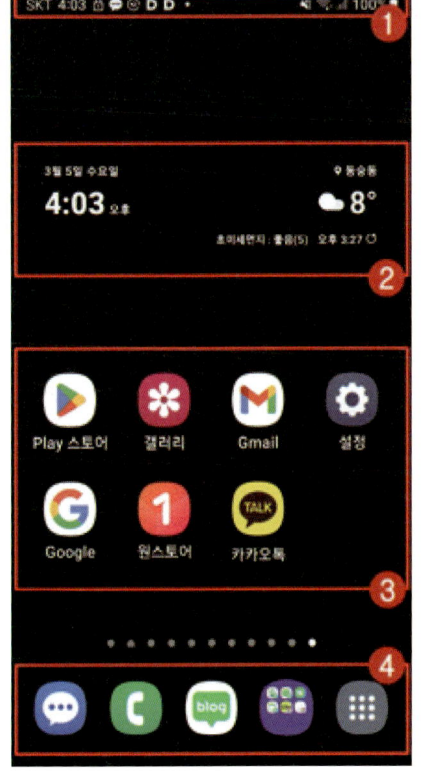

2. 홈 화면

잠금 화면을 열면 나오는 시작 화면입니다.

① **상태 알림 줄**

홈 화면 상단에 위치한 부분을 말합니다.

알림 줄을 내리면 스마트폰 알림 확인이 가능합니다.

② **위젯** (날씨와 시계)

사용자가 바탕화면 상에서 바로 사용할 수 있도록

자주 사용하는 기능만을 모아놓은 도구 모음 입니다.

③ **앱 아이콘**

자주 쓰는 앱 아이콘을 꺼내놓고 사용하며, 원하는 위치로

배치할 수 있습니다.

④ **고정 아이콘**

홈 화면에서 페이지를 변경해도 고정되며, 자주 사용하는

앱들로 설정 가능합니다.

3. 앱스 화면

홈 화면의 아래에 있는 앱스를 터치하여 나오는 화면입니다.

① 스마트폰에 설치된 모든 앱을 한곳에 모아 보여주는 곳입니다.

② 사전에 설치된 내장(기본) 앱과 사용자가 필요하여 추가로 설치한 앱이 여러 페이지에 나열되어 있습니다.

③ 앱은 기본적으로 앱스 화면에 설치됩니다.

④ 앱스 화면에서 취소버튼을 터치하면 홈 화면으로 전환됩니다.

* 앱이 많을 경우 검색창에서 앱을 검색할 수 있습니다.

상태 알림 줄 - 아이콘 설명

① 사용자의 사용 환경에 따라 화면 상단의 상태 표시줄에 아이콘이 나타나면서 스마트폰의 현재 상태를 알려줍니다.

② 통신사, 새로 온 문자, 부재중 전화 등을 알려줍니다.

③ 와이파이 연결, 배터리 상태, 시간 등을 확인할 수 있습니다.

— CHECK 리스트 —

알림창 및 빠른 설정창 살펴보기

알림창

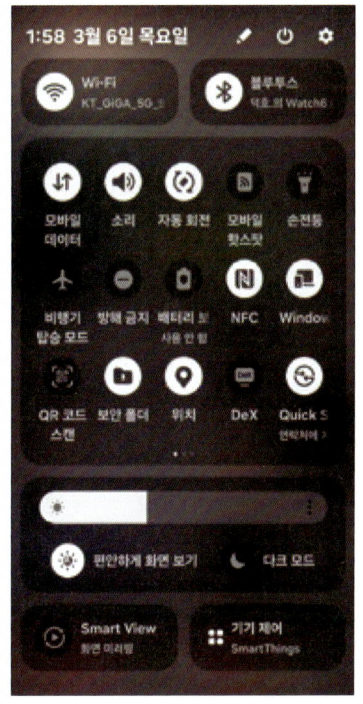

빠른 설정창

빠른 설정창 아이콘

- 🛜 무료로 무선 인터넷을 사용 및 해제할 수 있습니다.
- ⇅ 데이터를 사용 및 차단할 수 있는 기능입니다.
- 🔊 소리/진동/무음으로 설정합니다.
- 🔄 화면을 가로/세로로 회전합니다.
- ✱ 블루투스 스피커나 장비들을 연결할 때 사용합니다.
- 📡 스마트폰의 데이터를 다른 기기와 공유할 때 사용합니다.
- 🔦 손전등을 켜거나 끌 수 있습니다.
- ✈ 비행기 탑승 모드입니다.
- ⊖ 전화나 문자 등 모든 통신을 차단합니다.
- 🔋 배터리를 절약하고 싶을 때 배터리 보호모드를 켭니다.
- 📁 보안 폴더는 앱과 파일을 안전하게 보호하는 기능입니다.
- Ⓝ T-money, NFC 등 모바일 결제 서비스에 사용됩니다.
- 🖥 스마트폰과 PC를 연결합니다.
- ☀ 편안하게 화면보기 입니다.
- ▦ 큐알(QR)코드 스캔입니다.
- ▶ 스마트폰 화면을 스마트 TV 등에서 크게 볼 수 있습니다.
- 스마트폰 화면의 밝기 조절 기능입니다.

- ⏻ 전원
- ⚙ 설정
- ✎ 편집
- ⋮ 더보기

• 아이콘 색깔 구분

● 하얀색
빠른 설정창 아이콘이 활성화된 상태

● 검은색
빠른 설정창 아이콘이 비활성화된 상태

소리/진동/무음 바꾸기

 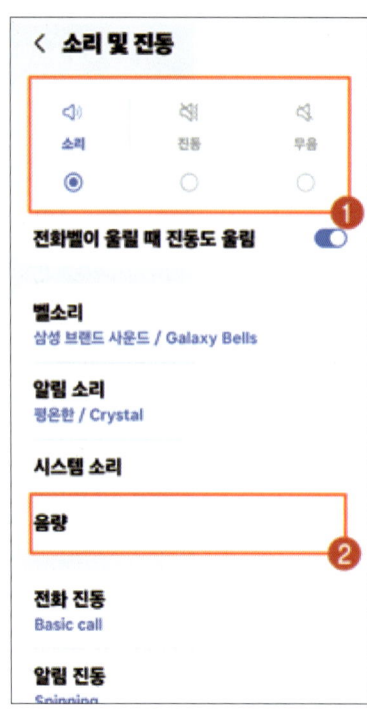 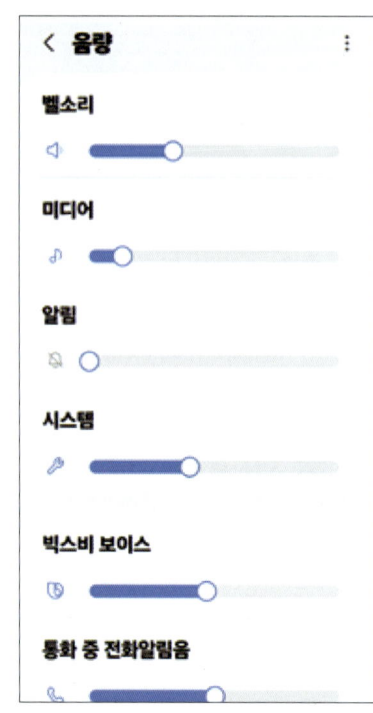

1️⃣ 스마트폰 첫 화면 상단에 [상태 알림 줄]을 아래로 드래그 후 빠른 설정 창에서 [소리]를 3초간 길게 누릅니다. 2️⃣ ① 소리, 진동, 무음 등을 선택할 수 있습니다. ② 음량을 터치합니다. 3️⃣ 벨소리, 미디어, 알림, 시스템, 빅스비 보이스 등 다양한 소리를 제어할 수 있습니다.

화면 자동 꺼짐 시간 조절하기

  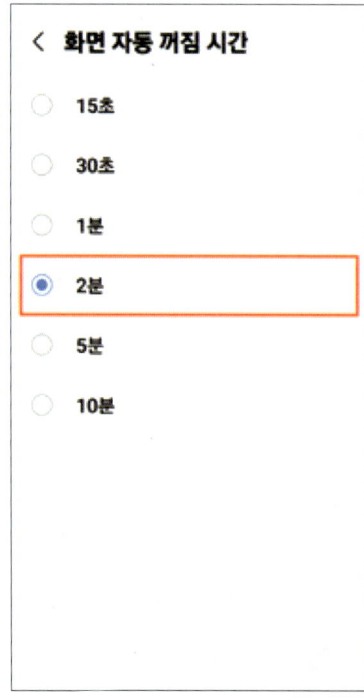

1️⃣ 스마트폰 설정 화면에서 [디스플레이]를 터치합니다. 2️⃣ 디스플레이 화면에서 [화면 자동 꺼짐 시간]을 터치합니다. 3️⃣ 사용자의 스마트폰 사용주기에 따라 선택할 수 있습니다.

WI-FI(와이파이)로 네트워크 연결하기

1. Wi-Fi(와이파이)란?

Wifi (Wireless Fidelity-무선 데이터 전송 시스템)

① 무료로 이용 가능한 근거리 무선 네트워크망으로 통신사의 요금제에서 제공하는 데이터 제공량과는 별도로 이용할 수 있습니다.

② 주로 가정집의 인터넷에 무선 공유기를 연결하여 사용하는 형태가 가장 많으며, 공공장소에서는 통신사에서 무료로 제공하기도 합니다.

2. 와이파이의 장점과 단점

장점 : 와이파이 사용량 요금은 무료입니다. 무제한으로 빠른 속도로 이용 가능합니다.
단점 : 와이파이 지역을 벗어나면 인터넷이 끊기며, 이동 시 이용이 불편하고 해킹과 도청 등 보안에 취약합니다.

3. Wi-Fi(와이파이) 설정하기

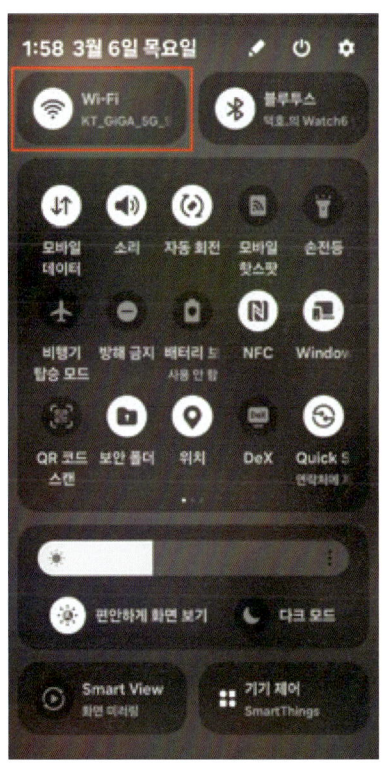
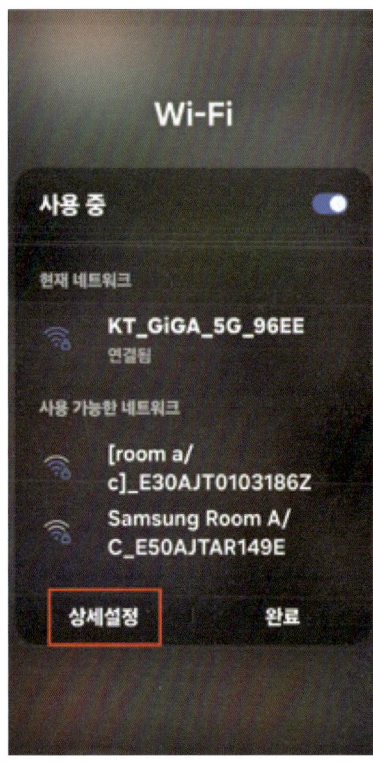

❶ 스마트폰 첫 화면 상단에 [상태 알림 줄]을 아래로 드래그합니다. [와이파이] 아이콘을 3초간 길게 누릅니다. ❷ [상세설정]을 터치합니다. (폰 사양에 따라 상세설정 화면은 다를 수 있습니다) ❸ 사용하고자 하는 네트워크(아이디) 명을 터치합니다.

1️⃣ ① 네트워크 비밀번호(암호)를 입력합니다. ② 암호가 맞다면 [연결] 버튼이 활성화됩니다. 연결을 터치합니다. 2️⃣ [연결됨]이라고 네트워크에 연결된 것을 확인할 수 있습니다.

CHECK 리스트

모바일 데이터 사용 및 차단하기

1. 데이터 통신의 개요

데이터 통신은 정보를 보내고 받는 걸 의미합니다.

예를 들어, 휴대폰으로 인터넷을 사용하거나, 문자 메시지를 보내고 받는 것도 데이터 통신의 한 종류입니다. 특히, LTE나 5G 같은 통신망을 이용해서 사진, 영상, 텍스트 같은 정보를 주고받을 수 있습니다.

① LTE/5G 데이터 통신 서비스를 이용하면 Wi-Fi(와이파이)가 되지 않는 지역에서도 인터넷 사용이 가능합니다.

② 휴대폰에서 인터넷을 사용할 때, Wi-Fi가 아닌 LTE/5G 데이터를 통신을 사용하면 요금이 부과될 수 있습니다.

2. 모바일 데이터 사용 및 차단하기

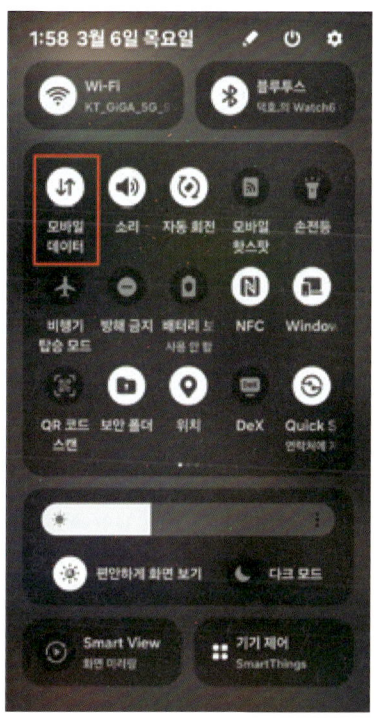

❶ 스마트폰 첫 화면 상단에 [상태 알림 줄]을 아래로 드래그합니다. 빠른 설정 창에서 [모바일 데이터]를 터치합니다. ❷ 데이터를 사용하지 않겠다면 [끄기]를 터치합니다. ❸ 데이터를 사용하겠다면 [확인]을 터치합니다.

화면 글자 크기 조절하기

1️⃣ 스마트폰 설정 화면에서 [디스플레이]를 터치합니다. 2️⃣ 디스플레이 화면에서 [글자 크기와 스타일]을 터치합니다. 3️⃣ ① 글자 모양을 바꿀 수 있습니다. ② 글자를 굵게 설정할 수 있습니다. ③ 조절 점을 좌우로 이동하여 원하는 크기로 설정할 수 있습니다.

저장공간 확인 및 확보하기

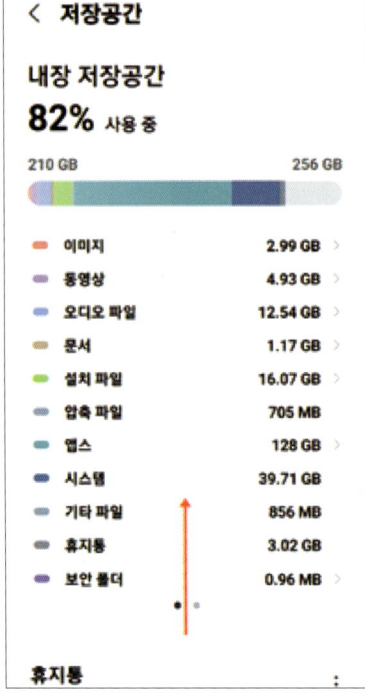

1️⃣ 설정 첫 화면에서 [배터리 및 디바이스 케어]를 터치합니다. 2️⃣ [저장공간]을 터치합니다. 3️⃣ 저장공간의 세부 사항을 확인할 수 있으며, 화면을 위로 드래그하여 휴지통, 사용하지 않는 앱, 용량이 큰 파일 등을 삭제하여 공간을 확보할 수 있습니다.

최근 실행 앱 확인하기

1 스마트폰 화면 왼쪽 하단에 있는 [최근 실행 앱]을 터치합니다. **2** ① 좌우로 드래그하여 최근 열어본 앱을 확인할 수 있으며, ② 사용하지 않는 앱은 위로 드래그하여 앱을 종료할 수 있습니다. ③ [모두 닫기]를 터치하면 전체 앱을 모두 종료할 수 있습니다.

디바이스 케어로 스마트폰 최적화하기

1) 스마트폰 기기 최적화하기

디바이스 케어는 누구나 손쉽게 터치 한 번으로 스마트폰을 최적의 상태로 유지 및 관리할 수 있는 기능입니다. 그리고 사용자가 스마트폰을 장시간 사용할 수 있도록 절전모드를 제공하며 RAM을 효율적으로 관리하고 여유공간을 확보합니다.

  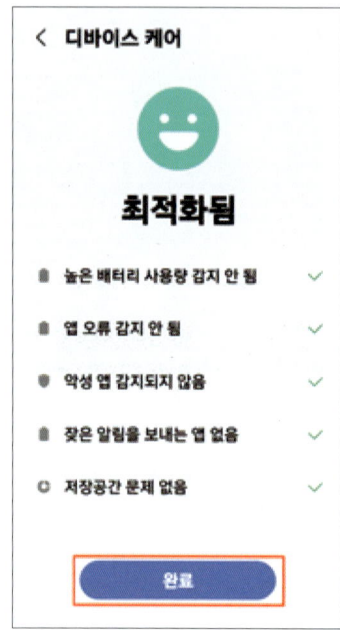

1️⃣ 설정 첫 화면에서 [배터리 및 디바이스 케어]를 터치합니다. 2️⃣ 스마트폰을 최적화하기 위해 [지금 최적화]를 터치합니다. 3️⃣ 스마트폰의 문제점 및 다양한 오류 등을 체크해 줍니다. 문제점이 없다면 [완료]를 터치합니다.

2) 홈 화면에 디바이스 케어 위젯 추가하기

위젯 기능을 활용하여 홈 화면에 디바이스 케어 위젯을 추가하면 수시로 스마트폰을 최적화할 수 있습니다

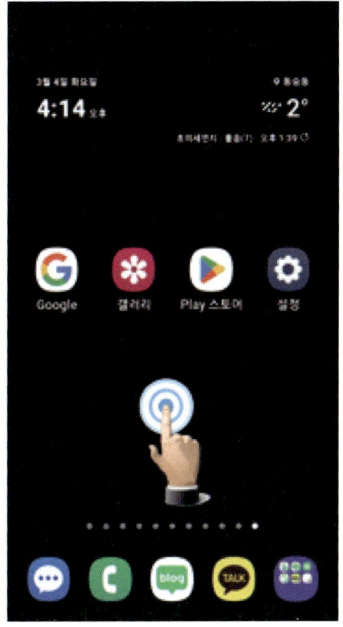 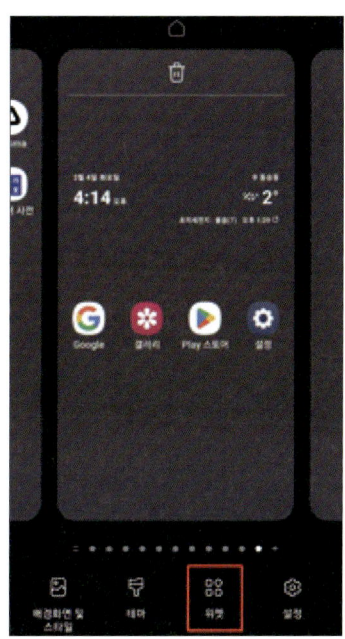 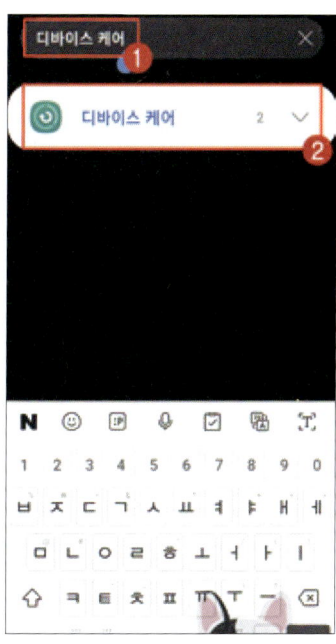

1️⃣ 스마트폰 홈 화면의 앱이 없는 빈 곳을 3초간 길게 누릅니다. 2️⃣ 하단 메뉴 중 [위젯]을 터치합니다.
3️⃣ ① 상단 검색창에 [디바이스 케어]라고 입력합니다. ② 아래 디바이스 케어를 터치합니다.

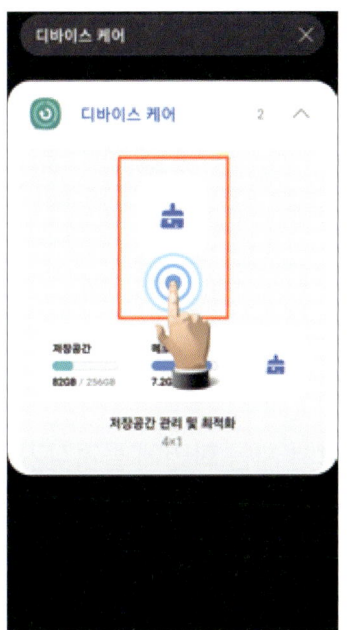 

1X1, 4X1 두 가지 스타일의 디바이스 케어 위젯 중에 1X1의 작은 위젯을 손가락으로 길게 눌러 홈 화면으로 이동하여 원하는 위치에서 손을 뗍니다.

※ 스마트폰 버전에 따라 디바이스 케어의 최적화 모양이 빗자루모양 🧹 혹은 🔄을 터치하여 최적화 하시면 됩니다.

연락처 활용

1) 연락처 추가 및 즐겨찾기 사용하기

● 연락처 추가하기

 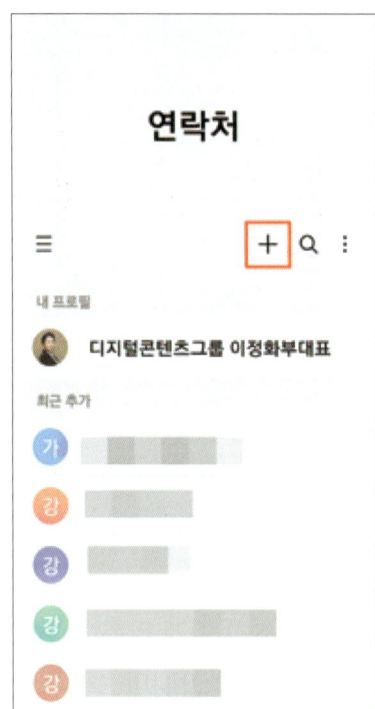 

1️⃣ [연락처]를 터치하여 실행합니다. 2️⃣ [+]를 터치합니다. 3️⃣ ① 연락처에 추가할 사람의 사진 또는 이미지를 삽입할 수 있습니다. ② 추가할 사람의 이름을 입력합니다. ③ 추가할 전화번호를 입력합니다. ④ [저장]을 터치하여 완료합니다.

● 즐겨찾기 사용하기

연락처에 등록된 화면입니다.

① [즐겨찾기]를 터치해 두시면 연락처 처음 화면에 즐겨찾기 등록한 순서대로 보입니다.
② 연락처에 추가한 사람의 사진, 이름, 전화번호를 편집할 수 있습니다.
③ 선택한 연락처를 다른 사람과 공유할 수 있습니다.
④ 연락처를 삭제, 차단, 벨소리 변경을 할 수 있습니다.

2) 그룹 추가하기

 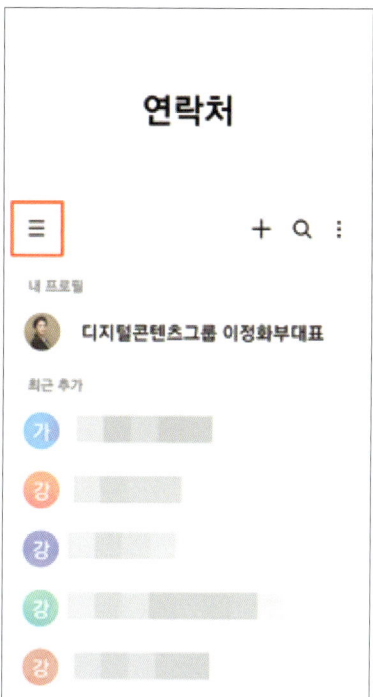 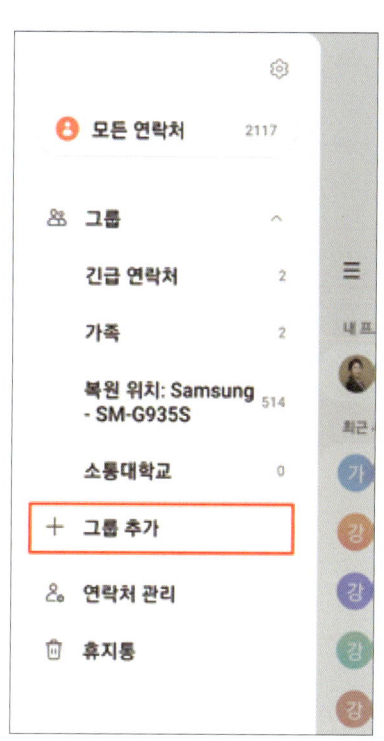

1️⃣ [연락처]를 터치하여 실행합니다. 2️⃣ 첫 화면 왼쪽에 [삼선]을 터치합니다. 3️⃣ 그룹을 추가하기 위해 [그룹 추가]를 터치합니다.

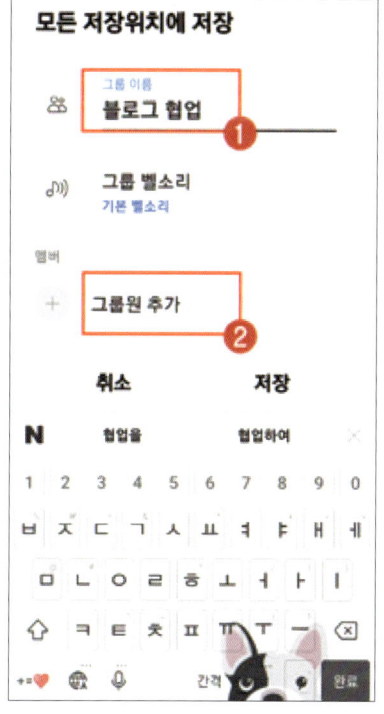 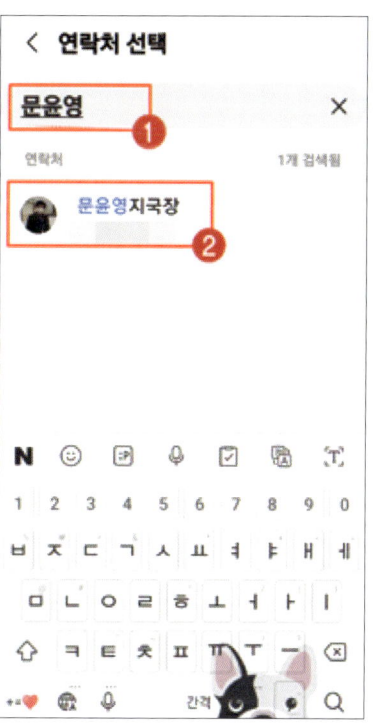 

1️⃣ ① [그룹 이름]을 입력합니다. ② [그룹원 추가]를 터치합니다. 2️⃣ ① 검색창에 그룹에 추가할 사람을 검색하여 ② 추가할 사람을 터치합니다. 3️⃣ ① [V] 체크(확인) 후 상단에 이름이 맞는지 확인합니다. ② [완료]를 터치합니다.

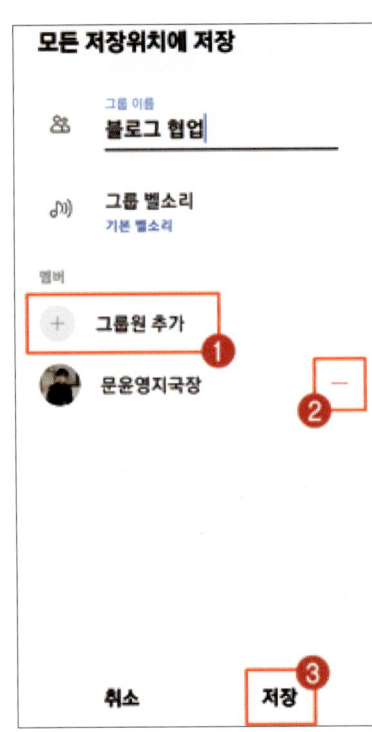 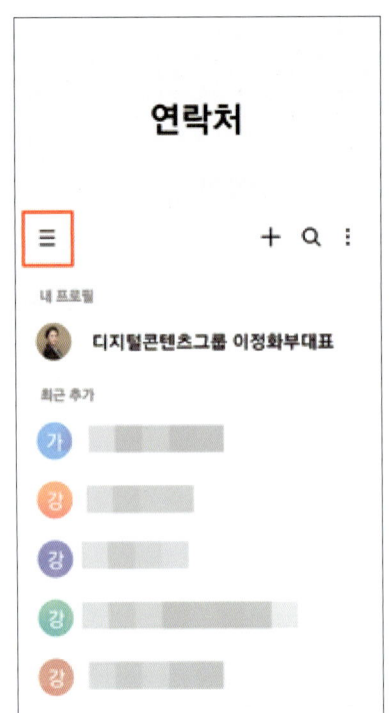 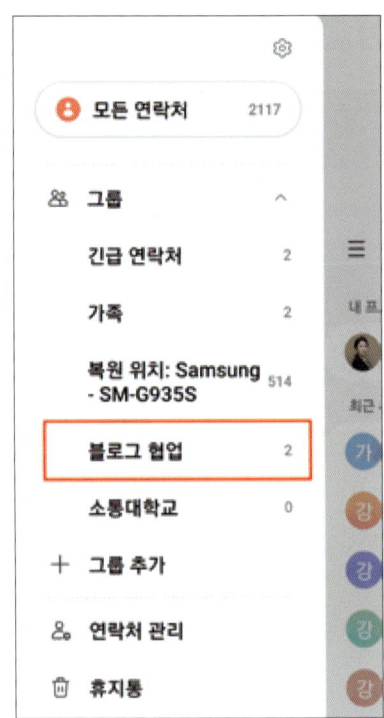

1️⃣ 연락처에 더 추가하려면 [그룹원 추가]를 터치합니다. ② 추가한 사람을 삭제할 수도 있습니다. ③ [저장]을 터치하여 그룹 만들기를 완료합니다. 2️⃣ 사용자가 만든 그룹을 확인하려면 연락처 첫 화면에서 [삼선]을 터치합니다. 3️⃣ 방금 만들었던 [블로그 협업] 그룹을 확인할 수 있습니다.

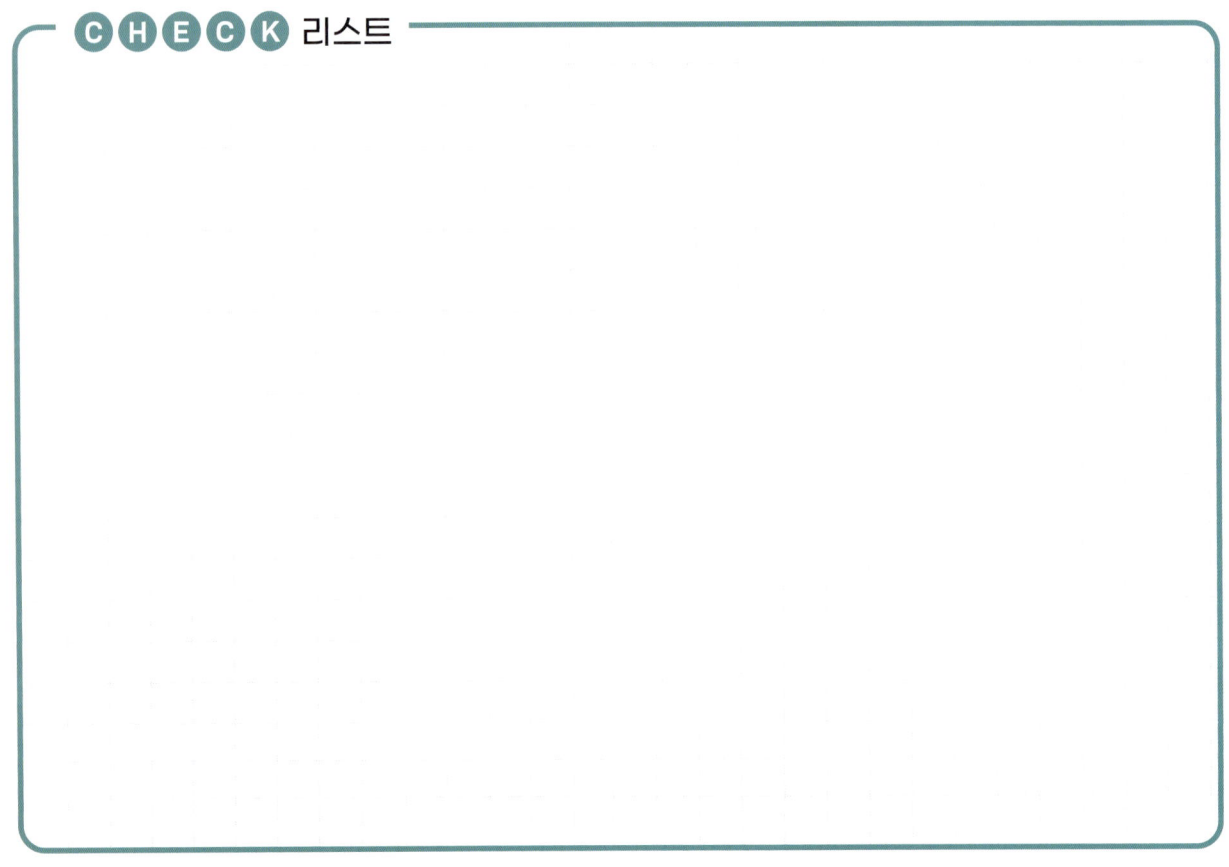

3) 최근 기록 사용하기

 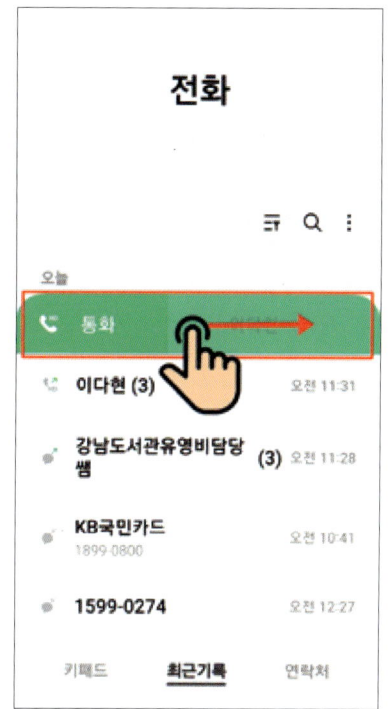 

1️⃣ [전화] 앱을 터치하여 실행합니다. 하단 메뉴에서 [최근기록]을 터치합니다. 2️⃣ 최근 기록에서 통화하고 싶은 사람을 선택하여 [오른쪽으로 밀어주면 통화]를 할 수 있습니다. 3️⃣ 최근 기록에서 통화하고 싶은 사람을 선택하여 [왼쪽으로 밀어주면 메시지]를 보낼 수 있습니다.

 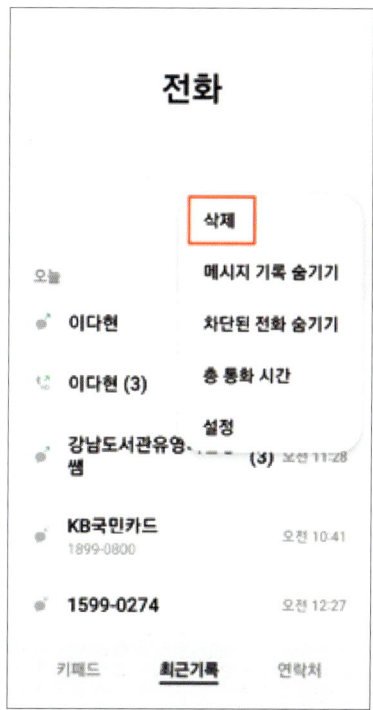 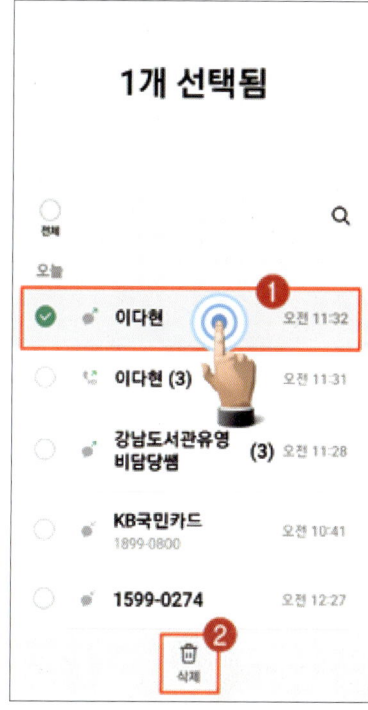

1️⃣ 최근 기록 화면에서 [점 세 개] 더보기 버튼을 터치합니다. 2️⃣ 메뉴중에서 [삭제]를 터치합니다. 3️⃣ ① 삭제할 기록을 터치하여 선택 후 ② [삭제]를 터치하여 완료합니다.

화면 페이지 편집

1) 홈페이지 추가 및 삭제

 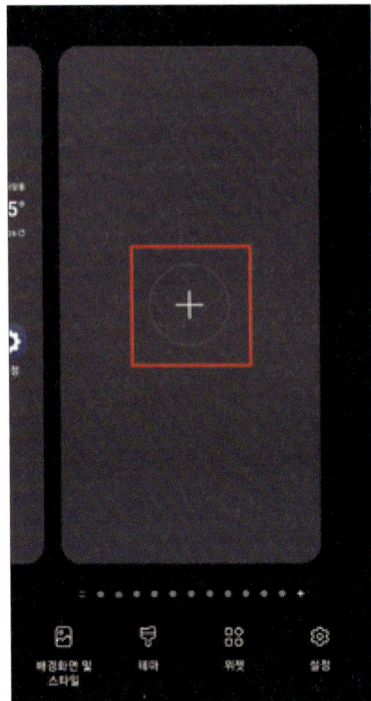 

1️⃣ 스마트폰 홈 화면의 앱이 없는 빈 곳을 3초간 길게 누릅니다. 2️⃣ 화면을 왼쪽으로 넘겨 [+]를 터치하면 새로운 페이지가 추가됩니다. 3️⃣ 사용하지 않는 빈 페이지를 삭제하려면 빈 페이지의 [휴지통] 모양 아이콘을 터치합니다.

2) 홈 화면 순서변경 및 홈페이지 변경

 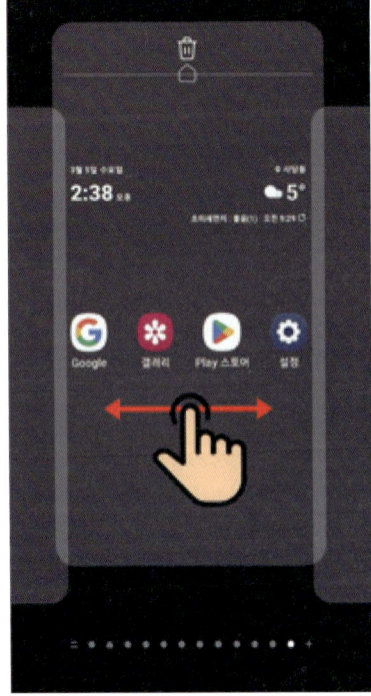 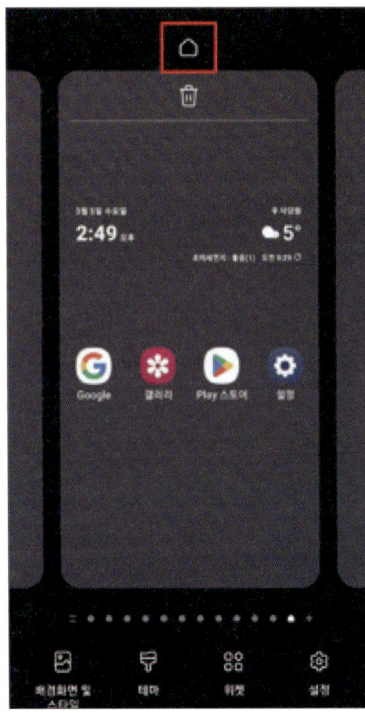

1️⃣ 스마트폰 홈 화면의 앱이 없는 빈 곳을 3초간 길게 누릅니다. 2️⃣ 화면을 누른 상태에서 좌우로 밀면 앞뒤 페이지와 화면 순서를 바꿀 수 있습니다. 3️⃣ 페이지 상단에 [집 모양]을 터치하여 홈페이지를 변경할 수 있습니다.

폴더 관리하기

폴더 만들기

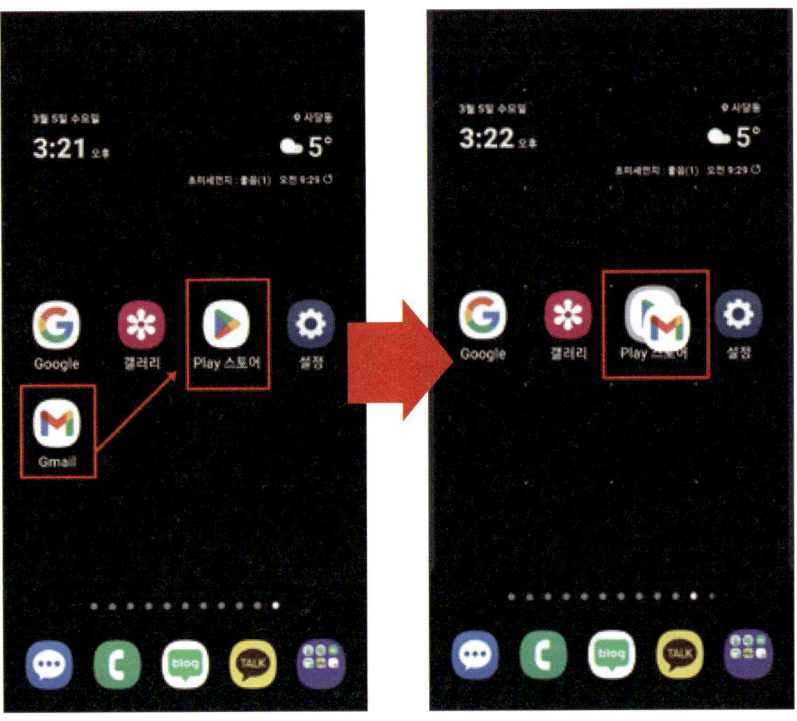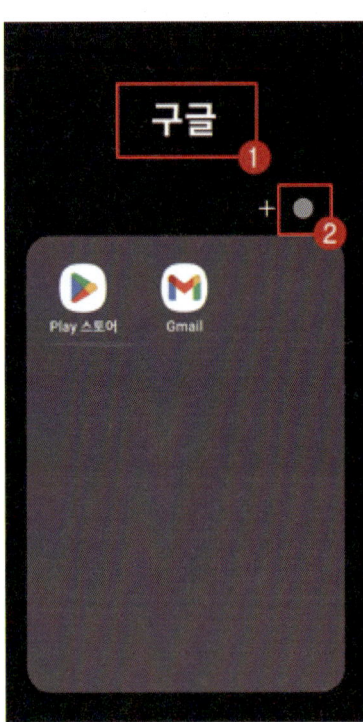

1️⃣ 스마트폰 홈 화면에 같은 앱끼리 폴더를 만들기 위해 앱을 길게 눌러 2️⃣ 다른 앱 위에 겹쳐서 올려놓습니다. 3️⃣ ① 폴더가 생성되고 폴더의 이름을 입력합니다. ② 폴더의 색상을 변경할 수 있습니다.

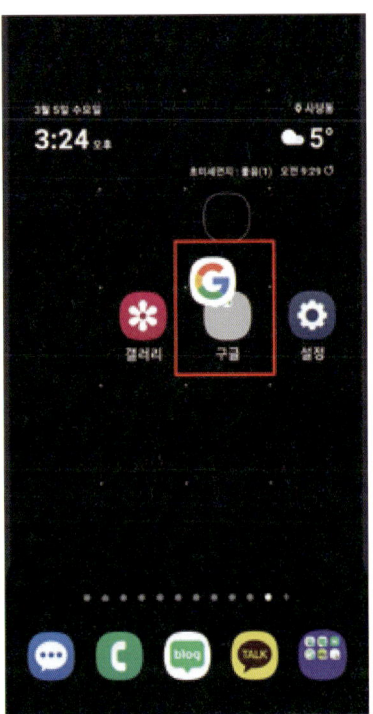

생성된 폴더에 앱을 더 추가하고 싶다면 앞에 방법과 같은 방식으로 앱을 길게 눌러 원하는 폴더에 겹쳐놓으면 폴더 안에 계속 앱이 추가되는 것을 볼 수 있습니다.

위젯(Widget) 활용하기

다이렉트 전화걸기 및 돋보기

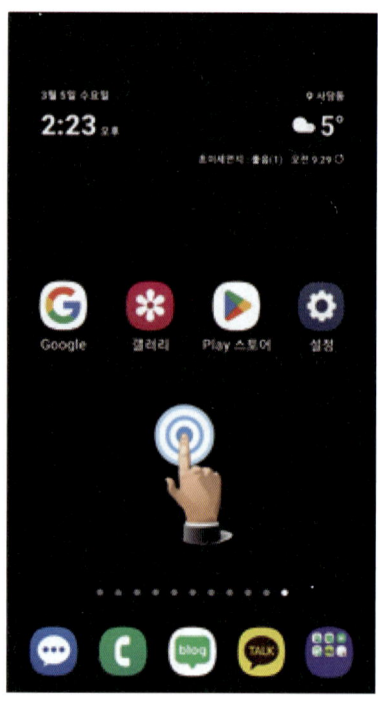
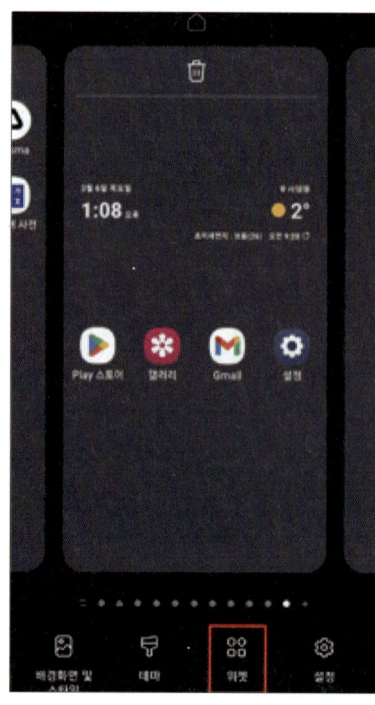

1 스마트폰 홈 화면의 앱이 없는 빈 곳을 3초간 길게 누릅니다. **2** 하단 메뉴 중 [위젯]을 터치합니다. **3** ① 상단 검색창에 [연락처]라고 입력합니다. ② 아래 [연락처]를 터치합니다.

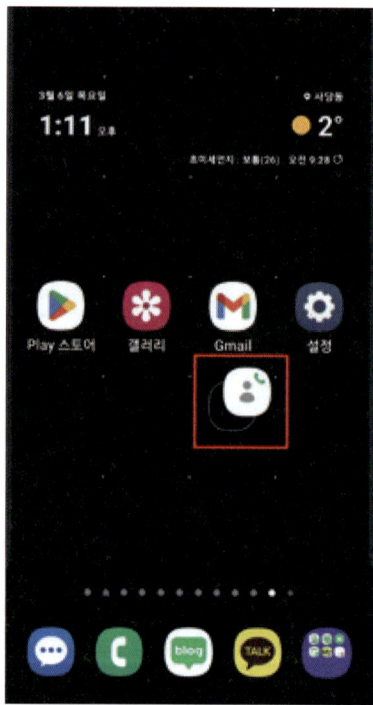
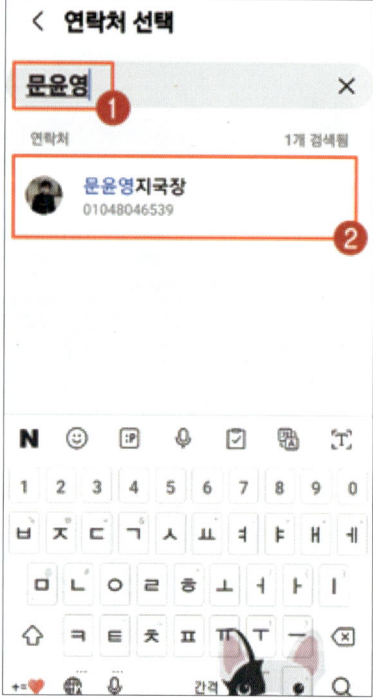

1 연락처 화면에서 [다이렉트 전화]를 3초간 길게 누릅니다. **2** 홈 화면에 사용자가 원하는 위치를 정한 후 손을 뗍니다. **3** 연락처 선택 화면으로 이동되며 ① 전화 걸기 할 사람을 검색할 수 있습니다. ② 검색한 사람을 터치합니다.

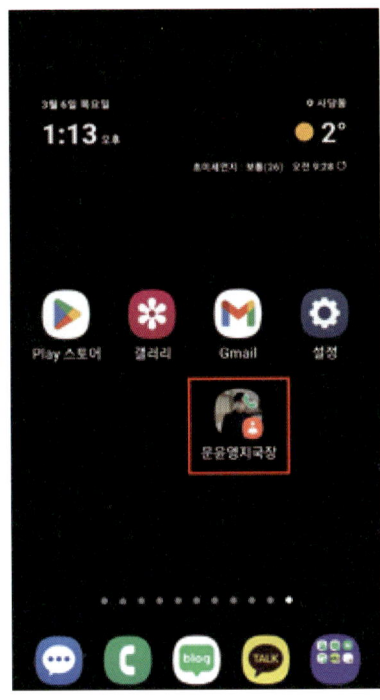 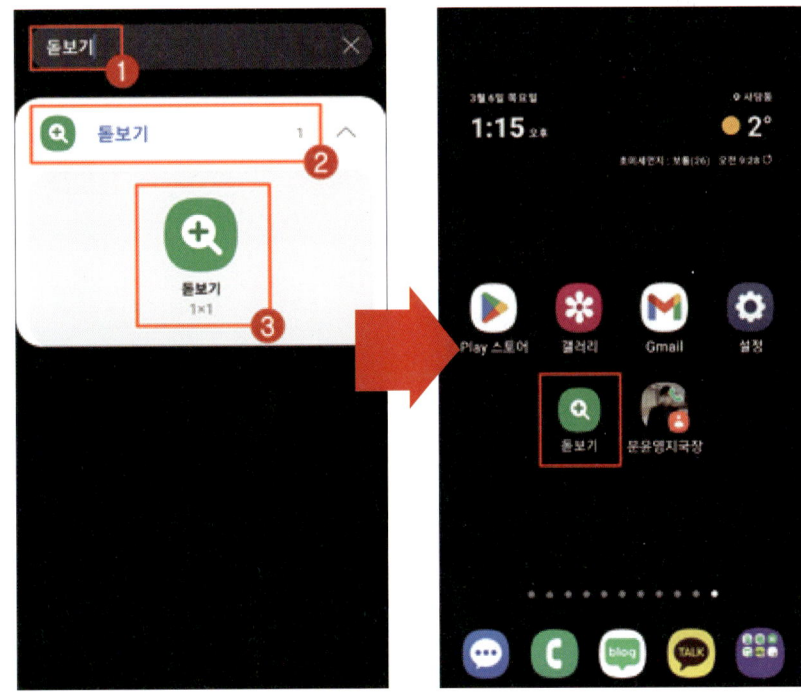

1️⃣ 홈 화면에 위젯이 생성되었습니다. 생성된 위젯을 터치하는 순간 바로 전화가 연결됩니다.
2️⃣ 이번에는 돋보기 위젯을 만들기 위해 ① 검색창에 [돋보기]라고 검색한 후 ② 하단 돋보기를 터치합니다. ③ 돋보기 아이콘을 3초간 길게 눌러 홈 화면에 위치를 정한 후 손을 뗍니다. 돋보기 위젯이 생성된 것을 확인할 수 있습니다.

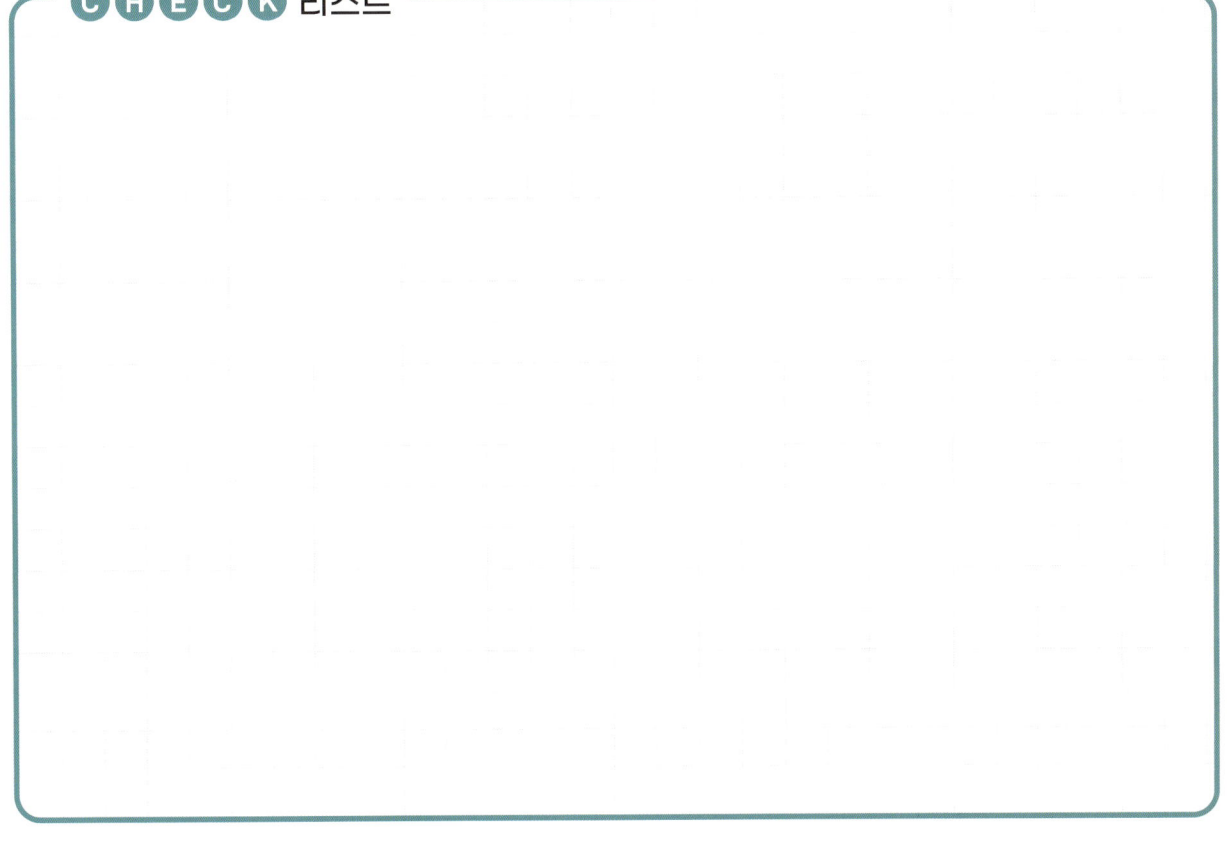

시계 앱 활용하기(알람)

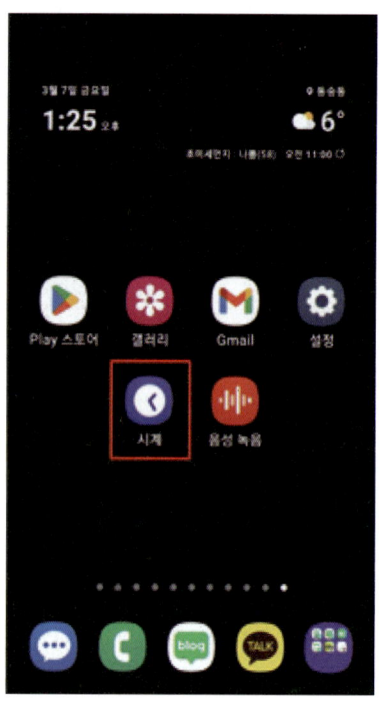 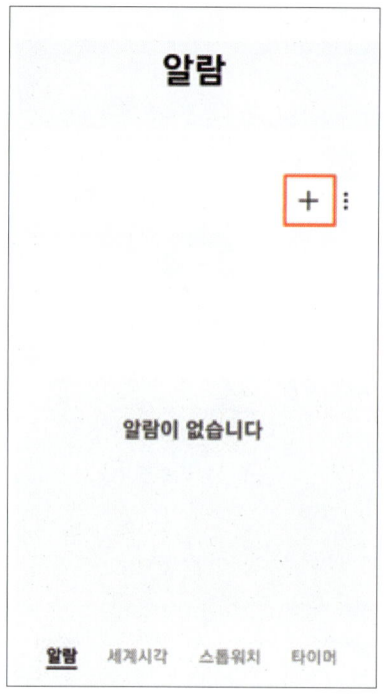 

1️⃣ [시계] 앱을 터치하여 실행합니다. 2️⃣ 새로운 알람을 설정하기 위해 알람 화면에서 [+]를 터치합니다. 3️⃣ ① 오전 및 오후를 설정 후 ② 알람 숫자를 위아래로 드래그하여 시간과 분을 설정합니다. ③ 알람이 울릴 날짜와 요일을 설정할 수 있습니다. ④ 공휴일에 알람 끄기 설정도 할 수 있으며 ⑤ 알람 설정 시 알람 명을 설정할 수 있습니다. ⑥ 기본 알람 음을 사용자 취향대로 바꿀 수 있습니다.

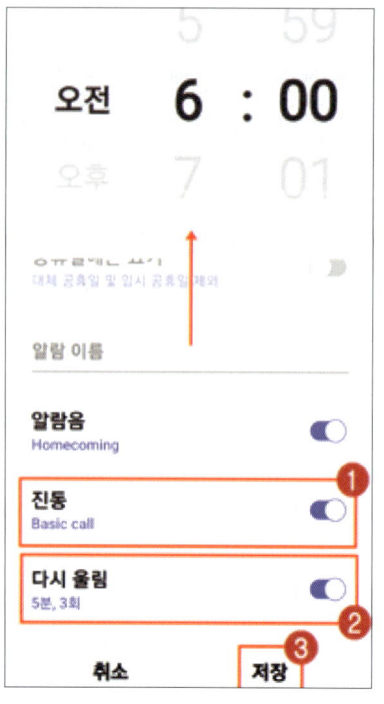 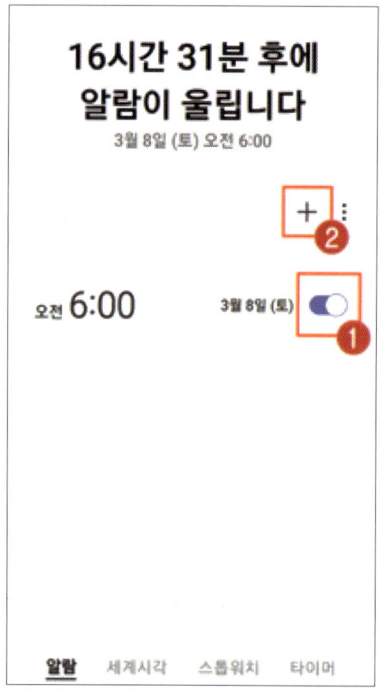 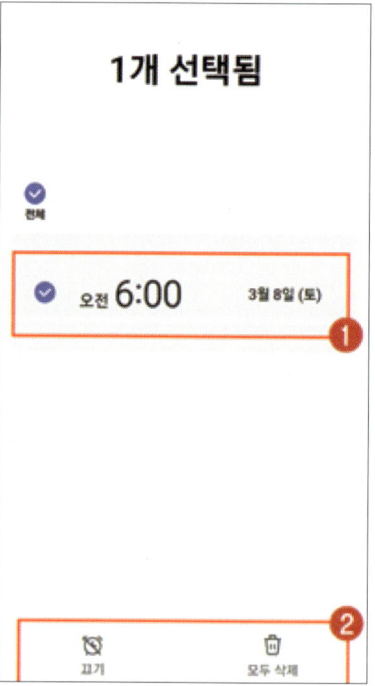

1️⃣ ① 진동 패턴을 설정할 수 있습니다. ② 알람 간격과 반복 횟수를 정할 수 있습니다. ③ [저장]을 터치하여 알람 설정을 완료합니다. 2️⃣ ① 기존 알람을 끄기 또는 다시 설정할 수 있습니다. ② 새로운 알람을 설정하려면 [+]를 터치합니다. 3️⃣ ① 설정한 알람을 3초간 길게 터치하여 ② 알람을 끄거나 삭제할 수 있습니다.

음성 녹음 및 저장

음성 녹음하고 저장된 음성파일 확인하기

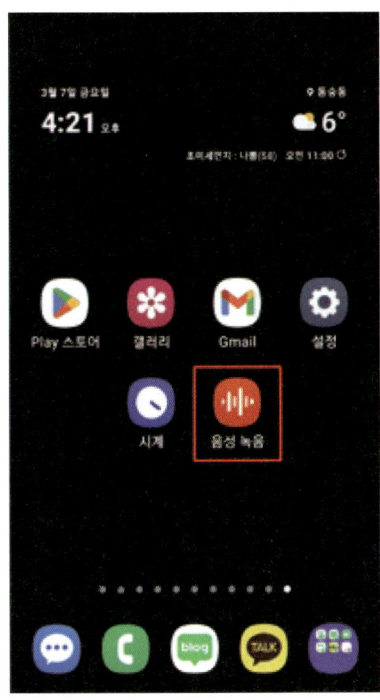  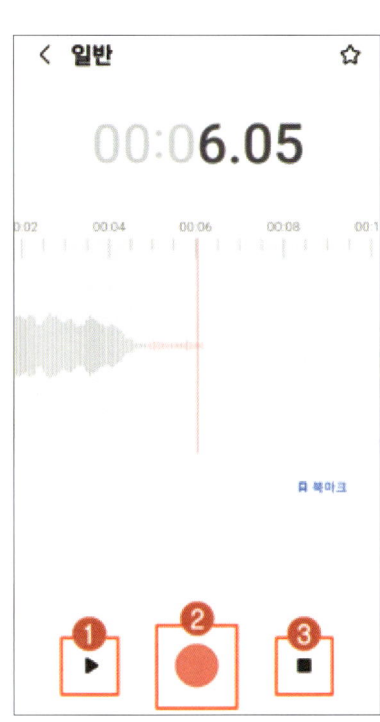

1 [음성녹음] 앱을 터치하여 실행합니다. **2** ① 상단 메뉴에서 [일반] 음성녹음을 터치합니다.
② [시작] 버튼을 터치하여 진행합니다. **3** ① 음성녹음 후 저장하기 전에 처음부터 [다시 듣기]
기능입니다. ② 음성녹음 중간에 [일시 정지] 기능입니다. ③ 음성녹음이 모두 끝나면 [정지]
버튼을 터치합니다.

1 정지 버튼을 터치한 화면입니다. ① 녹음 파일의 이름을 입력합니다. ② 녹음 파일을 저장할 때
카테고리를 설정할 수 있습니다. ③ [저장]을 터치하여 완료합니다. **2** 저장된 파일을 찾고 싶다면
[목록]을 터치합니다. **3** 이번에는 음성을 텍스트로 변환하기 위해 ① [텍스트 변환]을 터치하고
② [시작] 버튼을 터치합니다.

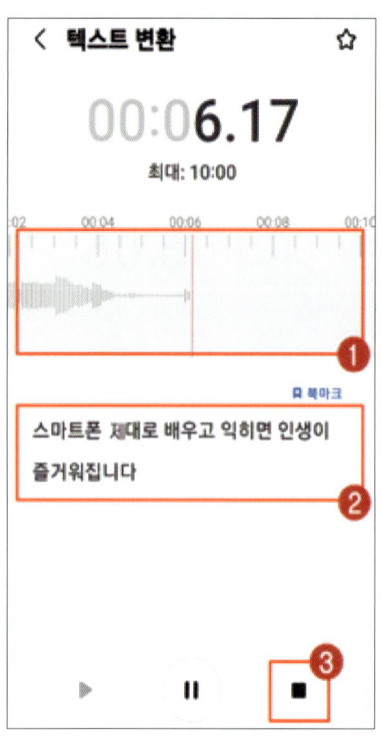  

1 ① 음성이 녹음되면서 ② [텍스트 변환]이 됩니다. ③ [정지] 버튼을 터치합니다. **2** [저장] 버튼을 터치하여 녹음 파일을 저장합니다. **3** 파일을 3초간 길게 누릅니다.

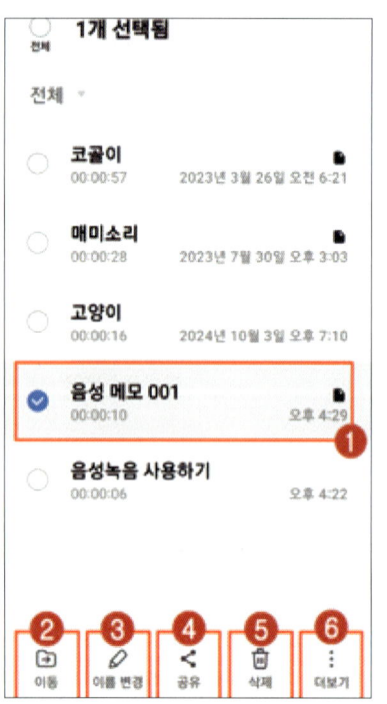 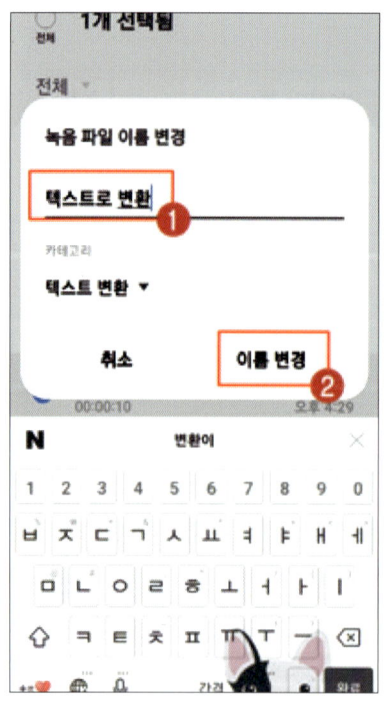 

1 ① 파일이 선택하면 하단에 메뉴가 생성됩니다. ② 선택한 파일을 다른 파일로 이동할 수 있으며 ③ 파일명을 바꿀 수 있습니다. ④ 파일을 다른 사이트로 공유도 가능하며 ⑤ 파일을 삭제할 수 있습니다. ⑥ 더보기를 터치하여 즐겨찾기 할 수 있으며 보안 폴더로 이동할 수 있습니다. **2** ① 앞에서 녹음 파일 제목을 입력하지 않았기에 이름변경을 터치하여 이름을 변경합니다. ② [이름변경]을 터치하여 완료합니다. **3** 파일명이 변경된 것을 확인할 수 있습니다.

빠른음성 문자 보내기 (빠른음성 바로가기가 없을 때)

 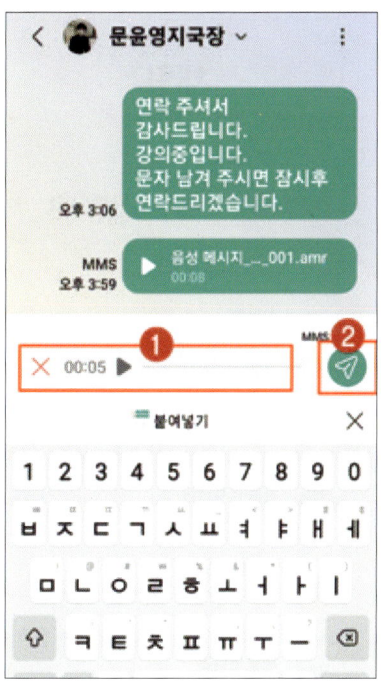 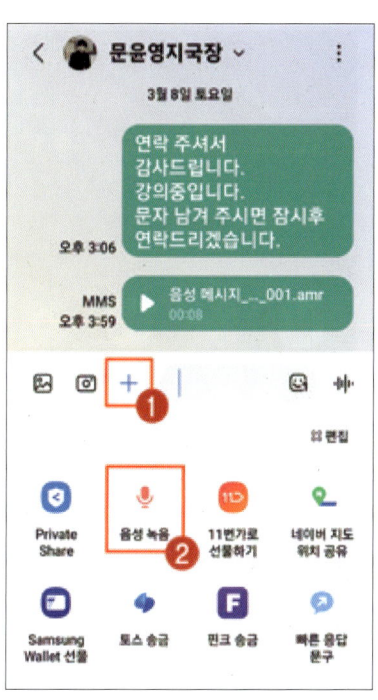

1 ① 대화 상대를 검색하여 대화방을 열기 합니다. ② 음성 버튼을 누른 상태에서 이야기하면 ③ 음성을 인식하는 창이 보입니다. 2 ① 플레이 버튼을 터치하여 녹음한 내용을 다시 들을 수 있으며 [X] 버튼을 눌러 삭제할 수도 있습니다. ② 전송 버튼을 터치하여 음성 메시지를 보낼 수 있습니다. 3 음성 버튼이 없는 경우 ① [+] 버튼을 터치하여 ② [음성녹음] 버튼을 터치합니다.

 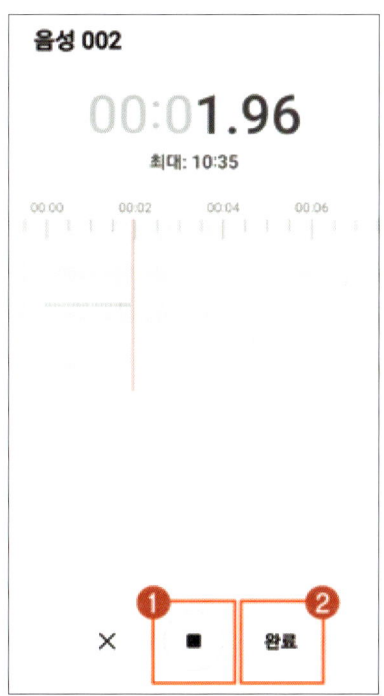 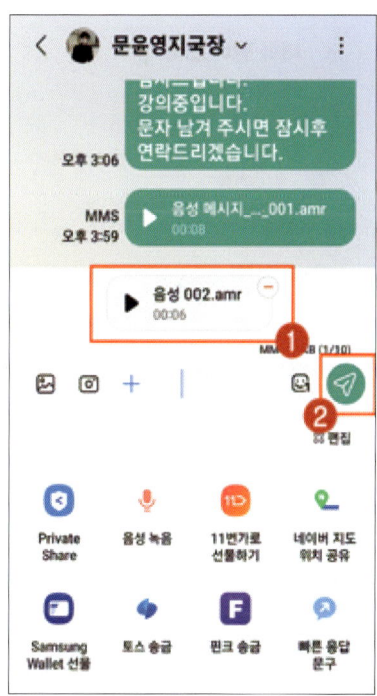

1 다음 화면에서 [녹음 버튼]을 터치합니다. 2 녹음 중인 화면입니다. ① 정지 버튼을 터치 후 ② [완료]를 터치합니다. 3 ① 녹음된 파일을 다시 듣거나 삭제할 수 있으며 ② 전송 버튼을 터치하여 음성 메시지를 보낼 수 있습니다.

말로 문자 보내기 (삼성 OneUI 5.1버전)

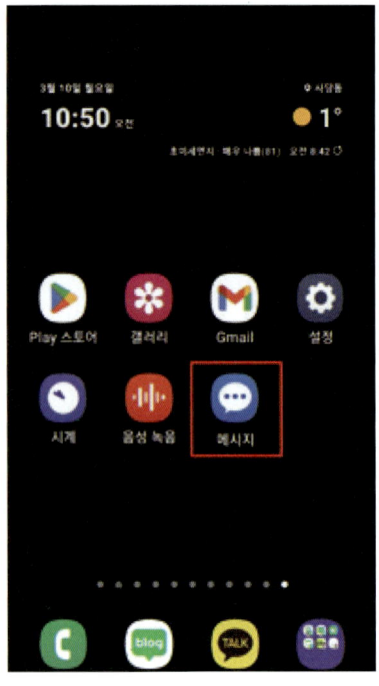 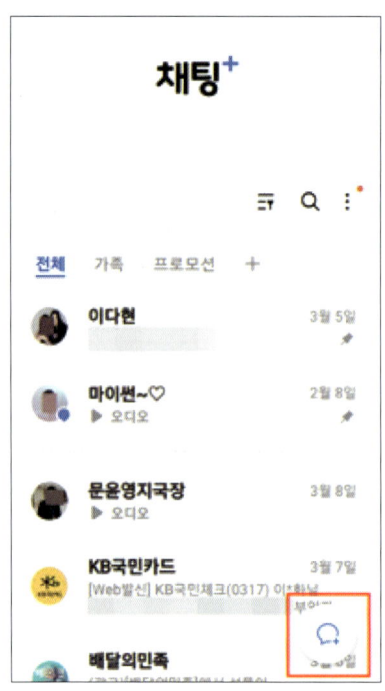 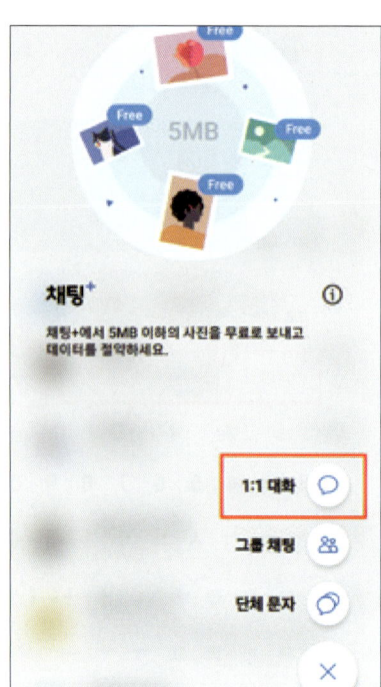

1️⃣ 홈 화면에서 [메시지] 앱을 터치합니다.
2️⃣ 화면 우측 하단 [말풍선] 아이콘을 터치합니다.
3️⃣ 다음 화면에서 [1:1 대화]를 터치합니다.

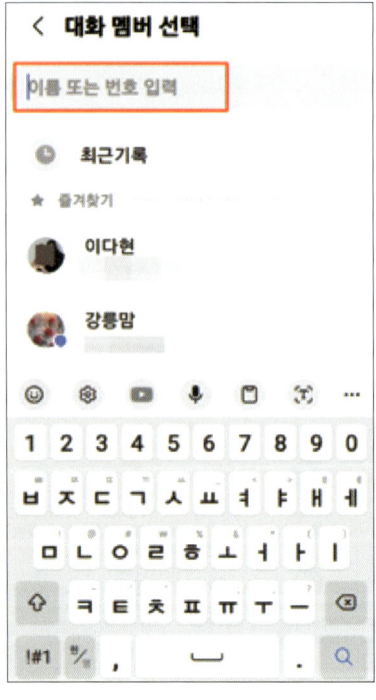  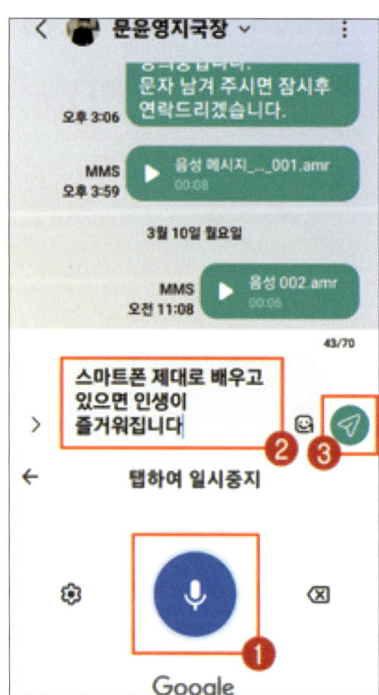

1️⃣ 다음 화면 검색창에서 대화할 사람 이름 또는 전화번호를 입력하여 검색 후 대화방을 열기 합니다.
2️⃣ ① 문자 입력창을 터치한 후 음성 메시지를 보내기 위해 ② [마이크] 아이콘을 터치합니다.
3️⃣ ① 마이크 아이콘이 파란색일 때 말하면 ② 텍스트로 입력되는 것을 보실 수 있습니다. ③ [전송버튼]을 터치하여 메시지를 보낼 수 있습니다.

말로 문자 보내기 (삼성 OneUI 6.1버전)

 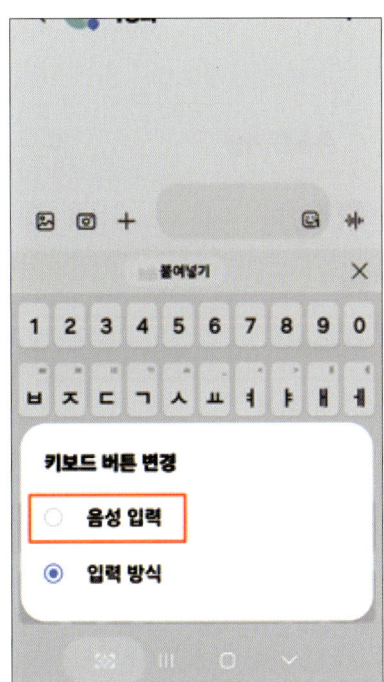 

1 대화방을 열기 합니다. 하단 네비게이션바 왼쪽에 [키보드] 아이콘을 3초간 길게 터치합니다.
2 키보드 버튼 변경 창에서 [음성입력]을 터치합니다. 3 마이크가 생성되었습니다. 마이크를 터치합니다.

① 마이크가 파란색으로 변하면서 말을 하면

② 대화창에 텍스트가 입력되는 것을 보실 수 있습니다.

③ 전송 버튼을 터치하여 메시지를 보낼 수 있습니다.

카메라 설정법

카메라 빠른 실행

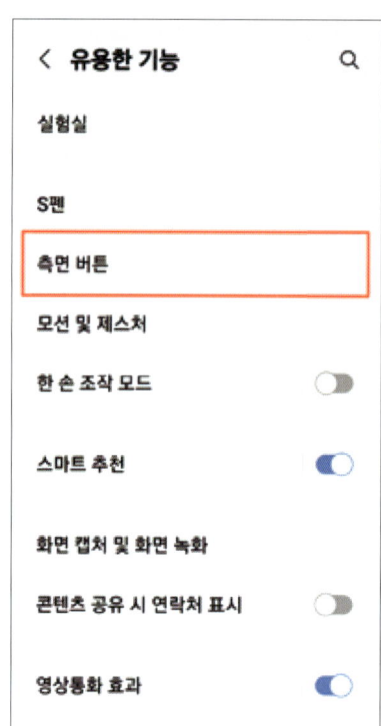
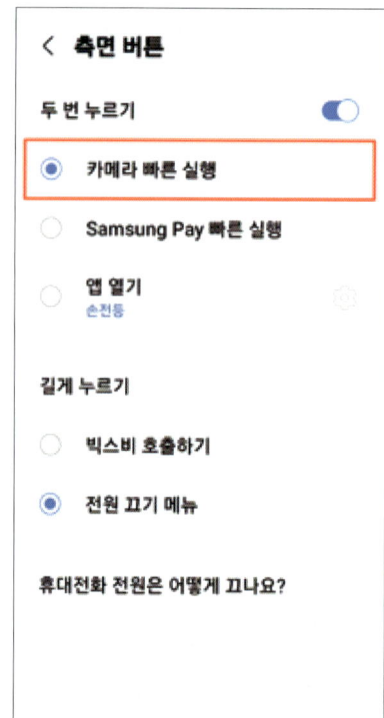

1 카메라 빠른 실행을 위해 설정에서 [유용한 기능]을 터치합니다.
2 유용한 기능에서 [측면 버튼]을 터치합니다.
3 측면 버튼에서 [카메라 빠른 실행]으로 설정합니다.

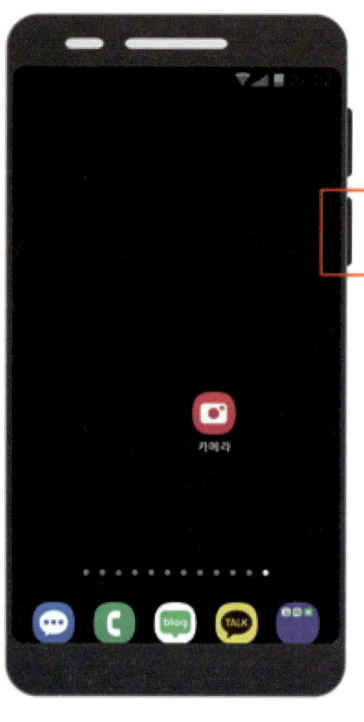
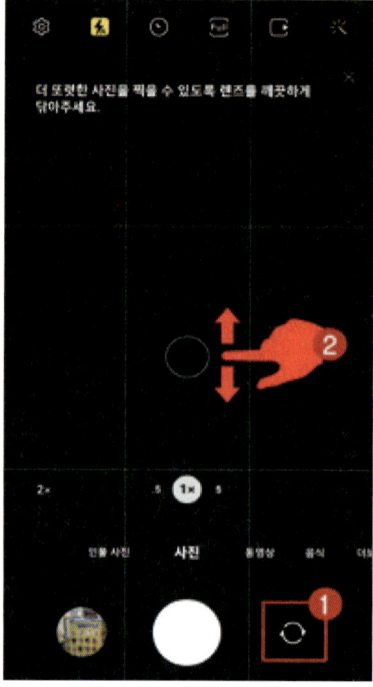

1 유용한 기능에서 설정이 완료된 후 카메라 [측면 버튼]을 빠르게 두 번 누르면 카메라 앱이 실행됩니다.
2 카메라 화면에서 ① 터치하여 전면과 후면 카메라로 바꿀 수 있으며 ② 손가락으로 화면을 위로 아래로 드래그하여 쉽고 빠르게 전면 후면 카메라를 자유롭게 바꿀 수 있습니다.

카메라 앱의 촬영모드별 옵션

카메라 앱의 촬영모드별 옵션 알아보기

스마트폰 카메라 앱의 촬영 모드는 기종에 따라 조금씩 다르나 근본적으로는 거의 같습니다. 갤럭시 24 울트라의 경우 사진, 인물사진, 프로, 동영상, 프로 동영상, 인물 동영상, 음식, 야간, 듀얼 레코딩, 파노라마, 슬로우 모션, 싱글테이크, 하이퍼랩스 모드가 있고, 추가로 EXPERT RAW 모드가 있습니다. 또 각 촬영 모드별로 상단 바와 하단 바에 있는 옵션들이 조금씩 다릅니다. 각 옵션들은 촬영 모드에 맞게끔 설치되어 있으니 좋은 사진을 촬영하기 위해서는 옵션들을 이해하여야 합니다.

● **사진 모드**

① **렌즈(줌) 선택 버튼**

- 0.6의 화각은 11mm, 1은 24mm, 2는 50mm, 3은 70mm, 5는 135mm, 10은 300mm 렌즈의 화각과 비슷합니다.

② **카메라 설정**

③ **플래시 (꺼짐, 자동, 켜짐)**

④ **촬영 타이머**

네 가지 타이머 기능이 있는데 타이머 옆에 있는 숫자만큼의 시간이 흐른 뒤 사진 촬영이 됩니다.

⑤ **화면 비율**

3:4, 9:16, 1:1, 화면 전체 Full 비율이 있는데 사진의 용도에 맞게 화면 비율을 선택하여 촬영할 수 있습니다.

⑥ **해상도**

- 촬영한 사진의 해상도 크기를 선택하는 버튼으로 사용자가 사진의 용도에 따라 선택 가능합니다.
⑦ **모션포토 켜짐, 꺼짐**: 모션포토를 켜면 사진 촬영 전 몇 초간의 장면까지 촬영해서 저장되는 기능입니다.
⑧ **필터 버튼**을 터치하여 카메라 앱에서 제공하는 여러 가지 필터 중에서 상황에 맞게 선택하여 사용할 수 있습니다.

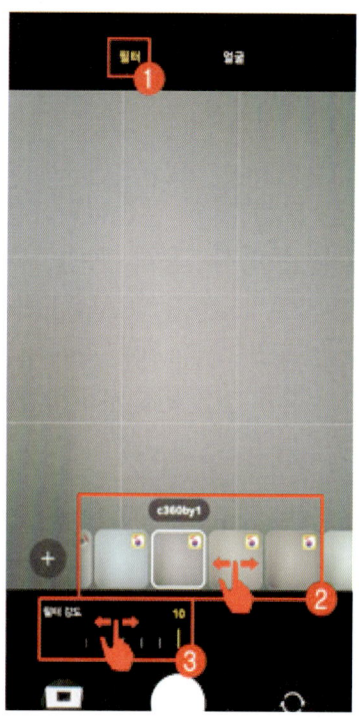 

1️⃣ ① [필터]를 터치합니다. ② 좌우로 드래그하여 원하는 필터를 선택합니다. ③ 좌우로 드래그하여 필터 강도를 설정합니다.

2️⃣ ① [얼굴]을 터치합니다. ② 얼굴 필터 적용 모드를 [끄고, 켜는] 버튼입니다. ③ [눈] 설정 버튼 ④ [턱선] 설정 버튼 ⑤ [피부 톤] 설정 버튼 ⑥ [피부 색조] 피부 색조를 부드럽게 설정하는 버튼 ⑦ 각 설정 버튼을 터치하면 강도를 조절하는 조절바가 나오는데 드래그하여 강도를 설정합니다.

● 인물사진 모드

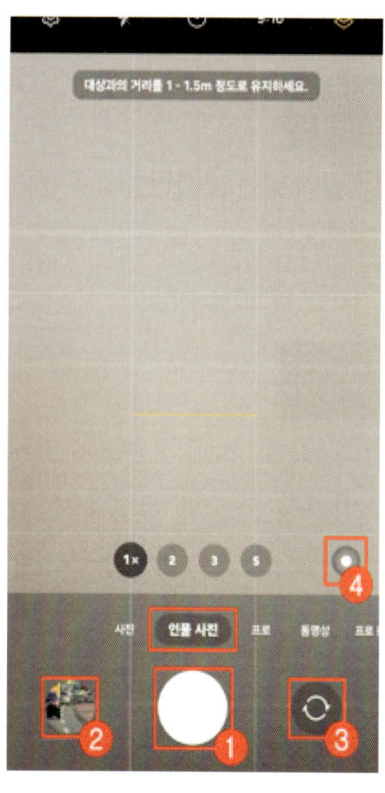

[인물 사진] 모드는 심도가 얕은 아웃 포커싱 사진 촬영에 적합한 모드입니다. 또한 사진을 촬영하고 난 후에 갤러리에 있는 사진의 초점을 조절할 수 있습니다.

① 촬영 셔터 버튼
② 갤러리 바로가기 버튼
③ 카메라 전·후면 전환 버튼
④ 효과 옵션 버튼

- 피사체와의 거리를 1~1.5m 정도 유지를 하면 '준비되었어요' 라는 메시지가 나타납니다. 이 때 주 피사체를 꾹 눌러 초점을 맞추고 측광 설정 하여 블러, 스튜디오, 하이키 모노, 로우키모노, 컬러 배경, 컬러 포인트 효과를 주어 촬영하면 됩니다.

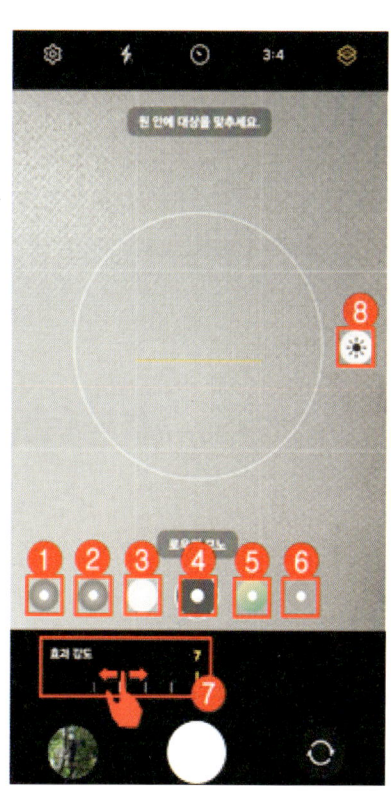

① **블러:** 피사체와 배경을 분리하고 배경에 흐림 효과를 적용
② **스튜디오:** Studio Style의 기본 조명 효과
③ **하이키 모노:** 전체적으로 밝고 경쾌한 분위기를 주는 조명 효과
④ **로우키 모노:** 얼굴의 Shadow를 강조한 조명 효과
⑤ **컬러 배경:** 인물의 옷 색감을 추출하여 배경 색상으로 활용한 효과 (단, 무채색인 경우 랜덤으로 색상 제공)
⑥ **컬러 포인트:** 기존 제공하던 블러 효과 + 조명을 통해 인물을 화사하고 돋보이게 표현하는 효과
⑦ **효과 강도 조정 바**
⑧ **명암 조정 버튼**

●인물사진 모드로 촬영한 사진 보정

 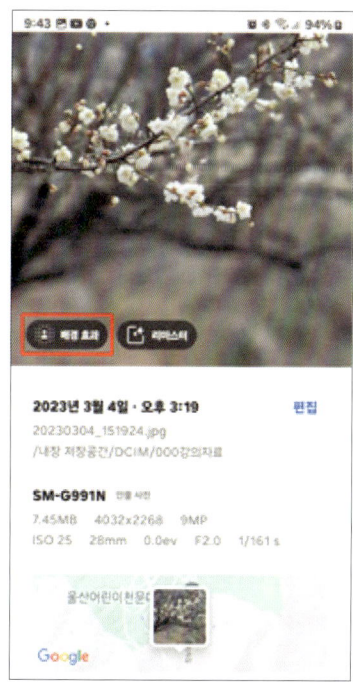 

1 [상세 정보]를 터치합니다. **2** [배경효과]를 터치합니다.
3 ① [블러] ② [스튜디오] ③ [하이키 모노] ④ [로우키 모노] ⑤ [컬러 배경] ⑥ [컬러 포인트]
⑦ [스핀] ⑧ 각 효과의 강도를 조절하는 바이며 ⑨ 명암을 조절할 수 있습니다. ⑩ 보정한 사항을 취소하거나 저장할 때 터치합니다.

1 [상세 정보]를 터치합니다. **2** [리마스터]를 터치합니다. **3** ① 리마스터 선을 좌·우로 이동시켜 리마스터 전,후를 비교할 수 있습니다. ② [공유] 버튼 ③ [저장] 버튼 ④ [더 보기]를 터치 후 다른 이름으로 저장할 수 있습니다.

●프로 모드

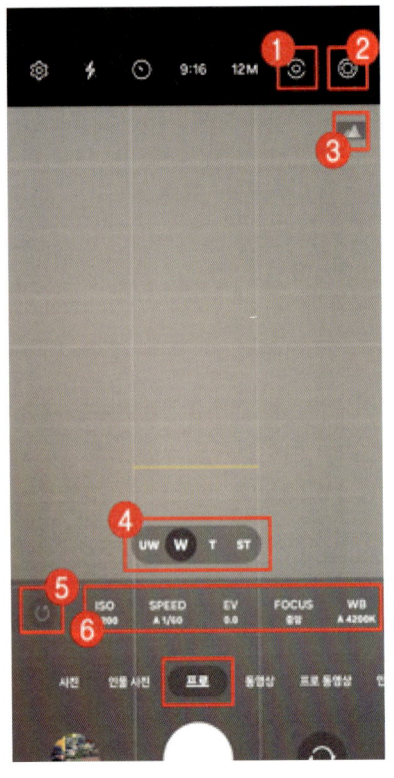

프로모드는 전문가 수준의 사진을 촬영할 수 있도록 도와주는 기능입니다. 이 모드에서는 사용자가 수동으로 색감, 초점, 셔터 속도, 빛의 양, 화이트밸런스, 노이즈(ISO) 등 카메라 설정을 조정할 수 있습니다.

① 측광 방법 변경 버튼

② 색조 조정 버튼

③ 히스토그램

④ 렌즈 선택

⑤ 프로기능 메뉴 초기화 버튼

⑥ 프로기능 메뉴

　- ISO(감도), 셔터 속도, 명암, 초점, 색온도(WB)

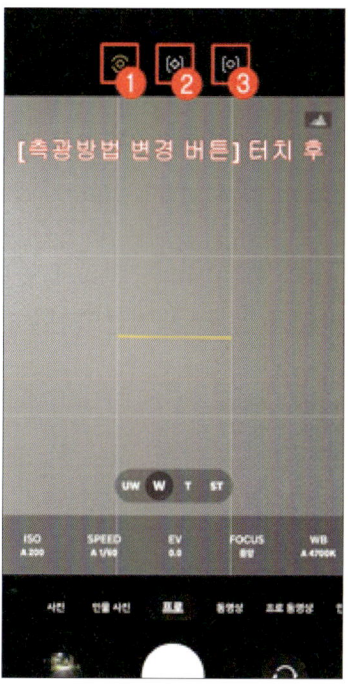 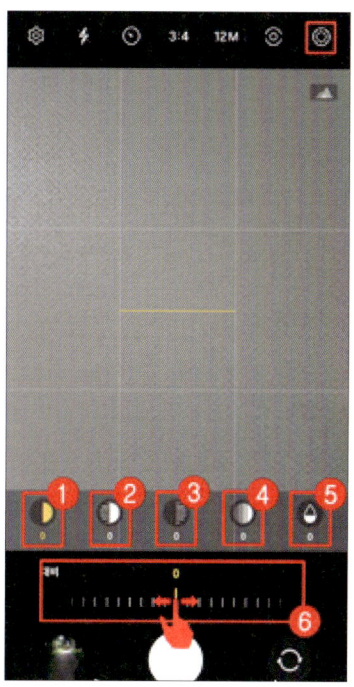 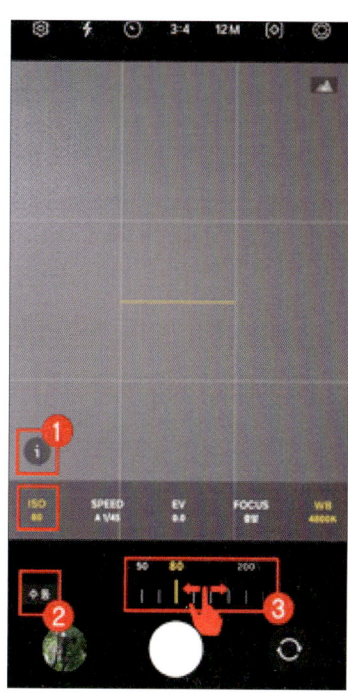

1 ① 상황에 맞게 [중앙 집중 측광] ② [다분할 측광] ③ [스팟 측광]을 선택합니다. **2** 상단의 [색조변경 버튼] 터치후 ① [대비] ② [하이라이트] ③ [그림자] ④ [채도] ⑤ [틴트] 버튼을 터치 한 후 ⑥ 조절 바를 좌·우로 이동하여 각 옵션의 강도를 조정합니다. **3** ① 터치하면 ISO 옵션에 대한 설명이 나타납니다. ② [자동·수동] 변경 버튼 ③ 조절 바를 좌·우로 움직여 값을 선택합니다.

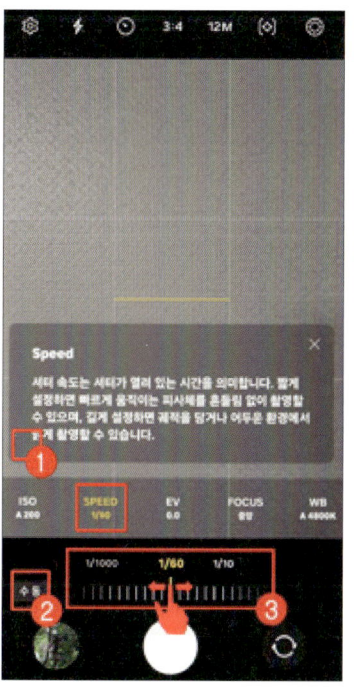 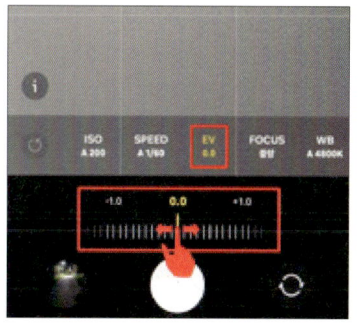 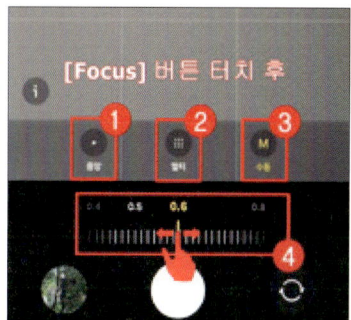 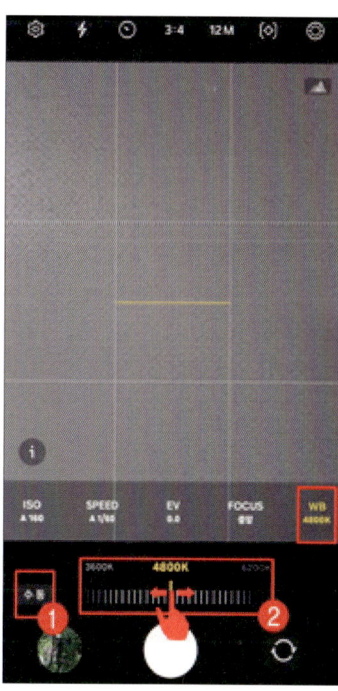

1 [스피드]를 터치 후 ① [정보] 버튼을 터치하면 스피드 옵션에 대한 설명이 나타납니다. ② [자동·수동] 변경 버튼 ③ 조절 바를 좌·우로 움직여 값을 선택합니다. **2** 위사진에서 [EV]를 터치해서 노출값을 조정합니다. 조절바를 좌,우로 움직여 값을 선택합니다. 아래 사진에서 [FOCUS]를 터치하여 초점을 조절합니다. ① 자동 중앙 중점 ② 자동 멀티 ③ 수동을 터치하여 ④ 조절 바를 움직여 주 피사체에 초점을 맞춥니다. **3** [WB]를 터치해서 화이트밸런스 조정을 ① 자동·수동으로 할 수 있으며, ② 조절바를 좌·우로 움직여 화이트밸런스를 맞춥니다.

화이트밸런스(색온도) 란?

보색 관계에 있는 2개의 색이 같이 있으면 매우 화려하고 강렬한 느낌이 있으며, **보색관계에 있는 2개의 색을 섞으면 색이 없어집니다.** 태양, 형광등, 백열등 등에서 나오는 빛은 방출되는 파장과 형태에 따라 각각의 다른 색을 가지고 있는데 그 색을 숫자로 표시한 것을 색온도라 합니다.

색온도가 낮으면 주황색(따뜻한 색)이, 색온도가 높으면 푸른색(차가운 색)이 나타나는데 새벽의 빛은 색온도가 높기 때문에 새벽에 촬영한 사진은 약간 푸른색이 나타납니다.

사람의 눈은 어떤 빛이든지 모든 색을 제대로 보고 느낄 수 있지만 **카메라는 색온도에 의한 광원의 색을 그대로 사진에 표현**(백열등 밑에서 흰 종이를 촬영하면 흰 종이가 약간 노랗게 나타남)해 주는데 이러한 색을 제거하기 위해 보색의 원리를 이용한 화이트밸런스를 설정합니다.

● 프로 동영상 모드

프로 동영상 모드(Pro Video Mode)는 전문적인 동영상 촬영을 위해 설계된 기능입니다. 이 모드를 사용하면 사용자는 ISO, 셔터 속도, 노출, 초점 거리 등을 수동으로 조절할 수 있습니다. 이를 통해 사용자는 창의적인 동영상을 촬영하고 다양한 조명 조건과 촬영 환경에 최적화할 수 있습니다.

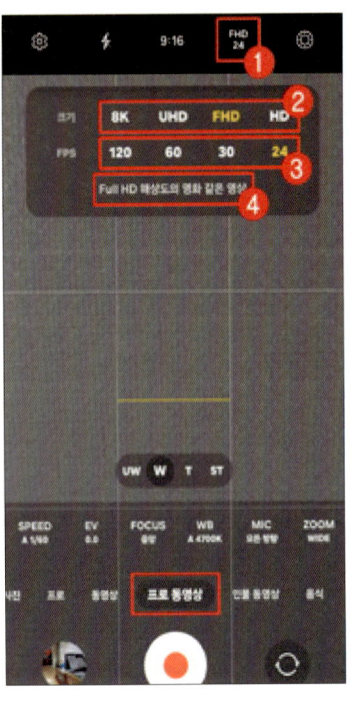 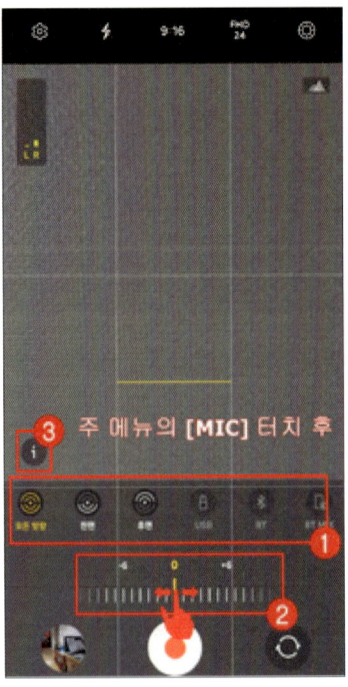 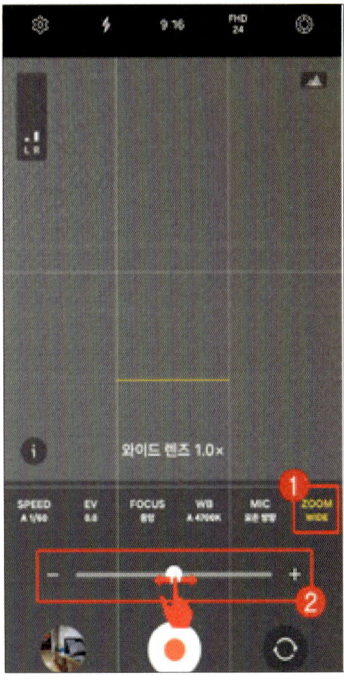

1 [프로 동영상]모드를 선택합니다. ① 촬영할 동영상의 해상도를 표시하는 옵션으로 터치하여 ② 화질의 크기와 ③ 초당 프레임 수를 선택할 수 있으며, ④ 선택한 해상도에 대한 설명이 나타납니다. **2** ① 마이크 방향을 선택합니다. ② 조절바로 소리크기를 조절합니다. ③ 터치하면 선택한 메뉴에 대한 설명이 나타납니다. **3** 일정한 화각으로 촬영하지 않는 동영상을 촬영할 때 ① [ZOOM WIDE]를 터치 후 ② 슬라이드를 움직여 누르고 있으면 화면이 일정한 속도로 확대되거나 축소됩니다.

● 인물 동영상 모드

인물 동영상 모드는 일반 동영상 촬영 모드와 달리, 사람 인물이 있는 영상을 촬영할 때 그 효과를 더욱 확실하게 볼 수 있는 기능입니다. 드라마나 영화에서 볼 수 있는 주인공의 얼굴은 선명하고 주변 배경은 흐릿하게 아웃포커싱을 시킬 수 있는데, 그 강도를 사용자가 조절할 수 있습니다. 이를 통해 주인공을 더욱 돋보이게 하는 영상 작품을 얻을 수 있습니다.

또한, 인물 동영상 모드에서는 인물의 얼굴을 인식하여 초점을 맞추는 기능도 제공합니다. 이를 통해 인물의 얼굴이 더욱 선명하게 촬영되며, 촬영 중에도 인물의 얼굴을 추적하여 초점을 유지할 수 있습니다.

이 외에도, 인물 동영상 모드에서는 다양한 효과와 필터를 제공하여 촬영한 영상을 더욱 아름답게 꾸밀 수 있습니다. 예를 들어, 배경을 흐리게 처리하여 인물을 강조하는 효과나, 다양한 색감의 필터를 적용하여 영상의 분위기를 바꾸는 등의 기능이 있습니다.

배율(화각)을 선택할 수 있어, 사용자가 원하는 화각으로 인물 동영상을 촬영할 수도 있습니다.

 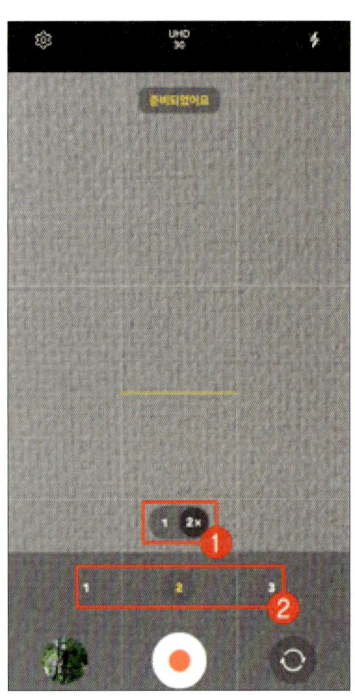 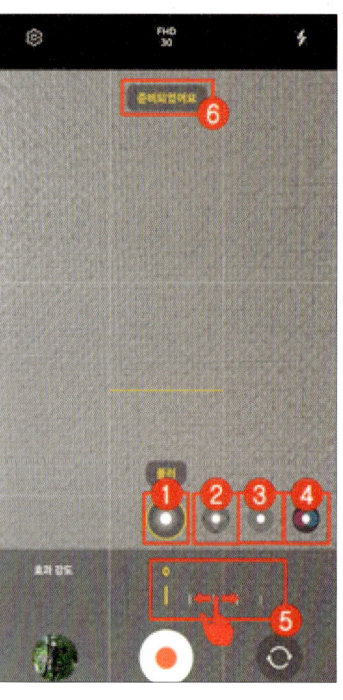

1 ① [해상도] 선택 버튼(FHD 30, UHD 30 두 가지가 있는데 화질이 좋은 영상을 원하면 UHD 30으로 촬영하여야 합니다.) ② [렌즈배율] 선택 버튼 ③ [필터옵션] 버튼 **2** ① 렌즈배율 선택 버튼을 꾹 누르면 ② 렌즈배율 숫자가 가 나타나는데 촬영하고자 하는 상황에 맞는 배율을 선택합니다. **3** 필터 옵션 버튼을 터치하면 ① [블러], ② [빅서클], ③ [컬러포인트], ④ [글리치] 필터가 나타납니다. ⑤ 각 필터의 효과 강도를 조절 바를 움직여 효과를 주고 ⑥ "준비되었어요" 라는 노란색 메시지가 나오면 촬영을 하는데 피사체가 사람이 아니면 '얼굴을 인식시켜 주세요' 라는 메시지가 나타납니다.

촬영 전에 주인공을 꾹 누르면 초점이 맞춰지고 노출정도를 조정할 수 있는 바가 나타나는데 + 쪽으로 움직이면 전체적인 노출을 화사하게 할 수 있습니다.

● 음식 모드

음식 모드는 음식을 더욱 맛있게 보이게 촬영할 수 있는 모드로 음식의 색감이 더욱 선명해지고, 질감이 더욱 생생하게 표현되며, 음식의 모양과 배치를 더욱 돋보이게 하는데 다음과 같은 기능을 제공합니다.

> - **채도 조절:** 음식의 색감을 더욱 선명하게 만들어줍니다.
> - **화이트밸런스 조절:** 음식의 온도를 더욱 정확하게 표현해 줍니다.
> - **아웃포커싱:** 배경을 흐리게 처리하여 음식을 더욱 돋보이게 합니다.
> - **밝기 조절:** 음식의 질감을 더욱 생생하게 표현해 줍니다.

음식 모드를 사용할 때는 음식의 종류와 색감, 조명 등을 고려하여 적절한 설정을 해야 합니다. 또 구도를 잘 설정하여 촬영하면 더욱 멋진 음식 사진을 촬영할 수 있습니다.

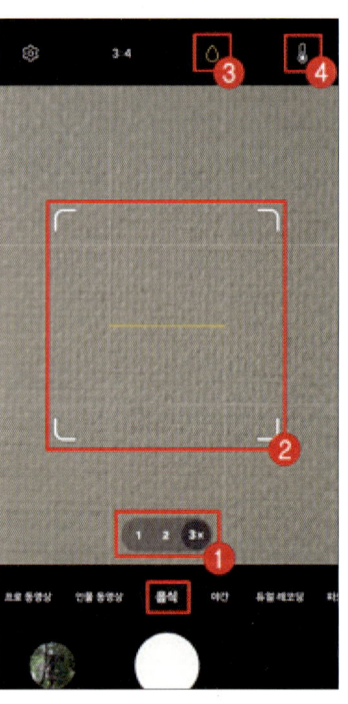 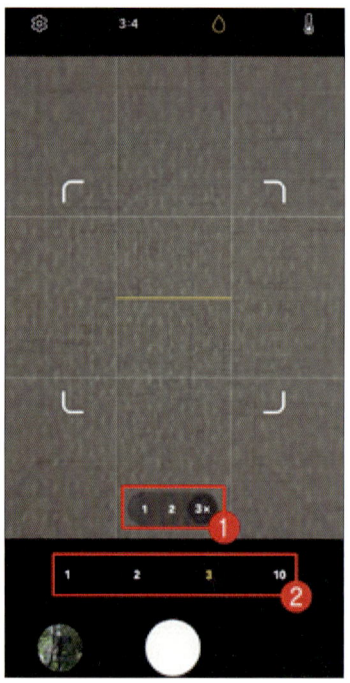 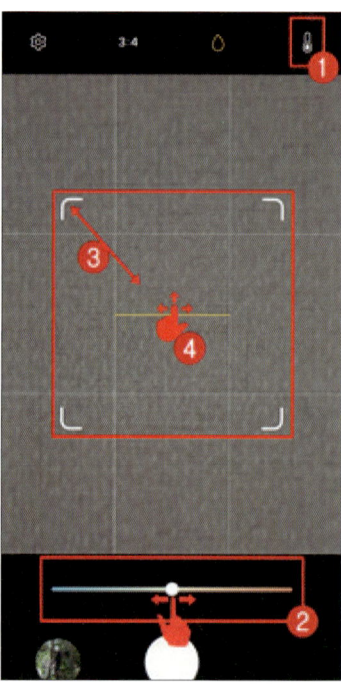

1 ① [렌즈 줌] 선택 버튼, ② [초점 영역] ③ [블러 효과] 켜짐·꺼짐 선택 버튼(블러 효과를 켜야 초점 영역이 나타남) ④ [화이트밸런스] 버튼 **2** ① [렌즈 줌] 선택 버튼을 터치하여 ② 렌즈배율을 선택하고 **3** ① [화이트밸런스] 버튼을 터치하여 색온도를 조정합니다. ② 조절바를 왼쪽으로 움직이면 푸른색이 강해지고, 오른쪽으로 움직이면 주황색이 강해집니다. ③ 초점 영역 크기와 ④ 초점 영역의 위치를 조정하여 촬영합니다.

 피자와 같은 음식이 평면인 것은 항공 샷으로, 케이크와 같은 입체적인 음식은 15도~45도 각도로 사이드 샷으로 촬영하면 더욱 선명하고 맛깔스럽게 촬영할 수 있습니다.
같은 음식이라도 다양한 각도에서 촬영해 보면 여러 가지 느낌이 나오며, 핵심이 되는 음식을 더욱 돋보이게 프레임에 꽉 차게 망원렌즈로 촬영하는 것이 좋은 사진을 얻을 수 있습니다.

● 슬로우모션 모드

슬로우모션 모드는 일반적인 동영상 촬영 속도보다 느리게 재생되도록 동영상을 촬영하는 기능입니다. 이 기능은 주로 스포츠 경기나 어린아이의 움직임과 같이 빠르게 일어나는 순간을 포착하여 느린 속도로 재생함으로써 장면의 세부적인 부분을 강조하거나, 재미있고 독특한 시각적 효과를 만들어내기 위해 사용됩니다.

일반적인 동영상 모드로 촬영할 경우 초당 24프레임, 30프레임, 60프레임을 촬영하나 슬로우모션 모드로 촬영하면 초당 120프레임, 240프레임 또는 그 이상(980프레임)으로 촬영할 수 있어 촬영된 동영상을 재생할 때 느린 속도로 변환되어 재생됩니다.

촬영된 슬로우모션 동영상은 편집 앱이나 소프트웨어를 사용하여 편집할 수 있으며, 필요에 따라 속도를 조절하거나 특정 구간을 선택하여 슈퍼슬로우모션 효과를 적용할 수 있습니다.

최근에는 스마트폰의 고성능화와 함께 더욱 높은 프레임 레이트와 해상도를 지원하는 슬로우모션 모드가 등장하고 있습니다. 이러한 기능은 더욱 세밀한 움직임을 포착할 수 있어, 전문적인 영상 촬영에도 활용될 수 있습니다.

1 [슬로우 모션]을 선택하고 ① [해상도] 옵션 버튼을 터치하여 ② 촬영하고자 하는 동영상의 해상도를 선택합니다. **2** ① 주 피사체를 길게 눌러 초점을 맞추고 ② 밝기를 조정하고 촬영합니다.
3 갤러리에서 편집하고자 하는 동영상을 선택하고 편집 버튼을 터치하면 편집 창이 나타납니다. ① 동영상의 전체 길이를 조정할 수 있고 ② 일부 구간의 재생속도를 느리게 할 수도 있습니다. ③ 편집이 끝나면 [저장]을 터치합니다.

 슬로우 모션을 잘 활용하면 벌의 날갯짓, 우유 방울이 떨어지며 나타나는 왕관 모양, 수박에 포크를 끼우면 뛰어나오는 과즙 방울 등 다양한 모습을 촬영할 수 있습니다.

● 하이퍼랩스 모드

하이퍼랩스는 시간의 흐름을 압축하여 빠르게 보여주는 촬영 기법으로 장시간 동안 촬영한 영상을 짧은 시간으로 압축하여 재생할 수 있어, 일상의 순간이나 여행에서 추억을 더욱 생생하게 기록할 수 있습니다.

하이퍼랩스 모드를 사용하기 위해서는 대부분의 스마트폰 카메라 앱에서 제공하는 하이퍼랩스 촬영 옵션을 선택해야 합니다. 사용자가 지정한 시간 동안 연속으로 촬영을 진행하며, 촬영된 영상을 자동으로 압축하여 재생할 수 있는 형태로 변환합니다.

촬영된 하이퍼랩스 영상은 편집 앱이나 소프트웨어를 사용하여 편집할 수 있으며, 필요에 따라 속도를 조절하거나 특정 구간을 선택하여 강조할 수 있습니다.

최근에는 스마트폰의 고성능화와 함께 더욱 다양한 하이퍼랩스 모드가 등장하고 있는데, 일부 스마트폰은 야간 하이퍼랩스 모드를 제공하여 어두운 환경에서도 촬영이 가능하며, 움직이는 물체를 추적하여 촬영하는 액티브 하이퍼랩스 모드를 제공하기도 합니다.

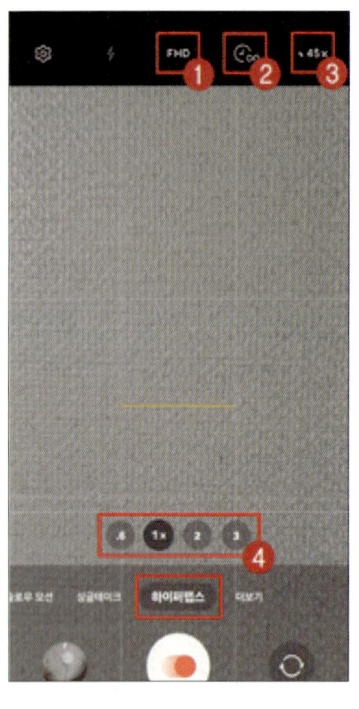  

1 [하이퍼 랩스] 모드를 선택하고 ① [해상도] 선택 버튼(UHD와 FHD 중 선택) ② [촬영 시간] (촬영 시간은 무제한과 300분까지 선택할 수 있음) ③ [배속 시간] (5초를 선택하면 5초 동안 촬영한 동영상이 1초로 압축, 60초를 선택하면 60초 동안 촬영한 동영상이 1초로 압축됨) ④ [렌즈 줌(화각)] 선택 옵션

2 [촬영 시간] 메뉴 버튼을 터치하여 무한대, 10분, 30분, 60분, 120분, 180분, 300분 중 선택하고

3 [배속 시간] 메뉴 버튼을 터치하여 나타나는 옵션 중 하나를 선택하여 동영상을 촬영합니다.

 하이퍼랩스 촬영을 통해서 해변의 일몰 또는 일출, 별의 이동 모습, 식물의 자람, 구름의 이동 등 다양한 장면을 역동적으로 촬영할 수 있습니다.

●듀얼 레코딩(디렉터스뷰) 모드

듀얼 레코딩 모드는 전면과 후면 카메라를 동시에 사용하여 영상을 촬영하는 기능입니다. 이 모드를 사용하면 사용자는 전면과 후면 카메라로 촬영한 영상을 한 화면에 함께 담아 저장하거나 각각 분리하여 따로 저장할 수 있습니다.

듀얼 레코딩 모드를 사용하여 친구들과 함께 사진을 찍을 경우 사용자는 전면 카메라로 자신의 모습을 촬영하면서 후면 카메라로 친구들의 모습을 함께 촬영할 수 있습니다. 이렇게 촬영한 영상을 편집하면, 사용자는 자신과 친구들이 함께 있는 모습을 자연스럽게 담을 수 있습니다.

또한, 보이는 대로 하나의 동영상으로 저장을 선택하면 전/후면 카메라 영상이 한 화면의 영상으로 저장되며, 렌즈별 동영상 각각 저장을 선택하면 두 개의 영상으로 따로 분리되어 저장됩니다.

이러한 듀얼 레코딩 기능은 1인 미디어 시대에 최적화된 기능으로, 유튜버나 브이로거 등이 많이 사용하고 있습니다. 또한, 이 기능은 스마트폰의 멀티미디어 기능을 더욱 강화해 주며, 사용자에게 더욱 다양한 촬영 경험을 제공합니다.

1 ① [해상도] 선택 버튼(UHD와 FHD 중 선택) ② [저장옵션 변경] 버튼(전·후면 카메라로 촬영한 영상을 동일 영상으로 저장하는 기능과 각각 별개로 저장하는 기능이 있음) ③ [화면 변경] 버튼(PIP 방법과 화면 분할 방법이 있음) ④ [렌즈 선택] 버튼 ⑤ PIP 방식의 화면 창을 선택하면 나타나는 창으로 손가락을 터치하여 이동할 수 있습니다. **2** 렌즈 선택 버튼을 터치하면 나타나는 창으로 전면, 울트라와이드, 와이드, 망원이 있는데 이 중 2개를 선택하고 확인 버튼을 터치합니다. **3** ① [이미지 촬영] 버튼(영상 촬영 중 이미지 촬영이 필요하면 터치하여 이미지 촬영을 할 수 있음) ② [전면·후면 카메라 변경] 버튼으로 터치하면 전면 카메라와 후면카메라가 변경됩니다.

● 싱글테이크 모드

최대 10초 정도의 동영상 촬영으로 베스트샷 사진과 동영상을 자동으로 만들어주는 AI 카메라 기능입니다. 한 번의 촬영으로 다양한 각도, 초광각, 라이브 포커스, 타임랩스, 부메랑 등 다양한 렌즈와 기능을 활용하여 여러 개의 사진과 동영상(하이라이트 동영상, 슬로우 모션 동영상, 부메랑 동영상, 필터 적용 사진, 콜라주, 크롭샷)을 촬영합니다. 그다음 AI가 분석한 결과를 토대로 최대 10개의 베스트 사진과 최대 4개의 동영상을 갤러리에 저장합니다.

촬영 환경에 따라 결과물의 개수는 다를 수 있습니다. 또한, 이 모드를 선택하면 사용자가 직접 사진과 동영상을 선택하는 대신 AI가 촬영된 콘텐츠를 분석하여 최적의 결과물을 제공합니다.
이러한 기능은 일상에서 순간을 빠르고 간편하게 기록하고자 할 때 유용합니다. 특히 생일, 결혼식, 기념일, 졸업식 같은 특별한 순간에 다양한 장면을 한 번에 담고자 할 때 더욱 편리하게 사용할 수 있습니다.

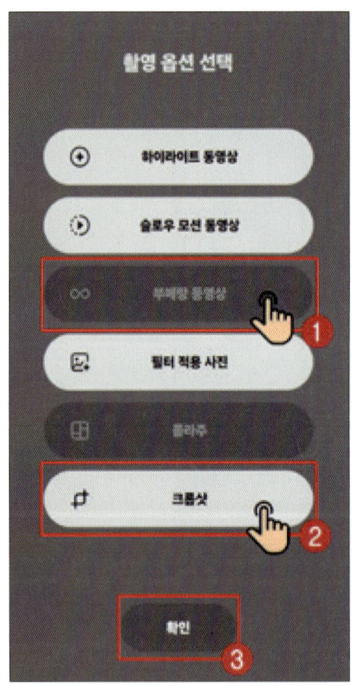

1 ① [싱글테이크] 선택 버튼(터치하면 우측과 같은 창이 나타남) ② [렌즈(화각) 줌] 버튼(전면 카메라에는 줌 렌즈 선택 기능이 없음) **2** ① 터치하여 촬영 옵션을 끄면 적용되지 않고 ② 터치하여 촬영 옵션을 켜면 옵션이 적용됩니다. ③ 촬영 옵션을 선택하고 [확인]을 터치합니다. **3** ① 촬영 셔터를 터치하면 10초간 촬영이 되는데 [+5초]를 터치하면 추가로 5초를 더 촬영하게 됩니다. ② 10초간 촬영할 필요가 없으면 촬영 중간에 셔터를 터치하면 촬영이 정지됩니다.

 기본적으로 갤럭시 S24 울트라의 싱글 테이크 셋팅은 10초로 되어 있지만 +5초까지 추가설정이 가능합니다. 단! 10초가 다 지나가기 전에 +5 버튼을 눌러줘야 하니 주의가 필요하겠습니다. 또한, 6초 정도만 촬영하고자 할 경우는 6초 정도에서 카메라 셔터를 터치하여 정지하면 됩니다.

1 ① 싱글테이크 모드로 촬영하고 갤러리에서 해당 영상을 열면 나타나는 화면입니다. ② 촬영된 이미지와 동영상의 개수를 나타내고 터치하면 오른쪽 그림과 같이 세부 명세를 볼 수 있습니다.

2 ① 싱글테이크 모드로 촬영된 동영상과 이미지 세부 명세들입니다.(왼쪽으로 드래그하여 추가로 볼 수 있음) ② 이미지와 동영상 중 베스트 결과물을 추천해 줍니다. ③ 동영상 재생 중 터치하면 오른쪽 이미지와 같이 해당 이미지 사진을 추가로 얻을 수 있습니다. 3 동영상 재생 중 추가로 얻은 이미지입니다.

● 파노라마 모드

파노라마 모드는 일반적인 사진으로는 담을 수 없는 넓은 풍경이나 건축물 등을 한 장의 사진에 담을 수 있게 해줍니다. 이 모드는 사용자가 카메라를 수평으로 움직이면서 사진을 촬영하면 자동으로 여러 장의 사진을 이어 붙여 하나의 긴 이미지를 생성합니다.

특히 여행이나 관광에서 유용하게 사용됩니다. 또한, 사진에 깊이감과 입체감을 부여할 수 있어 예술적인 표현도 가능하지만, 촬영 시 카메라를 수평으로 유지해야 하며, 움직이는 물체나 사람이 포함될 경우 이미지가 왜곡될 수 있으니 주의해야 합니다.

① [렌즈 줌(화각)]을 선택하고 ② 촬영 셔터를 터치 후 ③ 수평이 맞게 한쪽으로 카메라를 천천히 움직이며 촬영하는데 촬영하고자 하는 결과물을 다 담았으면 셔터를 터치하여 촬영을 끝냅니다.

※ 파노라마 사진은 가로로 촬영하는 것보다 세로로 촬영하여야 이미지 활용도가 높습니다.

● 야간 모드

야간 모드는 어두운 환경에서도 더 나은 사진을 촬영할 수 있도록 도와주는 기능으로 일반적으로 카메라는 어두운 곳에서 충분한 빛을 확보하지 못해 사진이 어둡게 나오거나 노이즈가 발생하는 경우가 많습니다. 그러나 야간 모드를 사용하면 카메라가 자동으로 더 많은 빛을 수집하여 사진의 밝기와 선명도를 향상시킵니다.

노출 시간을 늘려 더 많은 빛을 수집하거나, ISO 값을 높여 빛에 대한 민감도를 높이는 방식으로 촬영하는데 이를 통해 어두운 곳에서도 밝고 선명한 사진을 촬영할 수 있습니다.

최근에는 인공지능 기술을 활용하여 촬영 후에 후처리 기술을 활용하여 노이즈를 제거하거나, 색상을 보정하거나, 밝기를 조절하는 등 사진의 화질과 색감을 더욱 개선합니다.

야간 모드를 사용할 때는 삼각대나 고정된 물체에 카메라를 고정해 카메라의 흔들림을 최소화 하는 것이 좋습니다.

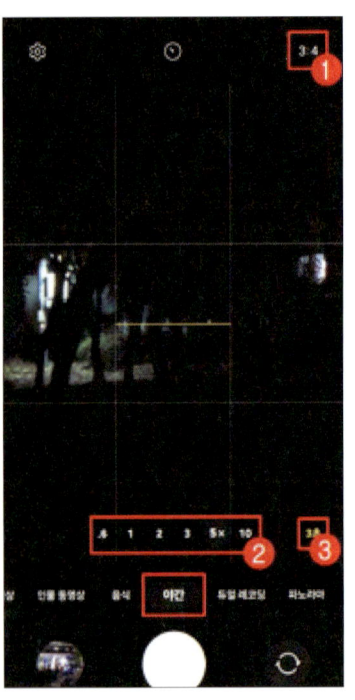

1️⃣ ① [화면 비율]을 선택하고 ② [렌즈 줌 화면 배율]을 선택하여 카메라를 촬영하고자 하는 피사체로 향하게 하면 ③ 카메라가 인공지능 기술을 활용하여 촬영 시간을 표시해 줍니다.

2️⃣ 셔터 버튼을 터치하면 촬영하고 있는 시간을 표시해 줍니다.

● **스마트폰 카메라 촬영모드 배치하기**

 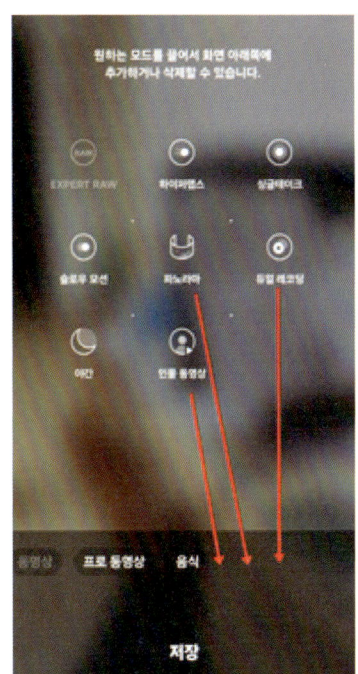 

1 ① [더 보기]를 선택하고 ② [+]을 터치합니다. **2** 촬영 모드를 손가락으로 드래그해서 카메라 촬영 모드바(Bar) 영역으로 옮깁니다. **3** ① 촬영 모드의 배열 순서를 조정하여 배치합니다. ② [저장] 버튼을 터치하여 저장합니다.

CHECK 리스트

포토에디터 사용법

포토 에디터는 갤럭시 폰의 갤러리에 내장되어 있으며, 사진 편집을 더욱 쉽고 재미있게 만들어 주는 다양한 기능을 제공하여 사진 초보자부터 전문가까지 누구나 쉽고 편리하게 사용할 수 있는 강력한 사진 편집 도구입니다.

간편한 사용법, 다양한 편집 도구와 필터, AI 기반 자동 보정, 원본 보호, 실시간 미리보기 등을 이용하여 편리하게 편집 작업을 할 수 있습니다.

● 포토에디터의 장점

❶ **휴대폰으로 간편하게 고품질 사진 편집** : 별도의 사진 편집 프로그램 없이도 휴대폰에서 바로 고품질의 사진을 편집할 수 있습니다.

❷ **창의적이고 다양한 표현** : 다양한 편집 기능을 활용하여 자신만의 개성 넘치는 사진을 만들 수 있습니다.

❸ **SNS 공유에 최적화** : 편집한 사진을 바로 SNS에 공유할 수 있도록 다양한 공유 기능을 제공합니다.

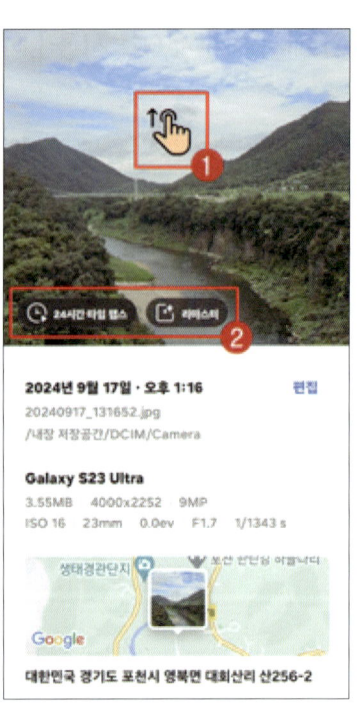

1 ① 갤러리에서 사진을 선택한 후 손가락으로 사진을 위로 밀면 ②와 같은 AI 보정메뉴가 나타납니다. [리마스터]를 터치하면 자동 보정되며, 이 기능은 단 한번의 터치로 간편하게 보정을 해줍니다.

2 직접 편집을 하기 위해서는 사진을 선택한 후 하단에 나타나는 [편집연필]을 터치합니다.

3 첫 번째 편집 화면입니다. 하단 메뉴가 기본편집 버튼이고 이 버튼의 선택에 따라 상단 메뉴가 달라집니다.

1 ① [자르기] 버튼입니다. ② 순서대로 [좌우반전], [회전], [프레임크기] 버튼입니다. 세 번째 [free] 를 터치하여 2 다양한 프레임 크기를 선택할 수 있습니다. 먼저 가로, 세로를 선택하고 사이즈를 선택하면 됩니다. 3 ① [기울기], [수평], [수직]을 조절하는 버튼입니다. ② 아래 게이지 가운데를 손가락으로 누른 채 좌우로 움직여 조절합니다. 이 기능은, 비뚤어진 사람이나 건물, 나무 등을 바로 세울 때 유용합니다.

1 ① 사진의 색감을 조절하는 [필터] 메뉴입니다. ② 다양한 필터들이 사진에 적용된 효과를 보면서 필터를 선택하면 됩니다. 2 필터적용의 강도는 아래 게이지를 조절하면 됩니다. 3 ① [상세보정] 메뉴입니다. ② [라이트발란스], [밝기], [노출], [대비], [하이라이트], [채도], [색온도], [선명도], [명료도] 등 다양한 조절메뉴들이 나타납니다.

1️⃣ ①을 선택하면 ② [그리기], [스티커], [텍스트] 메뉴가 나타납니다. 2️⃣ ① [그리기] 도구를 선택하여 ② 색상과 투명도, 선의 굵기를 조절합니다. 3️⃣ [그리기 도구]에 따라 ① 선 ② 하이라이트 ③ 모자이크가 그려집니다.

1️⃣ [스티커]를 터치하면 다양한 스티커 카테고리가 나옵니다. ① 갤러리 아이콘을 선택하면 갤러리 사진을 스티커로 만들 수 있습니다. 2️⃣ [+]를 터치하여 갤러리에서 사진을 선택 후 [컷아웃] 스타일을 선택하면 스티커 사진에 흰색 테두리가 생깁니다. 3️⃣ 갤러리의 사진이 스티커가 되어 사진 위에 나타납니다. 이는 사진 합성과 같은 효과가 있고, 썸네일 제작 시 사용하면 좋습니다.

 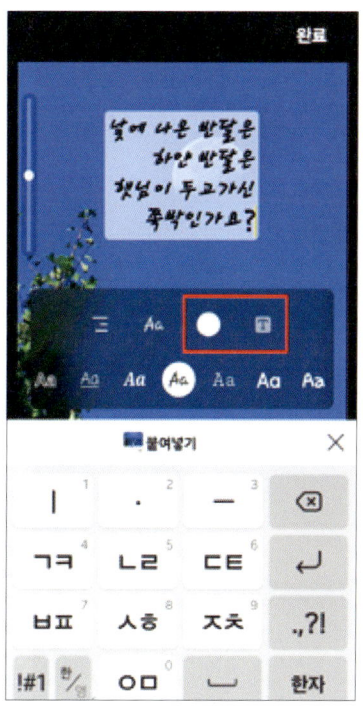 

1 [텍스트 입력] 화면입니다. ① 정렬, 글자체, 글자색을 선택합니다. ② 글자체는 12개 정도 입니다.
2 T를 터치하여 글자 배경막을 선택할 수 있습니다. 터치를 한번 하면 불투명, 두 번하면 반투명, 세 번 터치하면 배경막이 없어집니다. 배경막 색은 하얀원을 터치하여 고를 수 있습니다.
3 글자를 다 쓰고 나면 위쪽 [완료]를 터치합니다. 그 후 손가락으로 위치와 크기를 설정할 수 있습니다.

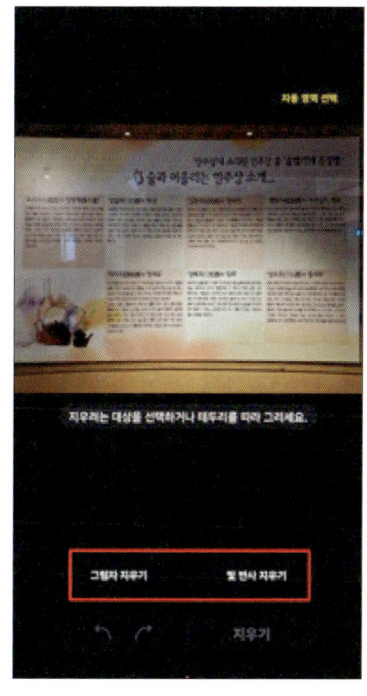
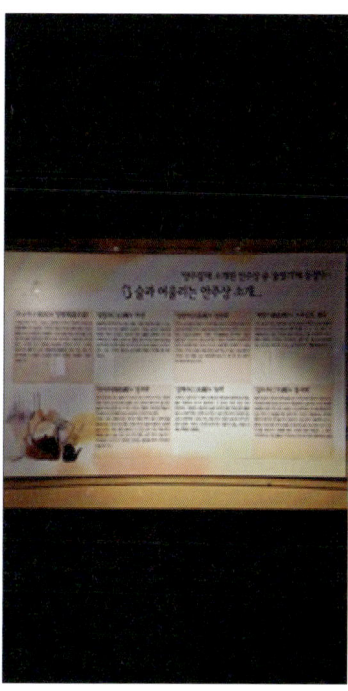

1 ①을 터치하면 ②와 같은 [AI 편집기능]들이 나타납니다.
2 [AI지우개]를 터치해서 사진에 있는 그림자나 빛반사를 제거할 수 있습니다.
3 사진에 빛 반사 지우기를 하니 이전보다 선명하게 글씨가 나타납니다. 비록 완벽하지는 않지만, 실제 사용에 있어 유용한 기능입니다.

1 포토에디터의 우수한 기능 중 하나가 AI 지우기입니다.

① [자동영역 선택] 기능이 있어 ② 지우려는 개체를 손끝으로 톡 터치하거나 영역을 대강 그리면 개체가 선택됩니다. 하단의 지우기를 터치하면 2 선택된 영역이 감쪽같이 사라집니다. 사라진 영역은 AI가 주변의 정보를 인지해서 주변과 비슷한 느낌으로 채워줍니다.

AI 편집기능에는 AI 지우기 외에 [영역 자르기], [부분색칠], [색상 조정], [스타일 조정]이 있습니다. 1 첫 번째 사진은 [영역 자르기]입니다. 자르고 싶은 부분의 영역을 대강 손으로 그리면 자동적으로 개체에 맞춰진 영역이 선택됩니다. [다음]을 터치하여 테두리 굵기를 조절합니다. 2 두 번째 사진은 [부분색칠] 기능입니다. 남기고 싶은 색을 손끝으로 터치하여 선택하면 그 색상만 컬러로 표현되고 나머지 부분은 흑백으로 변합니다. 강렬한 색상 하나를 강조할 때 사용하면 좋습니다. 3 세 번째 사진은 [색상조정] 기능입니다. 색상 선택 후 색조, 채도, 밝기를 게이지를 조절하여 보정할 수 있습니다. 4 네 번째 사진은 [스타일 조정]입니다.

1 인물사진의 경우 ①의 AI 도구모음을 터치하면 **2** [얼굴 리터칭] 버튼이 나타납니다.
3 피부결, 피부톤, 턱선, 눈의 크기, 잡티제거, 배경흐리기, 적목제거를 할 수 있습니다. 원하는 부분을 선택 후 아래쪽 게이지를 이용하여 변화의 정도를 설정하면 됩니다.

❶ 원본사진과 편집사진의 비교

사진을 편집할 때 원본과 비교하며 보정하는 것이 좋습니다. 보정하는 중간중간 손끝으로 사진을 잠시 꾹 누르면 원본의 상태가 나타납니다.

❷ 원본사진으로 다시 돌아가고 싶을 때

편집이 끝나 저장을 했는데 맘에 들지 않는 경우가 있습니다. 이 때는 사진을 선택한 후 다시 편집 아이콘인 연필을 터치하여 편집 화면이 나타났을 때 위쪽에 있는 원본복원을 터치하면 바로 원본으로 돌아갑니다.

❸ 원본사진을 보관하고 싶을 때

편집된 사진과 원본사진 둘 다 보관하고 싶을 때는 편집 사진을 최종적으로 저장하기 전 [저장] 글자 옆에 있는 [삼점]을 터치하면 [다른 파일로 저장]이 나타납니다. 이것을 터치하면 원본과 편집 사진 모두 저장 됩니다.

❹ 이미지의 크기를 줄이고 싶을 때

위의 [다른 파일로 저장] 아래에 [크기 변경] 메뉴가 나옵니다. 사진의 크기를 20%에서 80%까지 줄일 수 있습니다.

스냅시드

스냅시드는 Google에서 개발한 무료 사진 편집 앱으로, 스마트폰으로도 전문가 수준의 사진 편집을 가능하게 해줍니다.

간편한 인터페이스와 28개의 다양한 편집 도구를 갖추고 있어 초보자부터 전문가까지 누구나 쉽게 사용할 수 있습니다.

● 스냅시드의 주요 기능

❶ **다양한 필터** : 다양한 분위기의 필터를 적용하여 사진에 개성을 더할 수 있습니다.

❷ **정교한 편집 도구** : 밝기, 대비, 채도 등 기본적인 조절은 물론, 곡선, HSL(색상·채도·밝기), 흑백 등 전문적인 편집 도구를 제공합니다.

❸ **선택적 편집** : 특정 영역만 선택하여 편집할 수 있어 더욱 세밀한 작업이 가능합니다.

❹ **원터치 AI 자동 보정** : AI가 사진을 분석하여 최적의 설정을 자동으로 적용해줍니다.

❺ **RAW 파일 지원** : 고화질의 RAW 파일도 편집할 수 있어 더욱 전문적인 작업이 가능합니다.

❻ **스토리 기능** : 편집 작업의 모든 단계가 기록되어 있어, 이전 단계로 쉽게 되돌아갈 수 있습니다.

❼ **고급 기능** : 비네팅, HDR 스카이, 텍스트 추가 등의 고급 기능도 제공하여 전문적인 편집이 가능합니다.

❽ **저장 및 공유** : 편집한 사진을 다양한 포맷으로 저장하거나 소셜 미디어에 쉽게 공유할 수 있습니다.

❾ **비파괴 편집** : 원본 사진을 변경하지 않고 편집 결과를 저장할 수 있습니다.

● 스냅시드가 유용한 이유

❶ **무료** : 강력한 기능을 무료로 사용할 수 있습니다.

❷ **휴대성** : 스마트폰으로 언제 어디서든 편집이 가능합니다.

❸ **전문성** : 전문가급 편집 도구를 갖추고 있어 다양한 표현이 가능합니다.

❹ **간편한 사용법** : 직관적인 인터페이스로 누구나 쉽게 사용할 수 있습니다.

● 스냅시드 활용 예시

❶ **인물 사진 보정** : 피부톤 보정, 잡티 제거, 눈 밝히기 등 인물 사진을 더욱 아름답게 만들 수 있습니다.

❷ **풍경 사진 보정** : 밝기, 대비, 채도를 조절하여 풍경 사진의 분위기를 바꿀 수 있습니다.

❸ **음식 사진 보정** : 색감을 더욱 풍부하게 하고, 음식을 더욱 맛있게 보이도록 만들 수 있습니다.

● 스냅시드 설치와 사진 보정의 시작

스냅시드는 플레이스토어에서 설치하면 됩니다. 광고도 없으며 로그인도 필요하지 않습니다. 설치 후 열기를 터치하여 간단하게 사진을 불러올 수 있습니다.

1️⃣ 기본 메뉴들입니다. 먼저 [스타일] 효과가 적용된 사진을 보면서 맘에 드는 스타일을 선택하면 됩니다. 인물사진은 [Portrait]를, 풍경사진은 [Pop]이나 [Accenturate]를 적용해보세요.

2️⃣3️⃣ 스타일의 변화를 원본과 비교해보려면 사진을 손가락으로 꾹 눌러 원본을 보면됩니다. 스타일 필터 끝에 [(+)]를 터치하여 자신이 만든 최종 사진을 스타일 필터로 저장하여 사용할 수 있습니다.

● 28개의 다양한 도구들

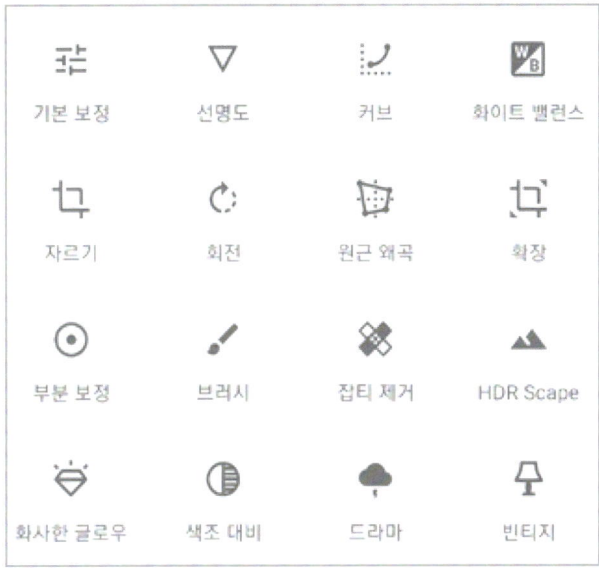 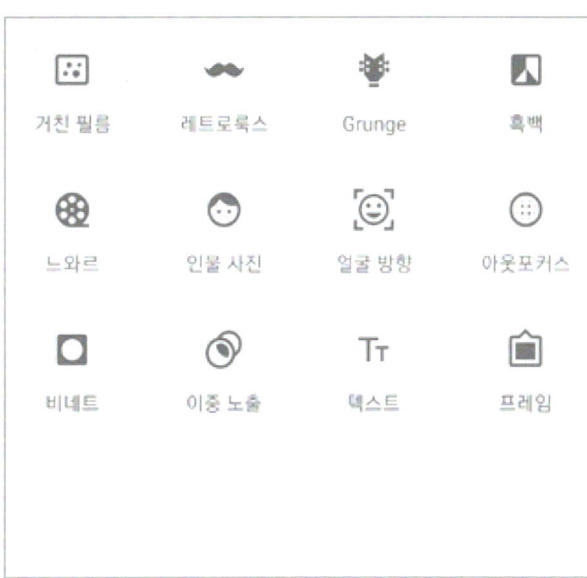

● 스냅시드의 보정 도구들과 사용법

1) 기본보정 : [밝기], [대비], [채도], [분위기], [하이라이트], [음영], [따뜻함]을 설정할 수 있습니다.

❶ **분위기** : 채도 + 하이라이트 + 음영 보정이 동시에 이루어짐
❷ **하이라이트** : 밝은 부분 보정
❸ **음영** : 어두운 부분 보정
❹ **대비** : 밝은 부분과 어두운 부분의 차이 조절
❺ **채도** : 색이 선명해짐
❻ **따뜻함** : 노란 필터를 씌워준 느낌

모든 단계를 다 할 필요는 없고 맘에 드는 사진이 만들어질 때까지 하면 됩니다.

1 ① [기본보정] 도구를 선택하고 손가락을 떼지 않은 채 아래 위로 움직여 메뉴를 선택한 후 손가락을 떼면 됩니다. ② 보정의 강도는 위쪽의 슬라이드를 좌우로 움직여서 결정합니다.
2 가운데 사진은 원본사진입니다.
3 세 번째 사진은 기본보정 효과가 적용된 결과입니다.

2) **선명도** : 흐릿한 사진을 쨍하게 만들어줍니다.

　　하위메뉴　①**구조** : 굵은 선을 선명하게　②**선명도** : 가는 선과 면을 선명하게 합니다.

원본 사진

구조 보정

왼쪽 원본 사진에 비해 오른쪽 사진은 선이 더 굵어지고 선명해졌습니다.

3) **커브** : 사진의 밝은 부분과 어두운 부분을 개별적으로 보정할 때 사용합니다.

1 커브의 기본메뉴입니다. 선의 아래쪽은 어두운 부분이고, 위쪽은 밝은 부분입니다. 선 위에 원하는 숫자만큼 점을 찍은 후 점을 위로 올리면 밝게, 아래로 내리면 어두워집니다.

2 ①을 터치하여 색상을 선택하여 조절할 수 있습니다. ② 세 색상을 한꺼번에 조절할 수도 있고(RGB) 개별적으로 선택하여 조절할 수 있습니다. **3** [프리셋]을 선택하여 색상의 변화를 보며 간단하게 선택할 수 있습니다.

4) 화이트밸런스(WB) : 이미지가 가지고 있는 색상을 바꿀 때 사용합니다.

하위 메뉴인 색온도와 틴트를 혼합해서 사용하면 다양한 효과를 만들 수 있습니다.
슬라이드를 오른쪽으로 움직이면 주황색으로 왼쪽으로 움직이면 푸른색으로 변합니다.

색온도는 밤하늘을 푸르스름하게 보정할 때 사용하면 밤 분위기가 신비롭고 아름다워집니다.

5) HDR Scape : 밝은 곳과 어두운 곳의 노출차가 심한 사진을 보정할 때 이용합니다.

어두운 건물과 밝은 하늘을 한 화면에 담을 경우 노출 차이가 심해 어두운 곳의 디테일이 나타나지 않습니다. 이런 경우에 HDR Scape을 통해 색상정보를 살릴 수 있습니다.

 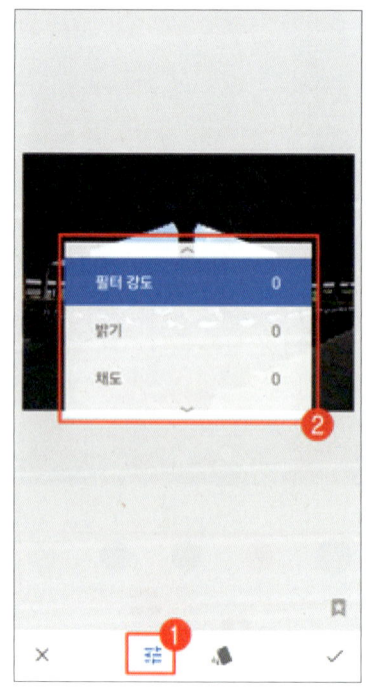 

1 ① HDR 수동조절, ② 프리셋 버튼입니다.
2 ① 수동조절 버튼을 눌러 ② HDR 필터강도와 밝기, 채도를 조절할 수 있습니다.
3 ① 프리셋을 선택하면 4개의 메뉴가 나옵니다. 메뉴를 선택하여 상단 슬라이드로 강도를 조절하면서 원하는 색상을 선택하면됩니다. 원본사진 보다 풍부한 색감을 얻을 수 있습니다.

6) **부분보정** : 사진의 특정 부분만 밝기, 대비, 채도, 구조(선명도)를 조절할 수 있습니다. 얼굴만 환하게 하거나 특정 꽃의 색깔을 환하게 할 때 사용하면 좋습니다.

사진선택 ▶ 도구 ▶ 부분보정 ▶ 원하는 부분 손가락으로 터치하면 그 부분이 보정됩니다.

상단에 있는 슬라이드를 손끝으로 좌우로 움직이면 강도가 조절됩니다.

사진 아래쪽을 손가락으로 밀어서 대비, 채도, 구조를 선택하고 조절 바를 통해 강도를 결정하세요.

7) **브러시** : 전체 사진이 아닌 원하는 부분만 선택해 명도, 채도, 온도 등을 조절할 수 있습니다.

▶ **선택적 보정** : 전체 사진이 아닌 원하는 부분만 선택하여 명도, 채도, 온도 등이 조절 가능 합니다.

▶ **정밀한 조절** : 브러시 크기와 강도를 조절하여 효과의 범위와 세기를 미세하게 조절할 수 있습니다.

▶ 사진 중 인물의 얼굴이 어둡게 나왔을 때 브러시를 이용하여 밝게 해주면 좋습니다.

1 ① 도구 메뉴에서 브러시를 선택합니다. 4개의 브러시 중 하나를 선택합니다.
2 ① 밝게/어둡게를 선택하고 ② 브러시 크기와 강도를 조절합니다. ③ 사진의 원하는 부분을 손끝으로 붓질하듯이 문지르면 됩니다.

8) 원근 왜곡 : 사진 속 사물이 기울어져 보이거나, 선이 휘어져 보일 때 이를 바로잡아 더욱 자연스럽고 정확한 이미지를 만들어주는 기능입니다.

스마트폰 카메라는 광각렌즈이기 때문에 높은 건물을 촬영할 경우 왜곡이 심하게 발생합니다. 이 때 원근 왜곡 도구를 사용해서 어느 정도 수정할 수 있습니다. 윗 사진은 기울기와 자유변형 기능을 이용해서 왜곡된 이미지를 수정했습니다. 사진을 터치하여 조정점을 이동시키면서 원하는 대로 변형시키면 됩니다. 너무 과도하게 조정하면 오히려 부자연스러워 보일 수 있으므로 자연스러운 범위 내에서 조절하는 것이 좋습니다.

9) 화사한 글로우 사진 : 사진의 색상에 변화를 줍니다.

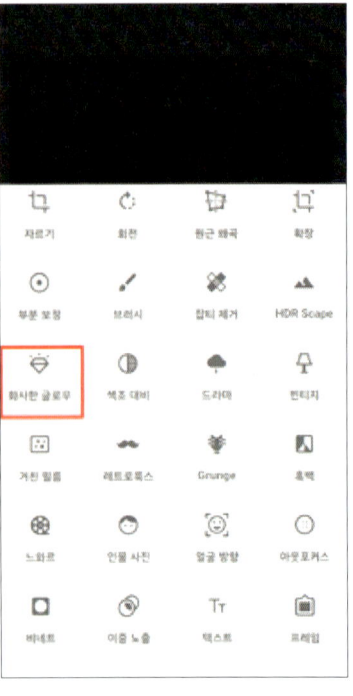  

1 도구에서 화사한 글로우를 선택합니다.
2 ① 발광, 채도, 따뜻함을 선택하여 ② 사진 위쪽에서 손가락을 좌우로 움직여 강도를 조절합니다.
3 이미 만들어진 프리셋을 이용할 수 있습니다.

10) 사진에 다양한 효과를 주는 도구들
색조 대비, 드라마, 빈티지, 거친 필름, 레트로룩스, Grunge, 흑백, 느와르 사용법

❶ 적용할 도구를 선택하면 하위 메뉴들이 하단에 나타납니다.
   하위 메뉴들은 도구에 따라 다릅니다.
❷ 하위 메뉴를 선택한 후 상단의 슬라이드를 좌우로 움직여 강도를 조절합니다.
❸ 이미 만들어진 프리셋을 선택하여 사용하면 편리하게 효과를 줄 수 있습니다.

11) 인물사진 : 인물사진에 다양한 효과를 줄 수 있습니다.

1 ① 이미지 도구에서 [**인물 사진**]을 선택 후 인물의 피부톤을 선택할 수 있습니다. ② 인물사진의 빛과 피부 보정, 눈동자를 보정할 수 있습니다. ③ 프리셋 효과입니다. **2** ②번을 선택했을 때 나타나는 메뉴입니다. **3** ③ 프리셋을 선택하면 쉽게 보정이 됩니다.

12) 얼굴방향 : 인물의 얼굴방향이 조금 아쉬울 때 사용하면 좋습니다.

1 ① 이미지 도구에서 [**얼굴 방향**]을 선택 후 눈동자 크기와 얼굴, 초점거리 등을 조절할 수 있습니다. ② 얼굴방향을 조절할 수 있습니다.
2 얼굴방향 조절기를 선택 후 **3** 조절 손가락을 상하좌우로 움직이면 보정이 됩니다.

13) 아웃 포커스 : 강조하고자 하는 것을 돋보이게 하고 배경을 흐리게 할 수 있습니다.

1 ① 아웃포커스의 크기와 모양을 선택합니다. 원형과 선형이 있습니다. 크기는 두 손가락을 오므리거나 늘리면 되고, 위치 또한 가운데 파란 원형 점을 손가락으로 옮기면 됩니다. ② 아웃포커스 강도를 조절합니다. ③ 다양한 아웃포커스 모양을 선택할 수 있습니다. **2 3** 해당 버튼을 누른 후의 화면입니다.

14) 이중 노출 : 사진 두 장을 겹쳐 특수한 효과를 만들어 낼 수 있습니다.

1 ① 겹쳐놓을 사진을 불러옵니다. ② 겹친 사진의 밝기 유형을 조절할 수 있습니다. ③ 두 사진의 밝기를 슬라이드로 조절할 수 있습니다. **2** 밝기유형을 조절하기 위해 ① 아이콘을 터치하면 다양한 밝기 유형이 나옵니다. **3** ① 아이콘을 터치하면 ② 슬라이드 메뉴를 통해 사진의 밝기를 조절할 수 있습니다.

15) 보정한 사진 저장하기

사진 보정이 끝난 후 우측 하단 [내보내기]를 누르면 몇가지 사진 저장방법이 나타납니다.

- 공유 : SNS로 사진을 보냄
- 저장 : jpg 95% 저장
- 내보내기 : 설정값대로 저장
- 다른 폴더로 내보내기
  스냅시드 자동폴더가 아닌 지정한 폴더에 저장

16) 내보내기 설정값 저장하기

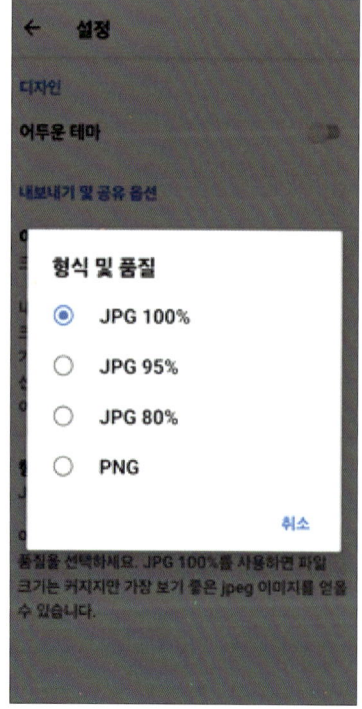

내보내기 설정값

오른쪽 위 삼점을 누르면 설정 탭이 나타납니다. 여기서 사진 저장 형식과 품질을 지정할 수 있습니다.
한번 지정하면 계속 그 값으로 저장됩니다.

※ 사진 편집과 보정은 매우 흥미로운 과정입니다. 기능을 익혀 자신만의 멋진 사진을 만들어보세요.

● 스냅시드 활용 가이드

  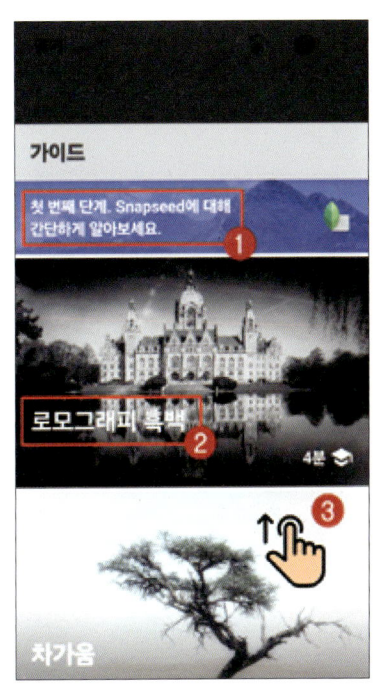

1 스냅시드를 전문가처럼 제대로 활용하기 위해서는 [가이드] 메뉴를 참조하시면 됩니다. [가이드] 메뉴를 살펴보기 위해서 스냅시드 첫 화면(왼쪽 상단에 '열기' 메뉴가 보임) 우측 상단 [점 3개]를 터치합니다. **2** [가이드]를 터치합니다. **3** ①번 부분을 터치하면 Snapseed 핵심 수정 기능에 대해 설명합니다. ② [로모 그래피 흑백] 효과를 적용하고 싶다면 터치해서 설명하는 순서대로 적용하시면 됩니다. ③ 화면을 위로 올려보면 다양한 효과와 기능을 적용할 수 있도록 안내하고 있습니다.

1 ① 일반설명과 동영상 설명을 하는 기능들이 있는데 ① [동영상 재생 버튼]을 터치하면 멋진 [이중 노출] 효과를 적용할 수 있는 [눈보라 피플] 기능에 대해서 자세한 영상을 보실 수 있습니다. **2** [로모 그래피 흑백] 효과를 적용하고 싶다면 ① 화면을 위로 드래그하면서 설명하는 것처럼 3단계로 따라하면 됩니다. ② [사용해 보기]를 터치합니다. **3** ① [사진에 적용]은 스냅시드에 가져온 사진에 바로 적용되는 것이고 ② [샘플 사진 수정]은 보여지는 사진을 가지고 연습을 해 볼 수 있습니다.

갤러리에서 사진 및 동영상 확인하고 앨범 만들기

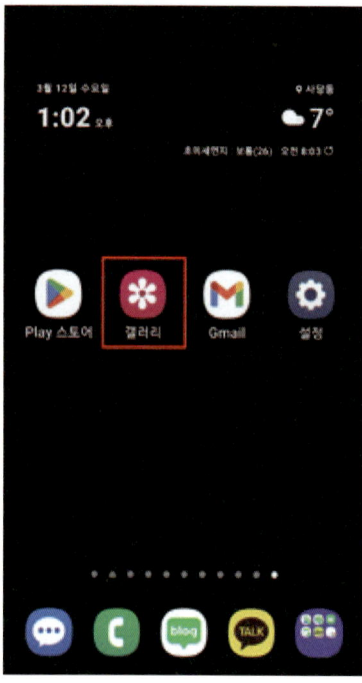  

1️⃣ 갤러리 앱에서 갤러리에 저장된 사진 및 동영상을 확인하고 편집할 수 있으며 폴더를 만들어 앨범으로 분류하여 관리할 수 있습니다.

2️⃣ ① 사진과 동영상을 OneDrive에 동기화할 수 있습니다.
　② 키워드(사람, 위치, 문서, 가구, 풍경 등)로 검색할 수 있습니다.
　③ 사진과 동영상 모든 사진이 분류없이 날짜순으로 볼 수 있습니다.
　④ 사진과 동영상을 앨범별로 분류해서 볼 수 있습니다.
　⑤ 사진과 동영상을 날짜, 위치, 피사체 등을 기반으로 자동 정리하여 앨범처럼 구성해 줍니다.
　⑥ 더보기 버튼으로 더 많은 메뉴를 확인할 수 있습니다.

3️⃣ ⑦ 동영상만 분류해서 볼 수 있습니다.
　⑧ 중요한 사진과 동영상을 빠르게 찾을 수 있도록 모아두는 공간입니다.
　⑨ 최근 순으로 사진과 동영상을 확인할 수 있습니다.
　⑩ 사용자의 사진 및 동영상을 분석하여 다양한 방식으로 활용할 수 있도록 제안합니다.
　⑪ 사진과 동영상에 저장된 위치 정보를 활용하여 촬영 장소별로 정리하고 검색할 수 있습니다.
　⑫ 특정 사용자들과 사진 및 동영상을 클라우드를 통해 공유하고 함께 관리할 수 있습니다.
　⑬ 삭제된 사진과 동영상을 일정 기간(30일) 동안 임시로 보관하여 복구할 수 있습니다.
　⑭ 사용자가 사진 및 동영상 관리, 편집, 백업, 공유 등 다양한 기능을 설정할 수 있습니다.

갤러리에서 앨범 만들기

  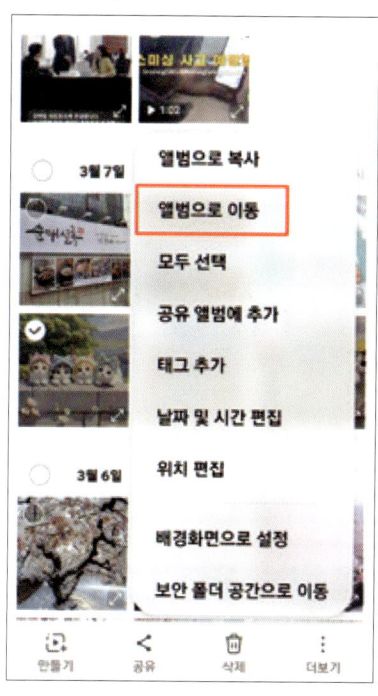

1️⃣ 갤러리 사진 화면에서 ① [더보기] 아이콘을 터치합니다. ② [편집]을 터치합니다. 2️⃣ ① 편집할 사진을 터치합니다. ② 영상 및 GIF, 콜라주 등을 만들 수 있습니다. ③ 특정 지인이나 다른 사이트로 공유할 수 있습니다. ④ 선택한 사진이나 동영상을 삭제할 수 있습니다. ⑤ 더보기 아이콘을 터치합니다. 3️⃣ 다음 메뉴에서 [앨범으로 이동]을 터치합니다.

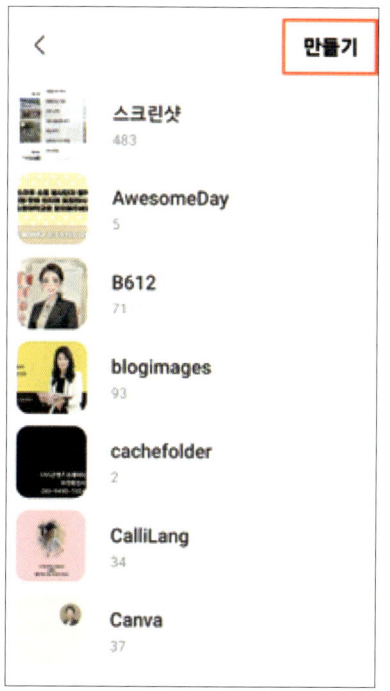  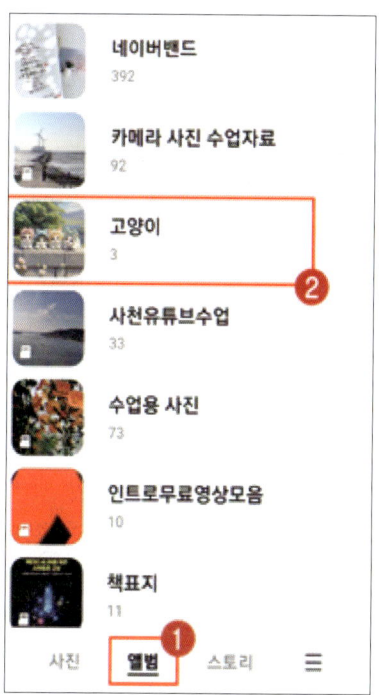

1️⃣ 다음 화면에서 [만들기]를 터치합니다. 2️⃣ ① 앨범 이름을 입력합니다. ② [추가] 버튼을 터치하여 앨범을 생성합니다. 3️⃣ ① 앨범 화면에서 ② 고양이 폴더가 생성된 것을 확인할 수 있습니다.

갤러리에서 사진 편집하기

1 갤러리에서 편집할 사진을 터치합니다. 연필 아이콘모양의 [편집]을 터치합니다. ② [편집]을 터치합니다. **2** ① AI를 활용하여 사진을 자동 보정하고 다양한 효과를 적용합니다. ② 사진의 크기 및 기울기 등을 편집합니다. ③ 사진에 필터를 적용할 수 있습니다. ④ 사진의 밝기, 노출, 대비, 그림자, 채도, 색온도, 선명도 등을 편집할 수 있습니다. ⑤ 사진에 손글씨, 스티커, 텍스트 등을 적용할 수 있습니다. ⑥ AI 지우개로 피사체를 지우거나 원하는 영역을 자르고 부분 색칠 및 색상조정을 할 수 있습니다. **3** ① 편집한 사진을 원본복원 할 수 있습니다. ② 바로 저장을 터치하면 편집한 사진으로 저장됩니다. ③ 더보기 아이콘을 터치합니다.

[다른 파일로 저장] 저장하면 편집한 사진이나 동영상을 원본을 유지한 채 새로운 파일로 저장할 수 있습니다.

휴지통

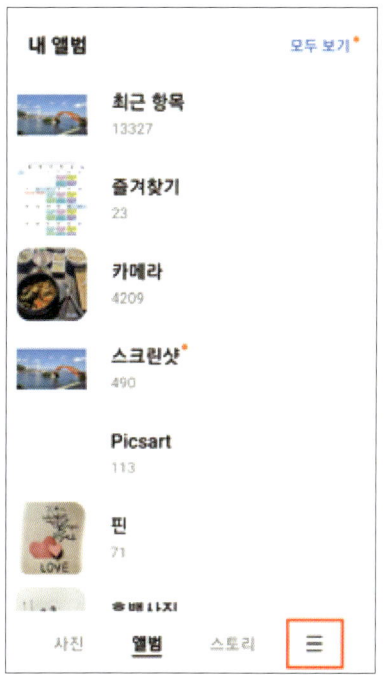 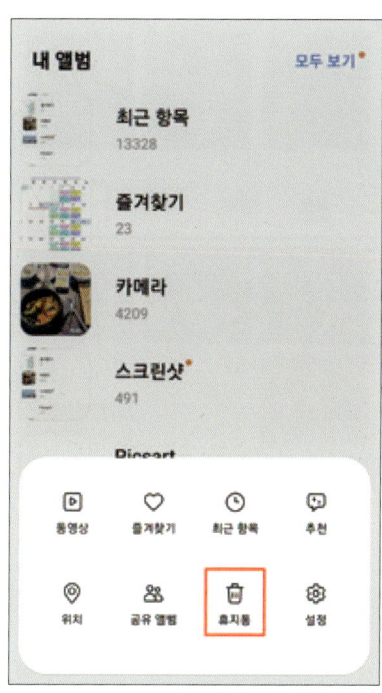 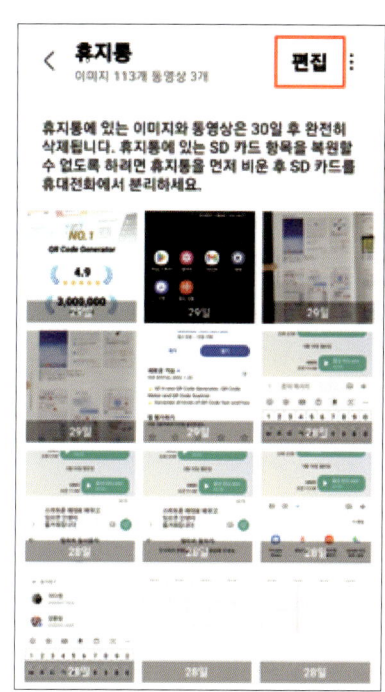

1️⃣ 갤러리 화면 하단에 삼선을 터치합니다.
2️⃣ 다음 메뉴에서 [휴지통]을 터치합니다.
3️⃣ [편집]을 터치하여 진행합니다.

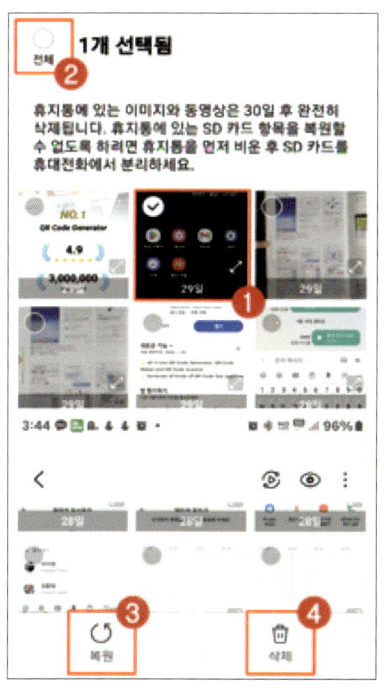 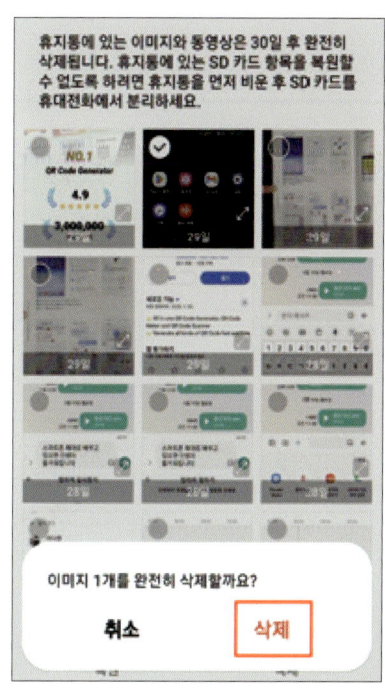

1️⃣ 갤러리에서 삭제되어 휴지통으로 이동한 사진입니다. ① 사진을 한 장씩 선택하거나 ② [전체 선택]을 하여 ③ 다시 복원할 수 있으며 ④ 영구 삭제할 수 있습니다. 2️⃣ 마지막 삭제를 터치하면 사진을 복구할 수 없으며 영구 삭제됩니다.

즐겨찾기 기능

1️⃣ ① 각 사진을 즐겨찾기 하려면 [♥]를 터치합니다.

2️⃣ ② [즐겨찾기한 사진]을 보려면 [삼선] 아이콘을 터치 후 ③ [즐겨찾기]를 터치하면

3️⃣ ④ [즐겨찾기 폴더]에 즐겨찾기 [♥]가 표시된 사진들이 보입니다.

지메일 계정 설정하기

구글 계정(Google Account)은 구글의 온라인 서비스에 접근 인증과 허가를 제공하는 사용자 계정입니다.

스마트폰(구글 안드로이드 스마트폰)을 사용하기 위해서는 지메일(Gmail) 계정이 있어야 합니다.
스마트폰에서 지메일 계정을 새로 만드는 방법과 이미 사용하고 있는 지메일 계정의 비밀번호를 변경하는 방법에 대해서 알아보겠습니다.

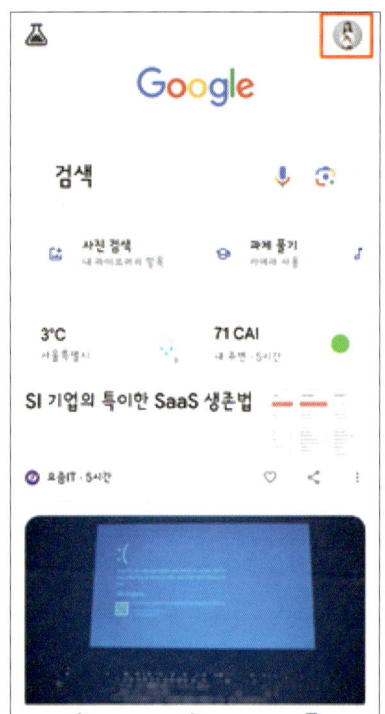 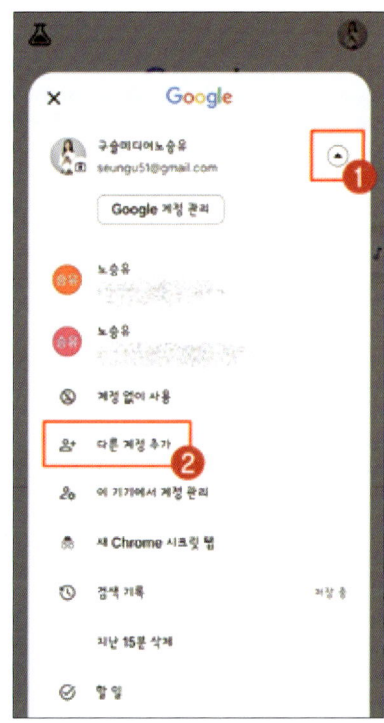 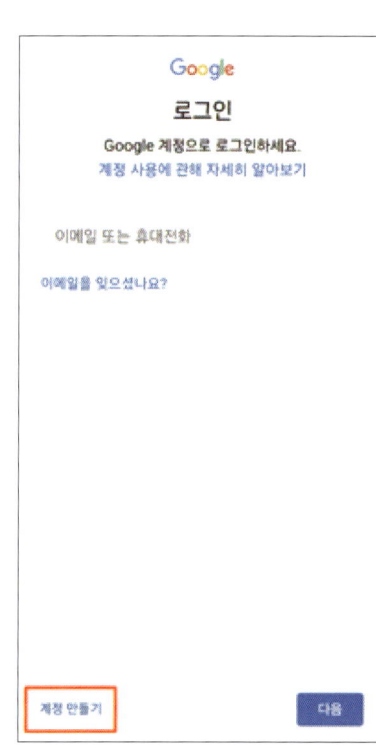

1 구글 앱을 실행합니다. 오른쪽 상단의 [계정]을 터치합니다.
2 더 많은 계정을 볼 수 있는 아이콘을 터치합니다. [다른 계정 추가]를 터치합니다.
3 [계정 만들기]를 터치합니다.

CHECK 리스트

 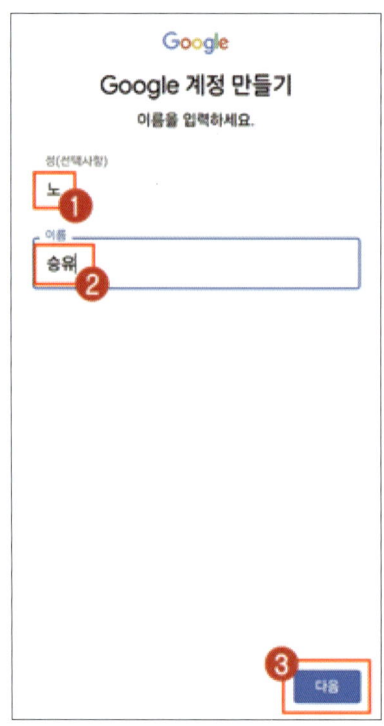 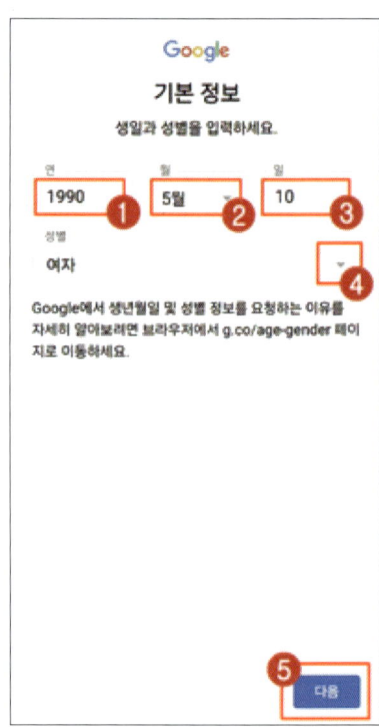

1️⃣ [개인용]을 터치합니다. 2️⃣ ① [성]과 ② [이름]을 입력하고 ③ [다음]을 터치합니다.
3️⃣ ① 출생연도 ② 태어난 달 ③ 태어난 날짜를 입력하고 ④ 성별을 선택한 후 ⑤ [다음]을 터치합니다.

 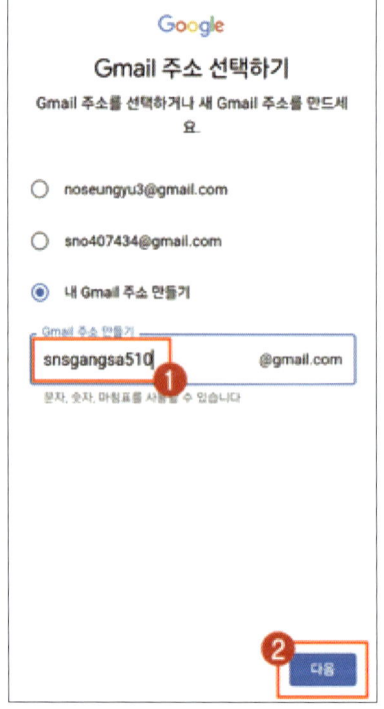 

1️⃣ 구글에서 추천해 주는 [Gmail 주소]를 선택할 수 있습니다.
2️⃣ ① 주소를 직접 만들기 위해 [Gmail 주소 만들기]를 터치하고 새로 만들 주소를 입력합니다.
② [다음]을 터치합니다. 3️⃣ ① 새로 생성할 계정의 비밀번호를 입력합니다. ② [다음]을 터치합니다.

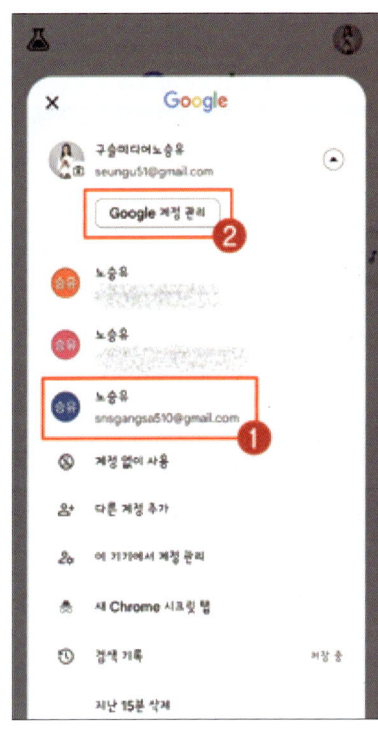

1 계정 정보를 확인하고 [다음]을 터치합니다. **2** [개인 정보 보호 및 약관]을 확인하고 아래에서 위쪽으로 스크롤 합니다. ① 약관 동의에 체크합니다. ② [계정 만들기]를 터치합니다.
3 ① 새 계정이 생성 되었습니다. ② 기존의 계정 비밀번호 변경을 위해 [Google 계정 관리]를 터치합니다.

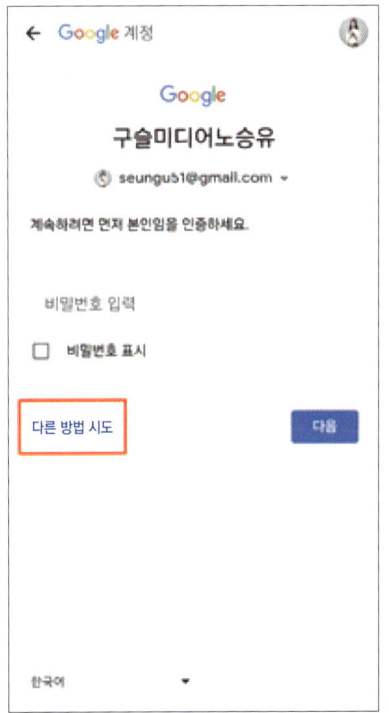

1 ① [개인 정보]를 터치합니다. 비밀번호 변경을 위해 [②]를 터치합니다.
2 [다른 방법 시도]를 터치합니다. **3** ① [새 비밀번호]를 터치해서 변경할 비밀번호를 입력합니다. ② [새 비밀번호 확인]을 터치해서 ①번과 동일한 비밀번호를 입력합니다. ③ [비밀번호 변경]을 터치하여 완료합니다.

구글 Play 스토어 활용하기

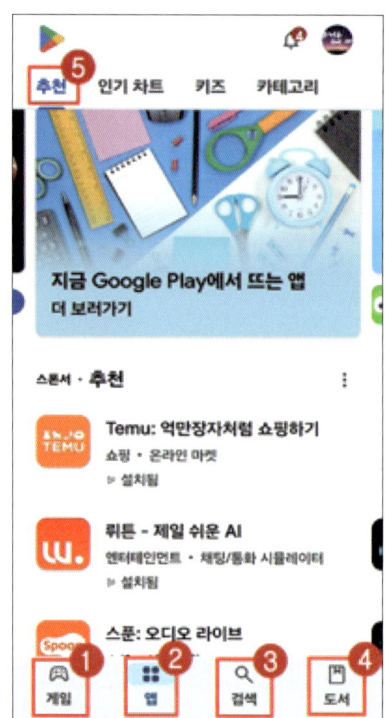

① [Play 스토어] 앱을 터치합니다. ② ① [게임] 앱을 검색할 수 있습니다. ② [앱]에서는 필요한 앱을 검색할 수 있습니다. ③ [검색]을 터치해서 상단의 입력창에 입력하여 검색하고, 설치할 수 있습니다. ④ [도서]에서는 전자책(e-book)과 오디오 북을 검색하여 다운로드 할 수 있습니다. ⑤ [추천] 앱을 확인할 수 있습니다. ③ ① [인기 차트]를 터치합니다. ② [인기 앱/게임]을 터치합니다.

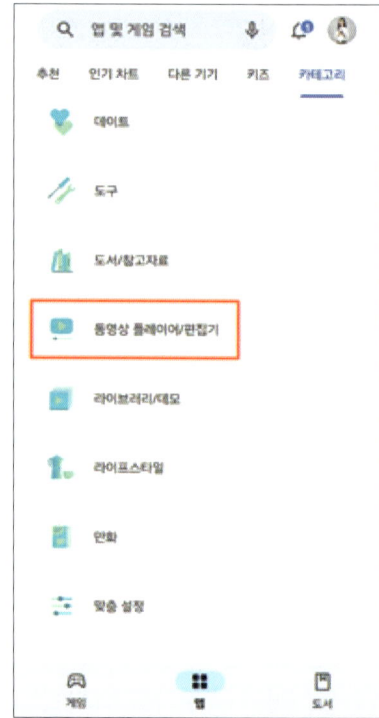

① [인기 앱/게임]을 터치하여 인기있는 앱/게임을 검색할 수 있습니다.
② 순위별로 인기있는 앱을 보여줍니다. [카테고리]를 터치합니다.
③ [동영상 플레이어/편집기]를 터치합니다.

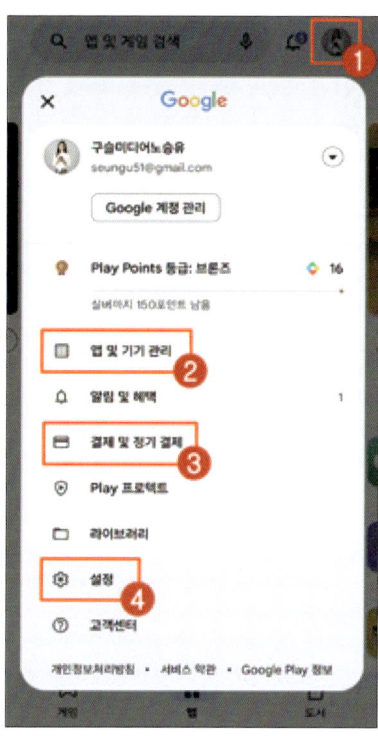
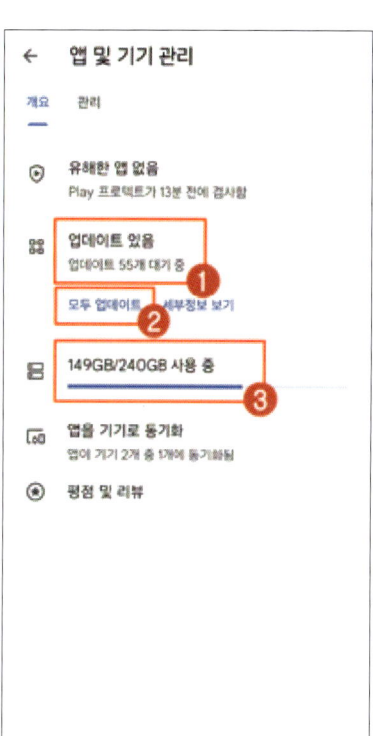

1 우측 [→]를 터치하여 더 많은 앱을 검색할 수 있습니다. **2** ① 우측 상단 [계정]을 터치합니다. ② 앱 및 기기 관리를 할 수 있습니다. ③ 정기 구매한 내역을 취소할 수 있습니다. ④ 앱 다운로드 환경을 설정할 수 있습니다. [② 앱 및 기기 관리]를 터치합니다. **3** ① 업데이트 할 앱이 있음을 알려줍니다. ② 바로 업데이트가 가능합니다. ③ 현재 사용중인 [저장공간]을 터치합니다.

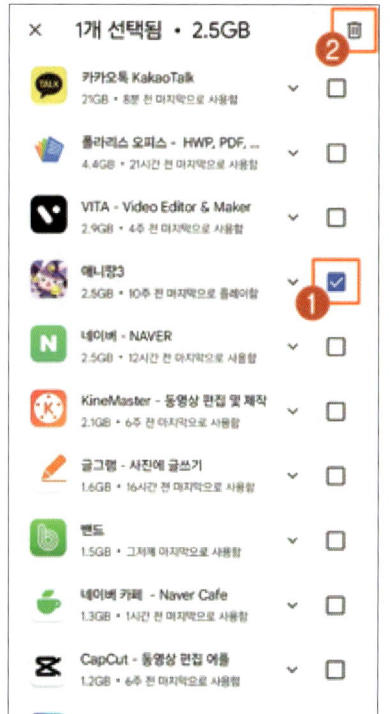

1 ① 저장공간 확보를 위해 필요 없는 앱을 선택합니다. ② 우측상단의 [휴지통] 터치하여 앱을 삭제합니다. **2** ① 구글 Play 스토어 [설정]을 터치합니다. ② [네트워크 환경설정]을 터치합니다.
3 ① [앱 다운로드 환경] ② [앱 자동 업데이트] ③ [동영상 자동 재생] 환경을 설정합니다.

 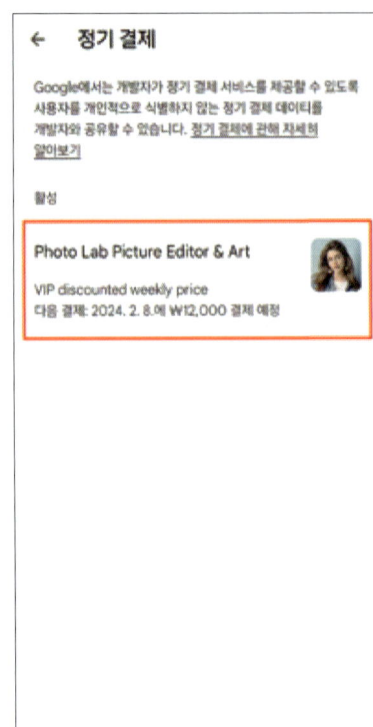 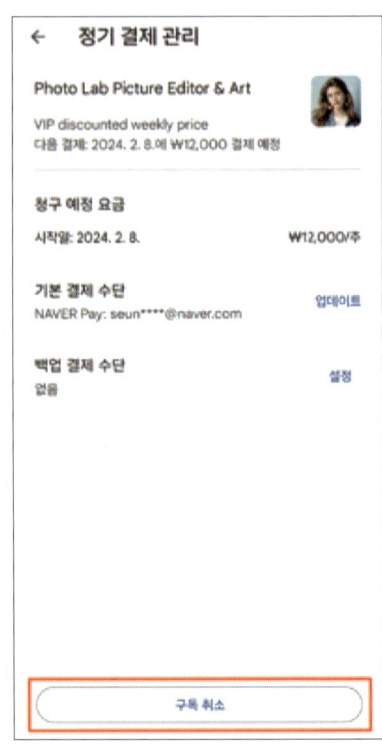

■ ① 앱 구매 취소를 위해 [결제 및 정기 결제]를 터치합니다. ② [정기 결제]를 터치합니다.
■ ① 결제 된 내역 중 구매 취소 할 [앱 내역]을 터치합니다. ■ 하단의 [구독 취소]를 터치합니다.

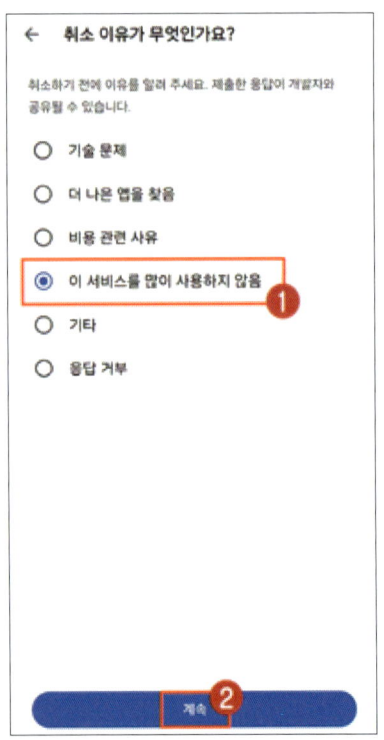 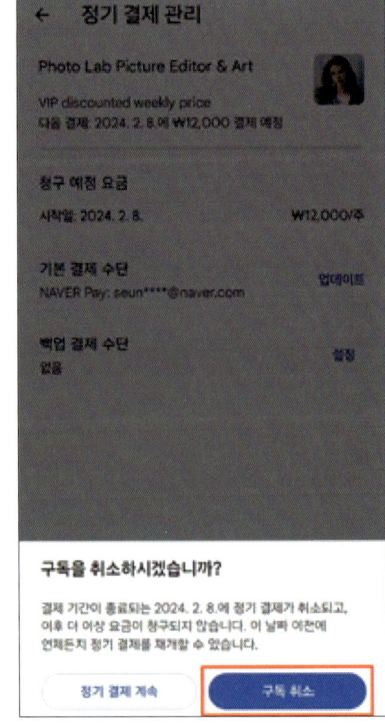 

■ ① 구독 취소 사유를 선택합니다. ② [계속]을 터치합니다. ■ [구독 취소]를 터치합니다.
■ 구매 된 앱이 [구독 취소]된 것을 확인 할 수 있습니다.

구글 어시스턴트 활용하기

 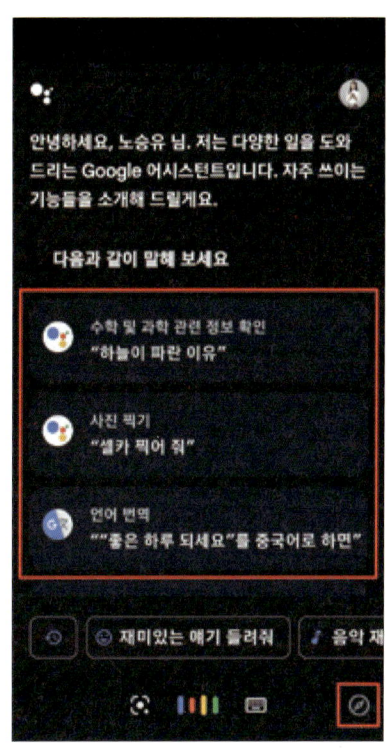 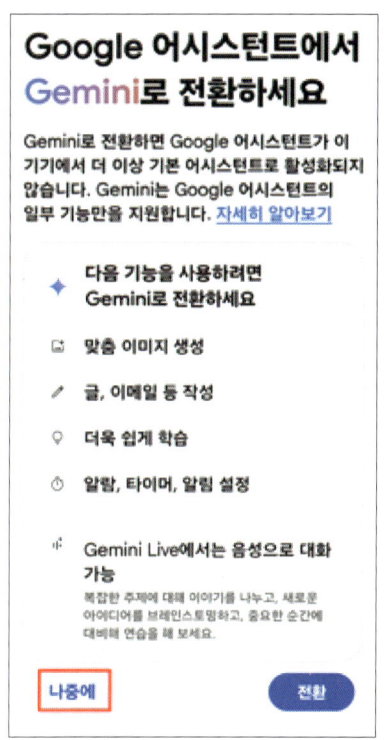

1️⃣ [구글 어시스턴트]를 설치하고 [열기]를 터치합니다. 2️⃣ 구글 어시스턴트는 다양한 음성명령을 실행 합니다. 우측 하단의 [나침반 아이콘]을 터치합니다. 3️⃣ [구글 어시스턴트]를 여는 과정에서 상기와 같은 화면이 뜨는 경우가 있습니다. [Gemini]가 동시에 수행이 안되므로 [나중에]를 터치합니다.

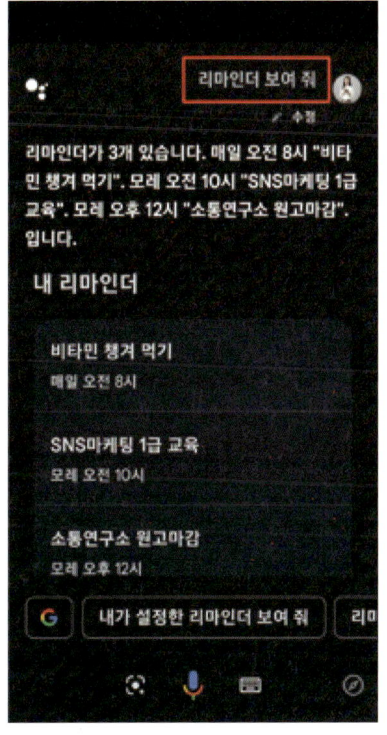 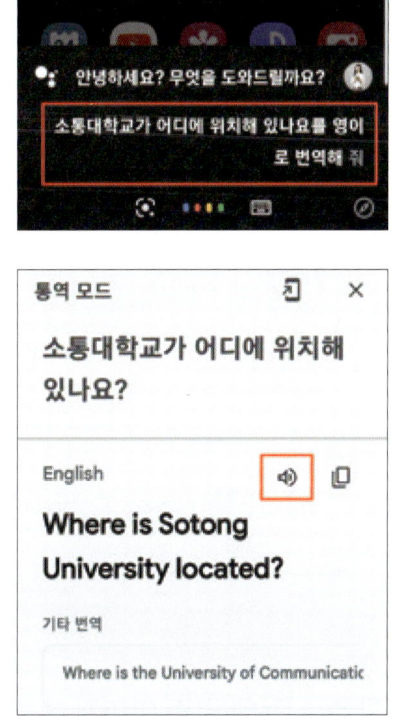 

1️⃣ [리마인더 보여 줘]라고 명령하면 리마인더를 보여줍니다. 2️⃣ 번역 명령어를 말하면 번역을 해주고 텍스트 복사와 청취도 가능합니다. 3️⃣ ① 하단의 [마이크]를 터치하여 ② 음성 명령어를 입력하면 명령어의 결과를 표시해 줍니다.

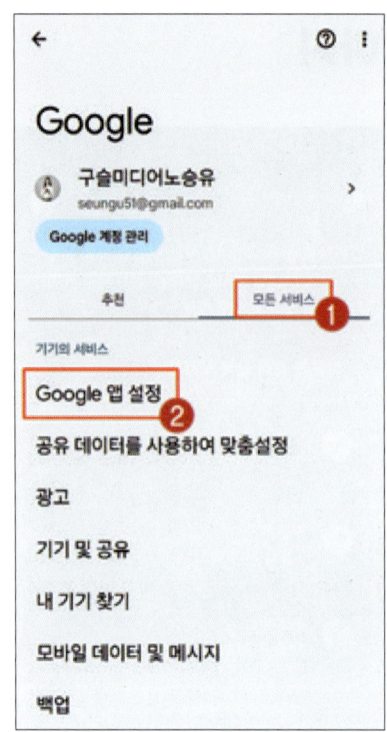
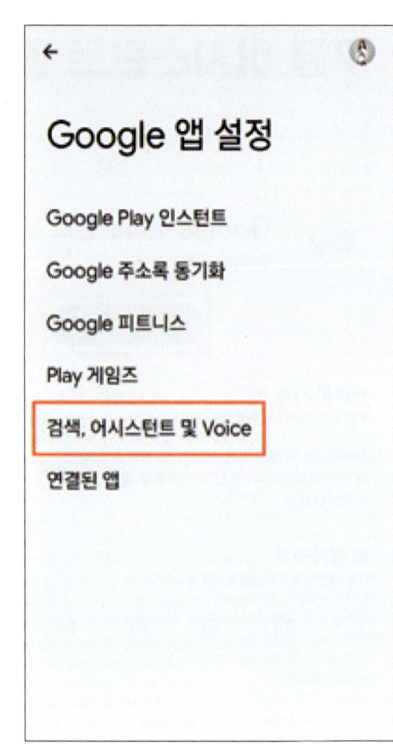

1️⃣ 구글 어시스턴트는 호출 명령어로 실행합니다. 호출 명령어 보이스 매치를 위해 상단바를 내려 [설정]을 터치합니다. 설정 하단의 [Google]을 터치합니다. 2️⃣ [모든 서비스]를 터치합니다. [Google 앱 설정]을 터치합니다. 3️⃣ [검색, 어시스턴트 및 Voice]를 터치합니다.

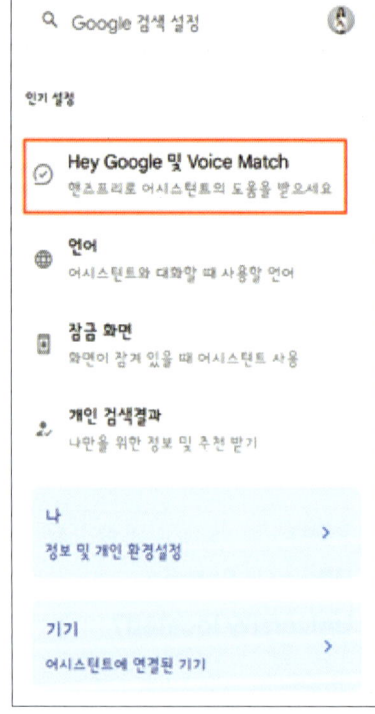

1️⃣ ① 터치하면 [Gemini]로 전환할 수 있는데 맞춤 이미지 생성,글,이메일 작성등을 할 수 있으나, [구글 어시스턴트]의 일부 기능만 지원합니다. ② [Google 어시스턴트]를 터치합니다. 2️⃣ [Hey Google 및 Voice Match]를 터치합니다. 3️⃣ [Hey Google] 오른쪽 활성화 아이콘을 터치하여 [활성화] 해 줍니다.

  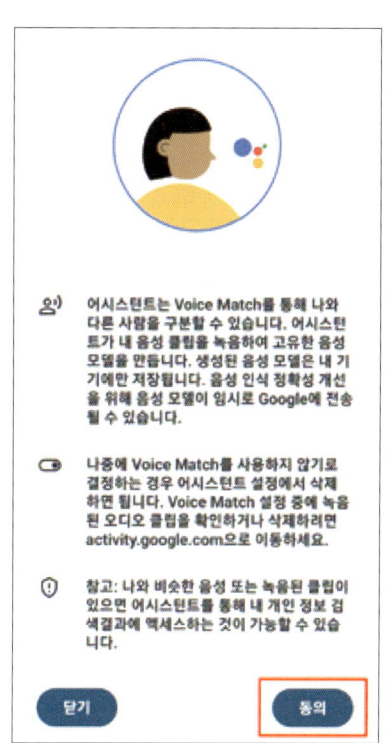

1️⃣ [다음]을 터치합니다. 2️⃣ Voice Match 활성화를 위해 [더보기]를 터치합니다.
3️⃣ [동의]를 터치합니다.

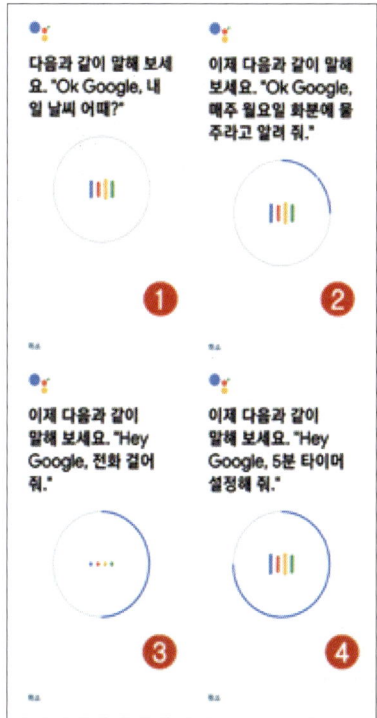  

1️⃣ 화면의 [숫자] 순서대로 파란 원형이 완성될 때까지 음성 인식을 위해 제시된 명령어를 말해줍니다.
2️⃣ [다음]을 터치하면 내 음성 인식이 완료됩니다. 3️⃣ Google의 활성화 기술 개선을 위한 오디오 설정은 [나중에]를 터치하면 차후에 다시 설정할 수 있습니다.

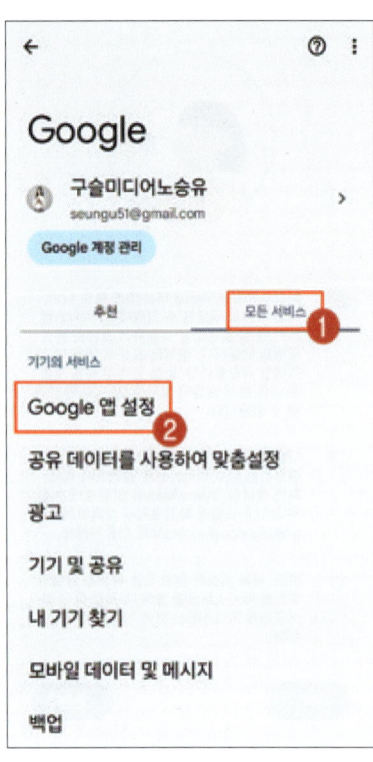 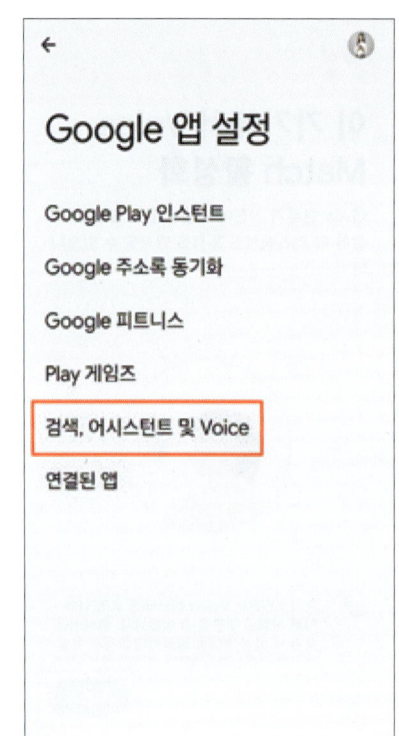 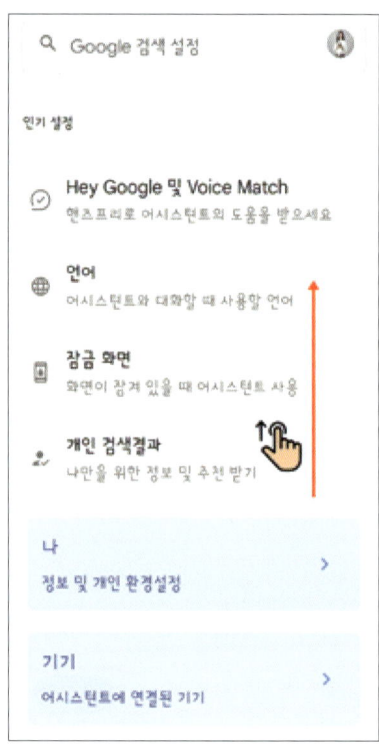

1️⃣ 스마트폰 [설정]에서 [Google]을 터치하고 ① [모든 서비스]를 터치한 후 ② [Google 앱 설정]을 터치합니다. 2️⃣ [검색, 어시스턴트 및 Voice]를 터치하고 [Google 어시스턴트]를 터치합니다.
3️⃣ Google 어시스턴트 설정 화면을 위쪽으로 드래그해 줍니다.

 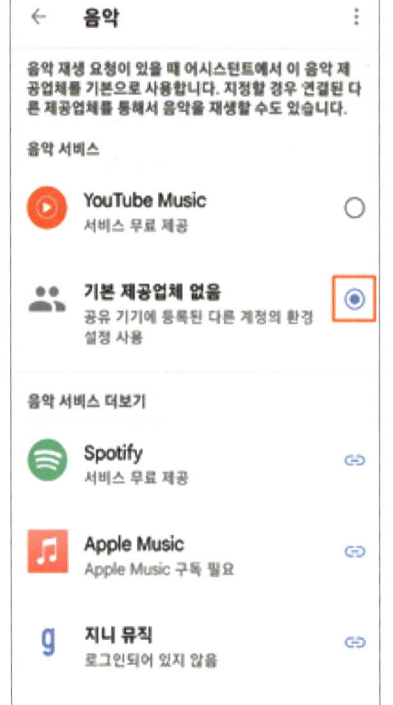 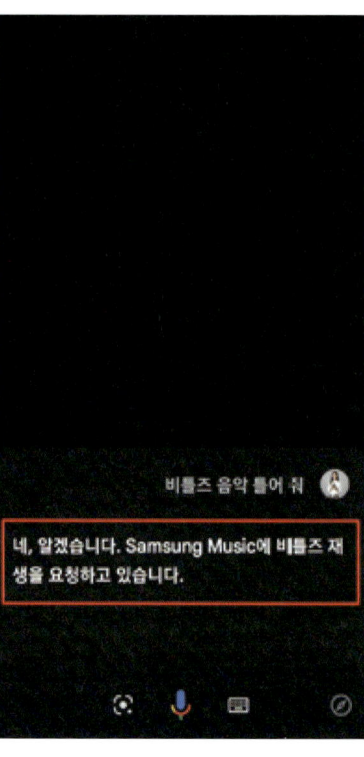

1️⃣ [음악]을 터치합니다. 2️⃣ [기본 제공업체 없음] 을 터치하면 구글 어시스턴트 기본 오디오를 유튜브가 아닌 다른 실행 앱으로 설정할 수 있습니다. 삼성폰은 [삼성뮤직]으로 실행이 됩니다.

구글 어시스턴트 뉴스 듣기

  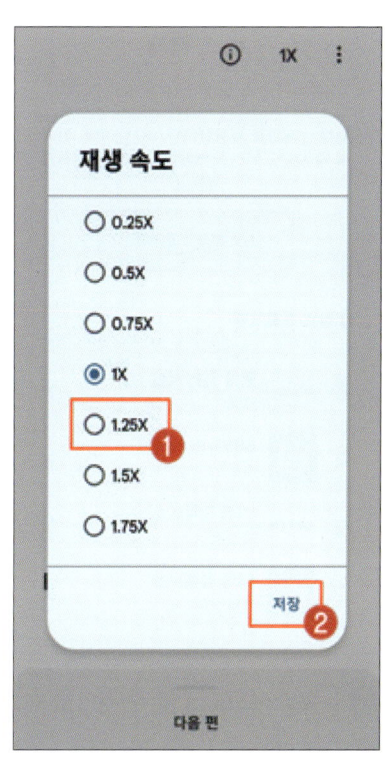

1 음성 명령어로 구글 어시스턴트를 실행하고 [뉴스 틀어 줘]라고 명령합니다. **2** 뉴스가 재생되면 상단의 [1X]를 터치합니다. **3** ① 기본 배속에서 조금 빠르게 듣는 [1.25X]를 터치하여 속도를 설정합니다. ② [저장]을 터치합니다.

1 뉴스 재생 화면 하단의 [다음 편]을 터치합니다. **2** 지금 재생중인 뉴스 외에 내가 설정한 다른 뉴스를 재생할 수 있습니다. **3** ① 뉴스 재생 화면 우측 상단의 [점3개]를 터치합니다. ② [뉴스 매체]를 터치합니다.

1 [뉴스 프로그램 추가]를 터치합니다. 2 ① 추가하고 싶은 뉴스 프로그램을 터치합니다. ② [완료]를 터치합니다. 3 추가된 뉴스 프로그램의 순서 변경을 위해 뉴스 왼쪽의 핸들을 롱탭하여 위쪽으로 드래그해 줍니다.

  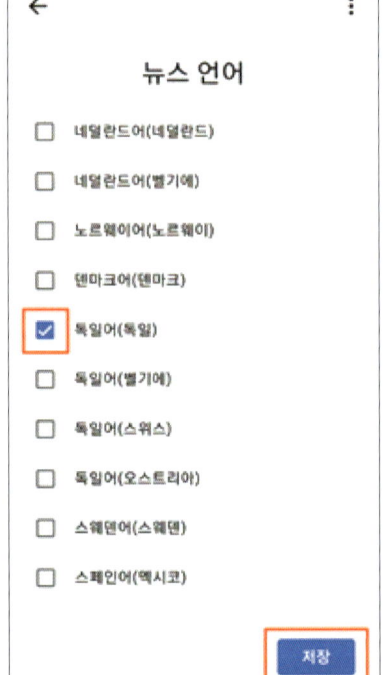

1 ① 추가한 뉴스프로그램의 순서가 바뀐 것을 확인할 수 있습니다. ② 우측 상단의 [점 3개]를 터치합니다. 2 [뉴스 언어]를 터치합니다. 3 선택한 국가의 언어로 뉴스를 들을 수 있고 37개의 다양한 언어로 뉴스를 청취할 수 있습니다.

구글 어시스턴트 명령어

리마인더 ("알려줘"라고 해도 됨)
- ○○○에게 열시에 전화하라고 알려줘
- 내일 아침 10시에 ○○○에게 미팅하자고 리마인드해줘
- ○○○에게 문자 보내줘
- 리마인드한 내용을 다 보고 싶다면 "리마인드 보여줘"하면 됨

시간
- 지금 몇시야?
- 지금 미국 뉴욕 몇시야?
- 9시에 알람해줘
- 20분후에 알람해줘
- 아침 7시에 깨워줘
- 내일 일몰 시간은?
- 타이머 1분 설정
- 타이머 취소
- 모든 알람 취소(앱에서 직접 해야 함)

질문
- 100제곱미터는 몇평?
- 36인치는 몇 센티미터?
- 500+300+29+90*20은?
- 100달러 환율 알려줘
- 바나나 칼로리는?
- 글 주가 알려줘
- 스타벅스 아메리카노 가격은?
- 이마트 영업시간은?

뉴스
- 뉴스 들려줘
- 각 방송사 이름대고 "뉴스 들려줘" 해도 됨

레시피
- 샤브샤브 레시피 알려줘
- 갈비찜 레시피 알려줘

음악
- 이 노래 제목 알려줘
- 볼륨 최대로 해줘
- 삼성뮤직에서 "비틀즈 음악"틀어줘
- 볼륨 꺼줘
- 볼륨 50프로로 해줘

소리 (유튜브의 경우 광고를 봐야하는 경우도 있음)
- 빗소리 들려줘
- 백색소음 들려줘
- 비 오는 숲소리 들려줘

전화 (스마트폰에 저장된 전화번호만 가능함)
- ○○○에게 전화걸어줘
- ○○○에게 문자 보내줘
- 안 읽은 문자 읽어줘
- ○○○에게 "가고 있다"라고 문자 보내줘

동영상
- 강아지 동영상 보여줘
- 메이크 업 영상 보여줘

번역 / 통역
- 중국어로 안녕이 뭐야?
- 영어로 통역해줘
- 중국어로 통역해줘

게임
- 나 게임해줘
- 주사위 굴리기(주사위 숫자가 나옴)
- 가상 여친(가상 남친) 불러줘 (답답할 수 있음)
- 1부터 100까지 숫자중 아무숫자 뽑아줘

지역 / 위치
- 가장 가까운 커피숍이 어디야?
- 근서 칼국수 집 알려줘
- 서울 근교에 가볼만한 곳은?

장소 / 정보
- 서울 랜드마크 알려줘
- 은평구청 연락처 알려줘

날 씨
- 오늘 날씨 알려줘
- 내일 날씨 어때?
- 내일 비와?
- 오늘 미세먼지 어때?
- 오늘 서울 날씨 알려줘

로스트 폰 (폰을 찾고자 할 때)
- 내 폰 어디있어? (내 기기 찾기 앱이 열립니다)

구글 렌즈 제대로 활용하기

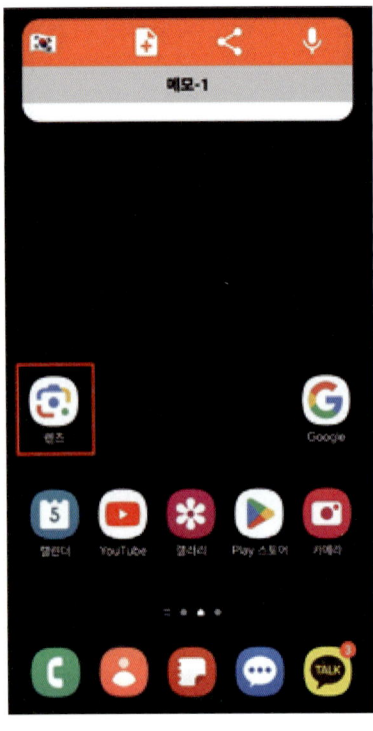 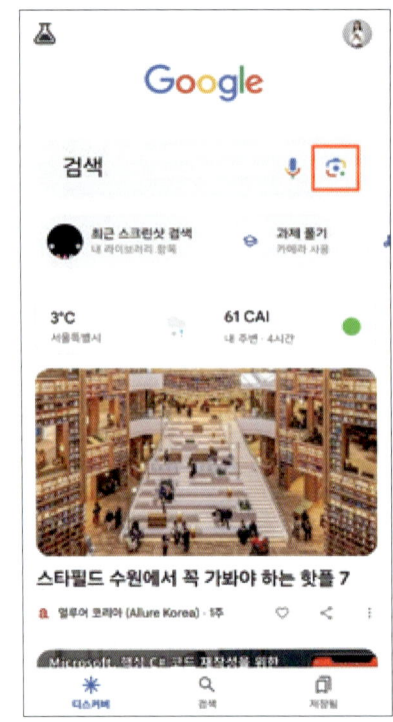 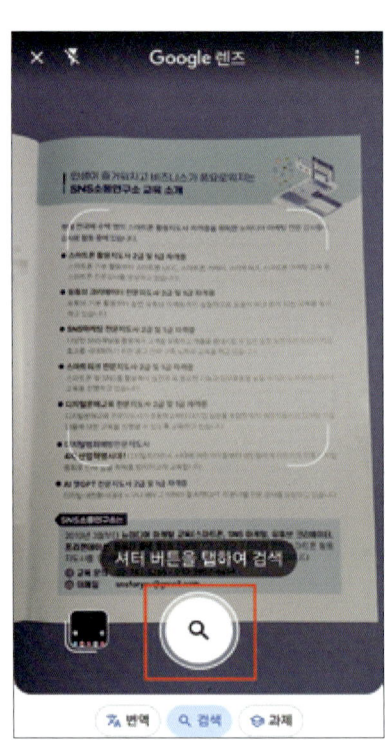

1️⃣ 구글 플레이 스토어에서 [구글 렌즈] 앱을 설치한 후 사용합니다. 2️⃣ 혹은 [구글 앱] 상단 검색창 오른쪽의 [렌즈] 아이콘을 터치하여 [구글 렌즈]를 실행합니다. 3️⃣ 검색을 위해 중앙의 [검색 버튼]을 터치하여 촬영합니다.

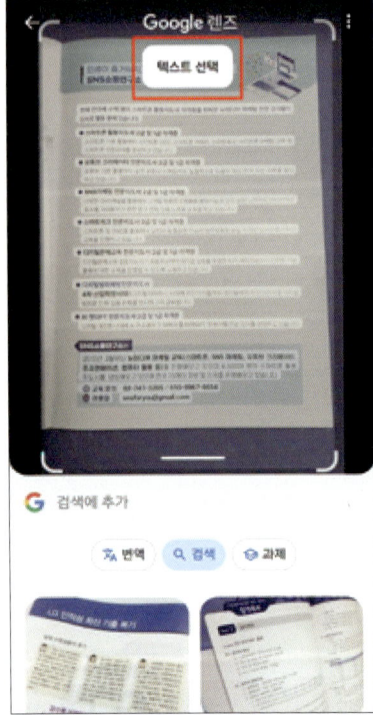 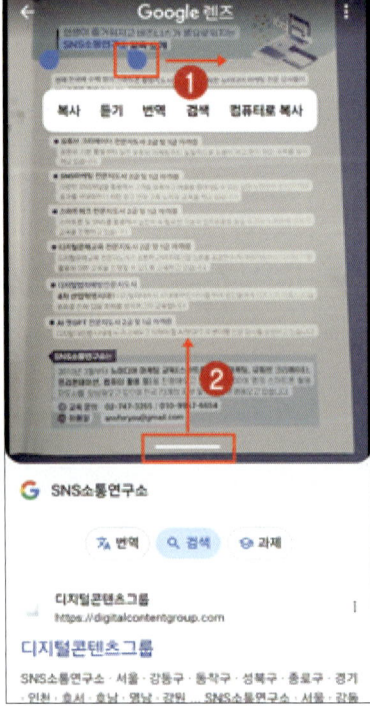 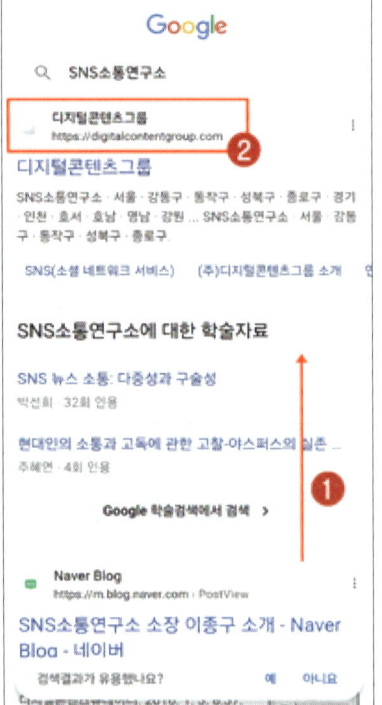

1️⃣ [텍스트 선택]을 터치합니다. 2️⃣ ① 텍스트 선택을 위해 물방울 아이콘을 드래그해서 블록을 설정합니다. ② 검색된 정보 확인을 위해 위쪽으로 드래그 합니다. 3️⃣ ① 위쪽으로 드래그하며 더 많은 정보를 확인합니다. ② [디지털콘텐츠그룹]을 터치하여 사이트를 방문할 수 있습니다.

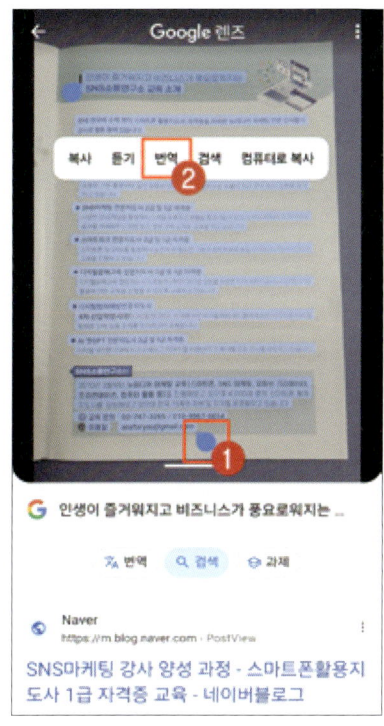 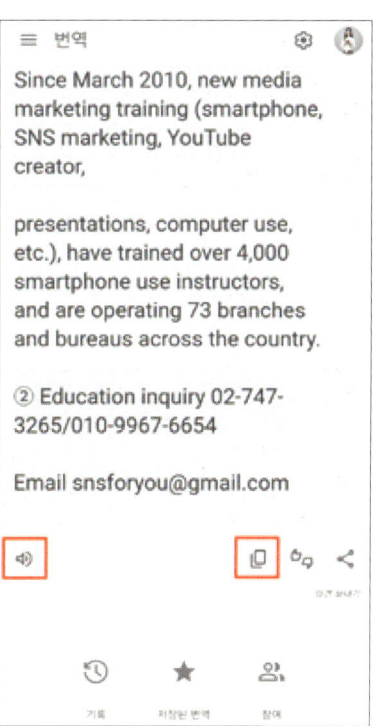 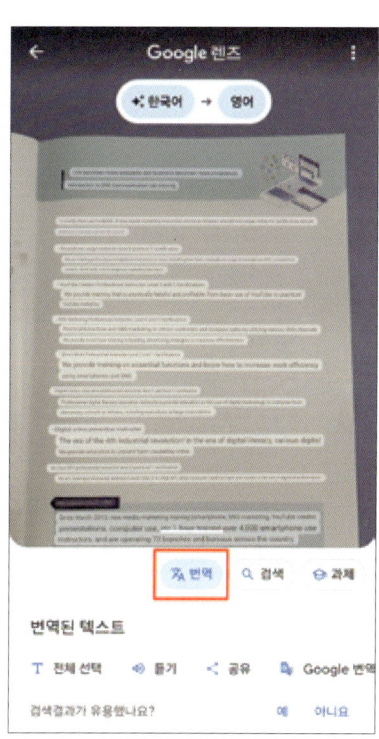

1 ① 블록을 설정하여 텍스트를 선택합니다. ② [번역]을 터치합니다. **2** 선택한 텍스트가 번역되고 텍스트를 청취하거나 복사할 수 있습니다. **3** [구글렌즈] 하단에 있는 [번역]을 터치하면 원문 텍스트가 바로 번역되는 것을 확인할 수 있습니다.

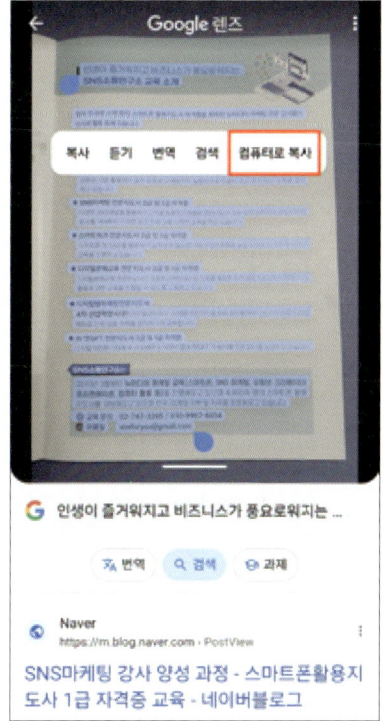 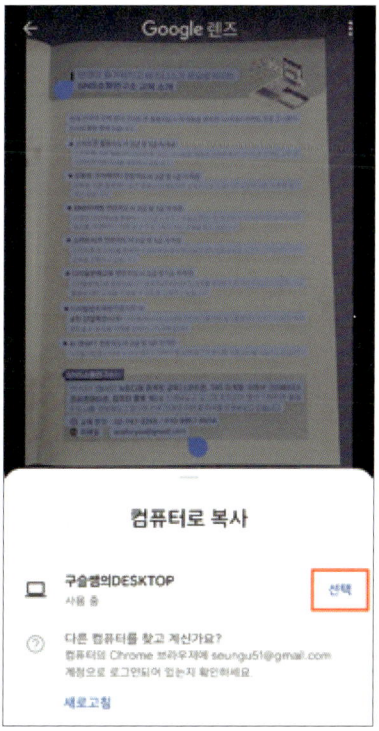 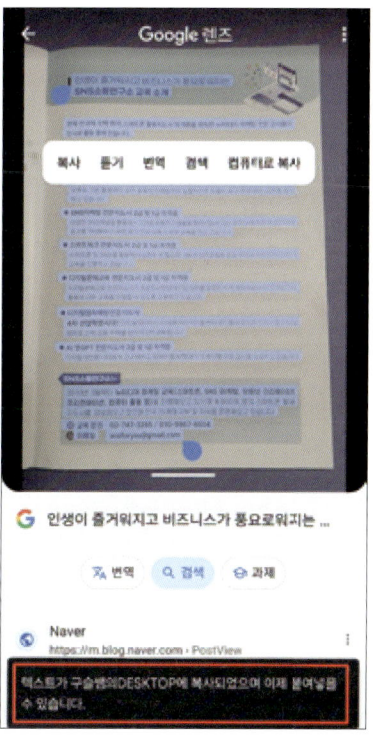

1 [컴퓨터로 복사]를 터치합니다. **2** 주변의 컴퓨터가 검색되고 크롬 브라우저의 계정이 모바일과 같다면 바로 복사할 수 있습니다. [선택]을 터치합니다. **3** 컴퓨터에 텍스트가 복사되어 [Ctrl+V]로 메모장이나 한글 파일에 붙여넣기 할 수 있습니다.

 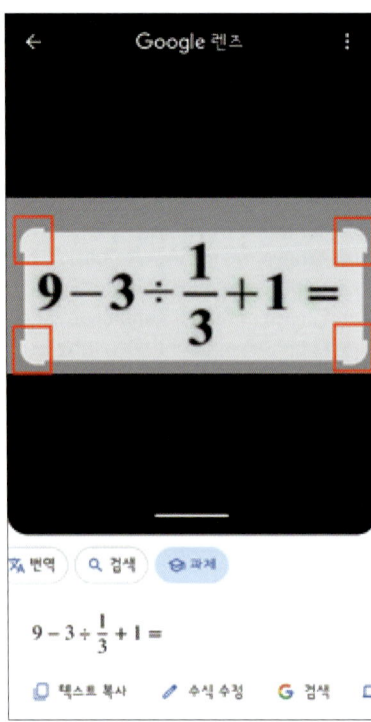 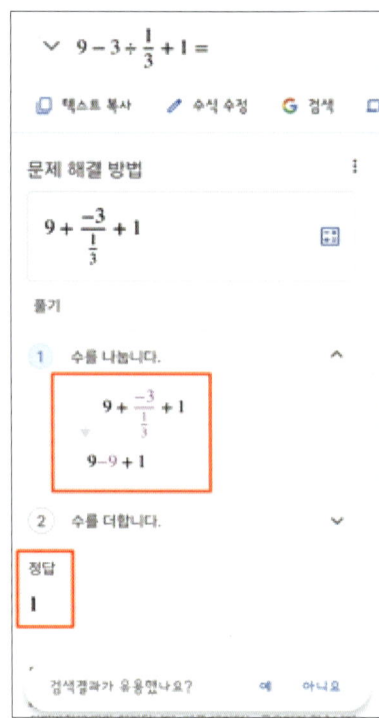

1️⃣ ① [과제]를 터치합니다. ② 갤러리에서 촬영해 놓은 이미지를 불러옵니다.

2️⃣ 과제로 인식시킬 부분을 네 모서리로 조정합니다.

3️⃣ 과제를 인식하고 과제 풀이와 정답을 알려줍니다.

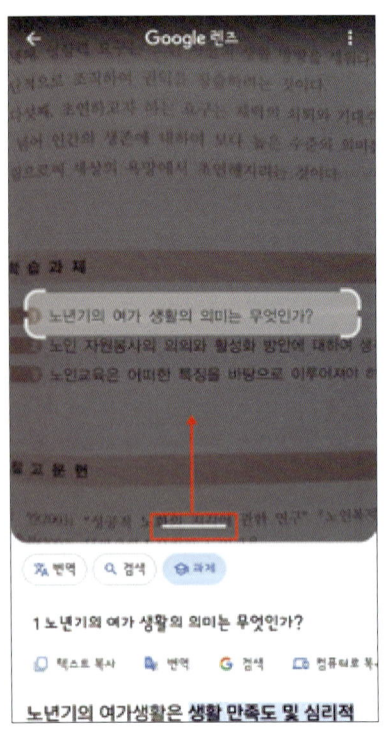  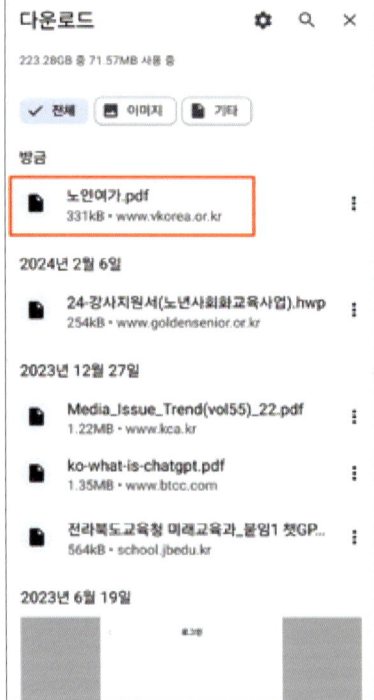

1️⃣ 서술형 과제 풀이를 위해 과제를 촬영하고 영역을 지정합니다.

2️⃣ 촬영한 서술형 과제를 Google렌즈로 인식하면 과제와 관련된 자료와 논문을 확인할 수 있습니다. 검색된 [PDF] 파일을 터치합니다.

3️⃣ 다운로드 된 [PDF] 파일을 확인할 수 있습니다.

카카오톡 친구탭 설정하기

① [하단 메뉴]: 친구, 채팅, 지금, 쇼핑, 더보기 순으로 구성됩니다. (현재 화면은 첫 번째인 친구탭입니다.)

② [프로필]: 내 프로필 편집, 상태메시지 변경, 프로필 관리 등을 할 수 있습니다.

③ [상단 메뉴]: 검색, 친구추가, 선물함, 설정 순으로 구성됩니다. 친구나 채팅방, 오픈채팅 등을 검색하고, 전화번호, QR코드, ID 등으로 친구 추가를 할 수 있습니다.

④ [친구목록]: 친구 수가 표시됩니다. 눌러서 친구 전체 목록을 볼 수 있습니다. 프로필 사진과 이름이 함께 보여집니다.

⑤ [게시물 피드 (프로필 게시글)]: 친구들이 올린 상태글, 사진, 영상 등을 볼 수 있는 공간입니다. 카카오톡 개편 시 보여지는 가장 큰 변화 중 하나입니다.

1 ① [나와의 채팅]: 본인과 1:1로 대화할 수 있는 개인 메모 공간입니다. ② [새 게시물]: 프로필에 글이나 사진을 올릴 때 사용하는 버튼입니다. 또한 짧은 글, 사진, 동영상, 스티커 등의 게시물을 올릴 수 있습니다. ③ [프로필 편집]: 내 프로필을 꾸밀 수 있는 메뉴로서 프로필 사진, 배경 이미지, 상태메시지, 음악 등을 바꿀 수 있습니다. **2** [점 3개] 메뉴는 내 프로필을 관리하고, 기록을 확인하거나 특별한 날짜를 표시할 때 사용하는 관리 도구입니다. **3** [프로필 공유]에서는 QR코드로 내 프로필을 공유할 수 있습니다.

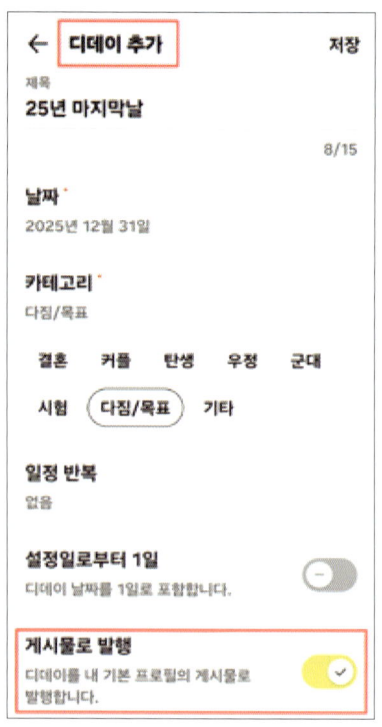 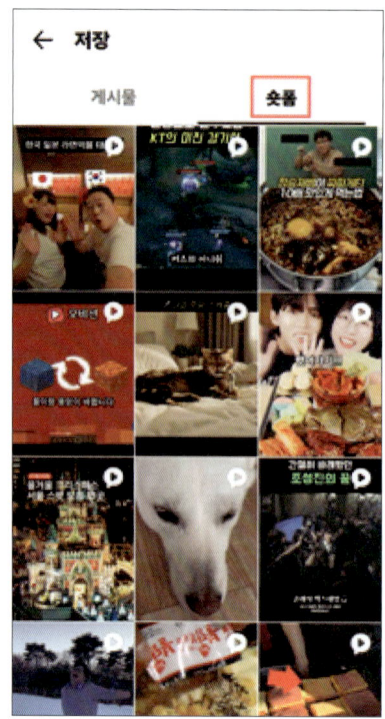 

1 사용자가 특정 날짜를 기념일이나 목표일로 등록할 수 있는 곳입니다. [게시물로 발행]을 선택하면 디데이를 프로필 게시물로 자동 공유할 수 있습니다. **2** 사용자가 저장한 게시물이나 숏폼을 볼 수 있는 공간입니다. **3** ① [펑 보관함]은 친구들과 주고받은 '펑'을 자동으로 저장해 두는 기능입니다. ② [펑 만들기] 버튼을 눌러 새 펑을 만듭니다.

1 ① 일반 게시물로 올릴 때 선택합니다. ② 24시간만 공개되는 '펑'으로 올릴 때 선택합니다. ③ 사진이나 영상을 편집할 때 사용하는 도구 모음입니다. **2** ① [친구에게만 게시물 공개]는 내가 친구로 추가한 사람만 내 프로필 게시물을 볼 수 있게 합니다. ② [프로필 업데이트를 나만 보기]는 프로필 사진, 배경, 음악, 디데이 등 업데이트 내용을 나만 볼 수 있도록 설정합니다. **3** 내가 올린 '펑'에 대한 태그 허용 여부를 설정합니다.

내 프로필 편집하기

1️⃣ [친구탭] 화면에서 본인의 이름을 터치하여 프로필 편집 화면으로 들어갑니다.
2️⃣ 네이버 블로그, 유튜브 채널, 사업 홈페이지, 예약 링크 등 외부 링크를 연결할 수 있습니다.
3️⃣ 프로필 편집 화면의 펜을 터치하여 이름과 상태메시지를 변경합니다.

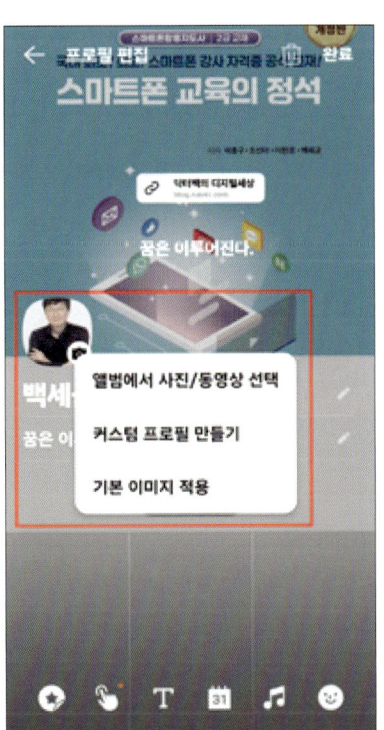

1️⃣ [프로필 사진]의 카메라 아이콘을 터치하여 프로필 사진을 변경합니다. 앨범에서 사진/동영상 선택, 커스텀 프로필, 기본 이미지 등 다양한 사진을 적용할 수 있습니다. 2️⃣ 프로필 편집 화면 중간에 [배경 편집]을 터치하여 배경 사진을 변경합니다. 3️⃣ [도구 모음]으로서 프로필 사진 변경, 상태메시지 입력, 디데이 설정, 음악 추가, 이모티콘 꾸미기 기능을 제공합니다. 즉, 내 프로필을 개성 있게 꾸미고 수정할 수 있는 도구 모음입니다.

친구 목록 관리하기

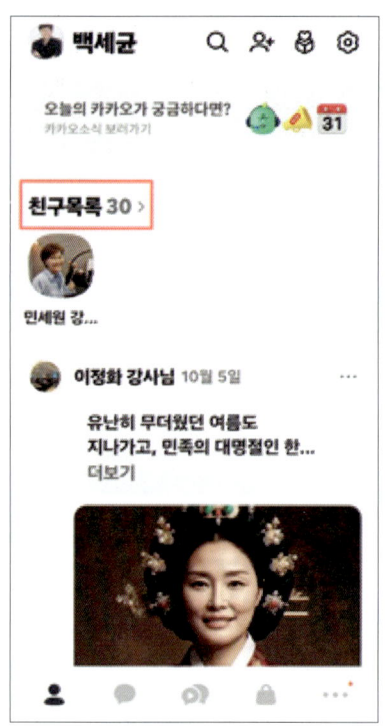

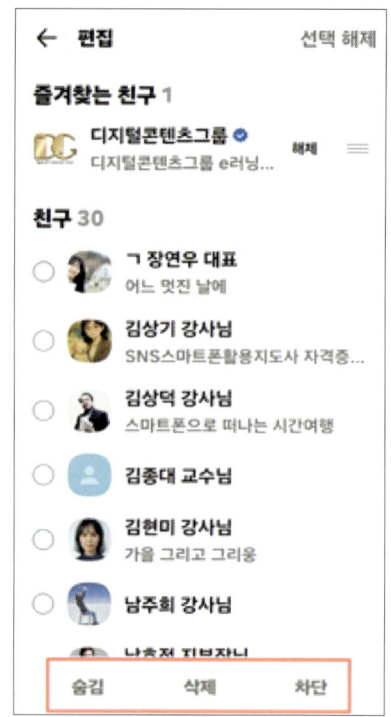

1️⃣ [친구 목록]을 눌러 전체 친구 목록 화면으로 들어가는 단계입니다.
2️⃣ [편집] 버튼을 누르면 즐겨찾는 친구와 일반 친구가 구분되어 표시됩니다.
3️⃣ 관리할 친구를 선택하면, 하단에서 [숨김], [삭제], [차단] 기능을 사용할 수 있습니다.

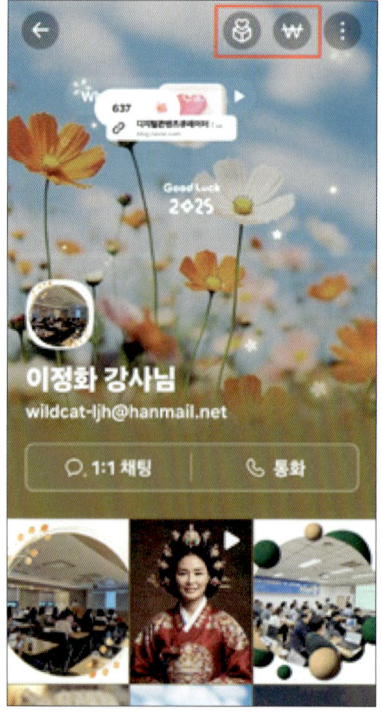

1️⃣ 친구 이름을 터치하면 프로필 사진, 배경화면이 표시되며, 하단에는 [1:1 채팅]과 [통화] 버튼이 나타납니다. 2️⃣ 화면 상단의 [선물박스]와 [원화] 아이콘에서 [선물하기] 및 [송금하기]를 할 수 있습니다. 3️⃣ 오른쪽 끝의 [점 3개] 아이콘을 누르면 [즐겨찾기], [멀티프로필 설정 (친구별로 다른 프로필을 보여줄 때 사용)], [친구 설정 (친구 이름 변경, 친구 숨김, 친구 차단, 친구 삭제)] 등 관리를 할 수 있습니다.

  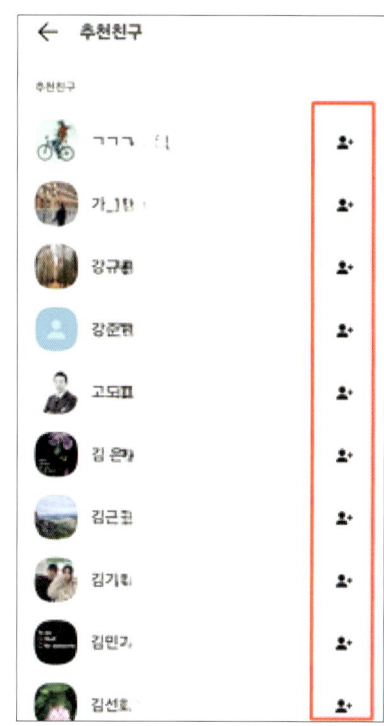

1️⃣ 카카오톡 화면 상단의 메뉴 중 사람모양 아이콘은 [친구 추가] 입니다. 2️⃣ ① 친구추가 화면에 본인의 QR코드가 보여지며, ② 상단에 [QR코드, 연락처, 카카오톡 ID, 추천친구] 등 다양한 친구추가 방법이 있습니다. 3️⃣ [추천친구]에는 추가 버튼이 있어 눌러서 친구로 등록 합니다.

  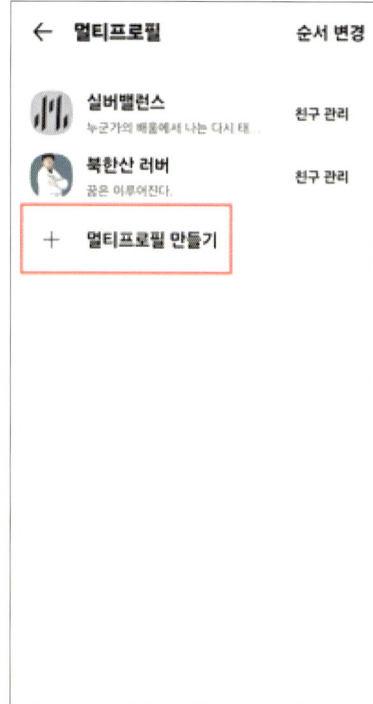

1️⃣ 카카오톡 화면 상단의 [선물박스] 아이콘에서 [선물하기]를 할 수 있습니다.
2️⃣ ① 우측 상단 끝에 톱니바퀴 모양은 [설정] 아이콘으로서, [멀티프로필, 친구관리, 전체설정] 기능을 제공합니다. ② [멀티프로필]에서는 나의 멀티프로필을 관리할 수 있습니다.
3️⃣ 새 멀티프로필을 만들고 순서를 바꿀 수 있고, 또한 내 프로필을 보여줄 친구를 지정할 수 있습니다.

1️⃣ 카카오톡의 [설정] 아이콘에서 [친구 관리] 메뉴를 통해 다양한 친구 관리 기능을 설정할 수 있습니다. 각 기능에 대해 자세히 살펴보겠습니다.

2️⃣ ① [친구 관리] 기능 중 [자동 친구 추가]는 내 연락처에서 카카오톡을 사용하는 친구를 자동으로 친구목록에 추가하는 기능입니다. 이를 통해 별도의 수동 추가 없이도 연락처에 있는 사람들과 쉽게 소통할 수 있습니다.

② [친구 목록 새로고침] 기능은 내 연락처에 추가한 친구를 즉시 친구 목록에 추가하는 기능입니다. 카카오톡 친구 목록과 내 연락처의 목록을 조회하여 통일시키는 기능입니다. 연락처와 카카오톡 친구 목록을 동기화하여 최신 상태로 유지하는 데 유용합니다.

③ [연락처 이름 가져오기] 기능은 내 연락처에 저장되어 있는 이름으로 카카오톡 친구 목록에 동일한 이름으로 적용됩니다.

④ [친구 이름 동기화] 기능은 연락처에서 가져온 친구 이름을 다른 기기나 카카오 게임 등에서도 동일하게 보여주는 기능입니다.

3️⃣ ⑤ [전화번호로 친구 추가 허용] 기능은 사용자가 자신의 전화번호를 알고 있는 다른 사람들이 자동으로 친구로 추가되는 것을 허용하거나 차단하는 설정입니다. 이를 통해 원치 않는 사람의 자동 친구 추가를 방지할 수 있습니다.

⑥ [친구 추천 허용] 기능은 카카오톡이 사용자의 연락처, 공통 친구 등을 기반으로 알 수 있는 사람들을 추천하거나, 사용자를 다른 사람에게 추천하는 것을 허용하거나 차단하는 설정입니다. 만약, 누군가가 내 전화번호를 알게 되어 저장했을 시 자동으로 상대방의 카카오톡 친구가 되는 경우를 차단하는 기능입니다.

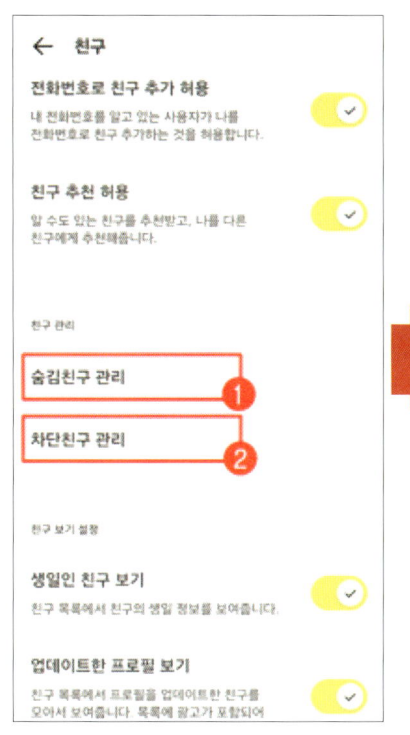 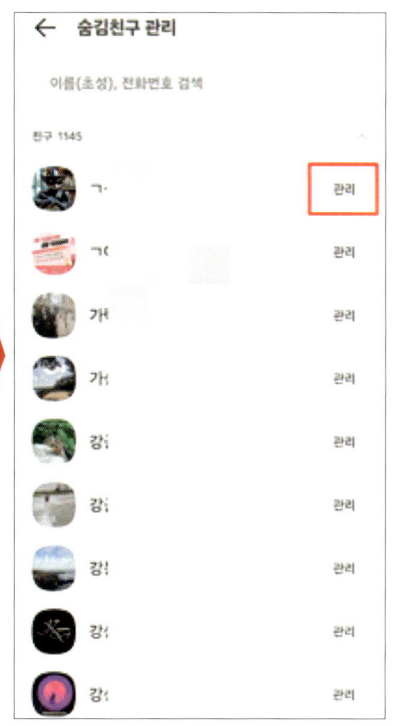 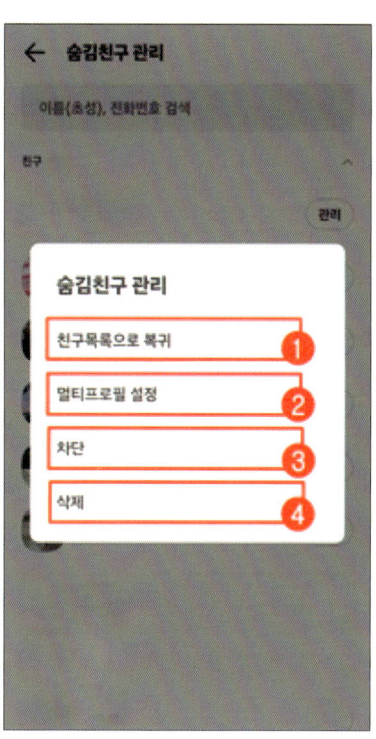

1 ① [**숨김친구 관리**] 기능은 친구 목록에서 특정 친구를 숨겨 보이지 않게 하지만, 해당 친구와의 대화는 계속 가능합니다. ② [**차단친구 관리**] 기능은 특정 친구와의 모든 소통을 차단하여, 메시지나 프로필 확인이 불가능하게 만듭니다. **2** ① [**친구목록으로 복귀**]는 숨김친구에서 친구로 복귀 시키는 기능입니다. ② [**멀티프로필 설정**]은 숨김친구에게 내 멀티프로필만 보이게 하는 기능입니다. 내 멀티프로필 중 어느 것을 보여 줄 수 있을지 설정 할 수 있습니다. ③ [**차단**] 기능은 숨김친구를 차단친구 목록으로 보내는 기능입니다. 이후 해당 친구 관리는 [**차단친구관리**]에서 진행하게 됩니다. ④ [**삭제**] 기능은 친구목록에서 삭제하는 기능으로 삭제된 친구의 전화번호가 내 연락처에 있어도 카카오톡 친구로는 추가되지 않습니다.

① [**메시지 차단**] 기능은 해당 친구가 보내는 메시지가 사용자에게 전달되지 않습니다. 상대방은 여전히 사용자의 프로필을 볼 수 있으며, 카카오톡 친구 목록에서도 유지됩니다. 하지만 상대방은 자신이 차단되었다는 사실을 알 수 없습니다.

② [**메시지 차단, 프로필 비공개**] 기능은 메시지 차단 기능에 더해, 사용자의 프로필이 상대방에게 보이지 않도록 설정됩니다. 즉, 상대방이 사용자의 프로필을 클릭해도 기존 프로필 사진과 상태 메시지가 보이지 않고, '프로필 비공개' 상태로 표시됩니다.

③ [**차단 해제**] 기능은 이전에 차단했던 친구를 다시 정상적으로 소통할 수 있도록 차단을 해제하는 기능입니다. 차단했던 동안 상대방이 보냈던 메시지는 복구되지 않으며, 해제 이후부터 새로운 메시지를 받을 수 있습니다.

전체 설정 메뉴 살펴보기

1 ① **[관리]**: 프로필 및 전화번호, 비밀번호 등 계정 정보를 관리하는 메뉴입니다.

② **[카카오계정]**: 카카오톡에 로그인한 계정을 확인하고, 계정 보안 및 연결된 서비스 설정을 할 수 있습니다.

③ **[개인/보안]**: 개인정보 보호 및 보안 설정을 변경할 수 있는 메뉴입니다.

④ **[친구]**: 친구 목록 및 친구 추천, 친구 관리 기능을 설정할 수 있는 메뉴입니다.

⑤ **[알림]**: 카카오톡 메시지 및 기타 알림 설정을 조정하는 메뉴입니다. 소리, 진동, 메시지 미리보기 설정 등을 조절할 수 있습니다.

⑥ **[화면]**: 글씨 크기, 배경화면 설정 등 화면 스타일을 조정하는 메뉴입니다.

⑦ **[테마]**: 라이트 모드, 다크 모드 등 카카오톡의 디자인 테마를 변경합니다.

⑧ **[채팅]**: 채팅 관련 기능을 설정하는 메뉴입니다. 자동 다운로드, 채팅방 글씨 크기, 말풍선 스타일 변경 등이 가능합니다.

⑨ **[이모티콘]**: 구매한 이모티콘 확인 및 정리, 스티커 등을 관리합니다.

2 ⑩ **[통화]**: 카카오톡 음성 및 영상 통화 설정을 관리하는 메뉴입니다.

⑪ **[언어]**: 카카오톡에서 사용할 기본 언어를 선택하는 메뉴입니다.

⑫ **[데이터 및 저장공간]**: 카카오톡에서 사용하는 모바일 데이터, 와이파이, 저장 공간을 관리하는 메뉴입니다. 캐시 삭제, 미디어 자동 다운로드 설정 등을 조정할 수 있습니다.

⑬ **[실험실]**: 카카오톡에서 새롭게 실험 중인 기능을 체험할 수 있는 메뉴입니다.

⑭ **[기타]**: 위 항목에 포함되지 않은 추가 기능 및 설정을 모아둔 메뉴입니다. 카카오톡 사용과 관련된 다양한 기능을 확인할 수 있습니다.

3 **[카카오 계정]** 메뉴에서는 사용자의 계정 정보 및 보안 설정을 관리할 수 있습니다. 이메일과 전화번호를 포함한 기본 정보 확인 및 변경뿐만 아니라, 로그인 보안 강화를 위한 다양한 기능을 설정할 수 있습니다. 또한, 패스키 및 2단계 인증과 같은 최신 보안 기술을 활용하여 계정을 더욱 안전하게 보호할 수 있습니다.

 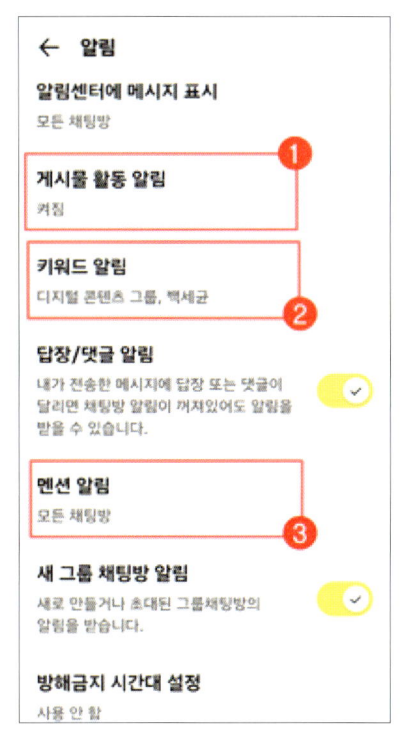 

1 ① [개인정보 관리]: 사용자의 이름, 생년월일 등 개인정보를 확인하고 수정할 수 있는 메뉴입니다. [카카오톡 탈퇴]를 개인정보 관리 메뉴에서 진행할 수 있습니다.

② [추모 프로필 설정]: 사용자가 사망한 후 계정을 유지하거나 삭제할지 미리 설정할 수 있는 기능입니다.

③ [기기 연결 관리]: 현재 로그인된 기기 목록을 확인하고 연결된 기기를 로그아웃할 수 있는 보안 설정입니다. 다른 기기에서 로그인 시 알림 기능도 설정할 수 있습니다.

④ [화면 잠금]: 카카오톡 실행 시 추가적인 보안 잠금(비밀번호, 패턴, 생체 인증 등)을 설정할 수 있습니다.

⑤ [My 비밀번호 관리]: 비밀번호를 변경 및 생체인증을 설정할 수 있습니다.

⑥ [내 결제]: 카카오페이를 통한 결제 내역을 확인하고 관리할 수 있습니다.

⑦ [선물함]: 카카오톡을 통해 받은 선물 내역을 확인하고 관리할 수 있습니다.

2 ① [게시물 활동 알림]: 내 콘텐츠와 활동에 대한 알림을 관리합니다. 내 게시물에 좋아요나 댓글이 달릴 때 알림을 받습니다.

② [키워드 알림]: 설정한 특정 키워드가 포함된 메시지가 채팅방에서 언급되면 알림을 받을 수 있는 기능입니다.

③ [멘션 알림]: 채팅방에서 사용자의 아이디(@닉네임)를 태그(멘션)하면 알림을 받을 수 있는 기능입니다.

3 ① [기본 테마 설정]: 전체적인 화면 스타일(색상, 배경 등)을 설정하는 기능입니다.

- 시스템 설정 모드: 스마트폰의 시스템 설정(라이트/다크 모드)에 따라 변경됩니다.
- 라이트 모드: 밝은 배경과 어두운 글씨로 구성된 기본 테마입니다.
- 다크 모드: 어두운 배경과 밝은 글씨로 구성되어, 눈의 피로를 줄여 줍니다.

② [공식 테마]: 카카오톡에서 제공하는 특별한 디자인 테마를 적용할 수 있는 기능입니다. 다운로드 버튼을 눌러 원하는 테마를 적용할 수 있습니다.

1️⃣ 채팅방에서 친구가 메시지를 입력 중일 때 입력 중이라는 표시를 보여주는 기능입니다. 2️⃣ ① 대화 내용을 AI가 요약해 주는 기능입니다. ② 채팅방에서 동영상이 자동으로 재생됩니다. ③ 메시지를 왼쪽으로 밀면 답장이나 댓글을 바로 달 수 있는 기능입니다. 3️⃣ ① 메시지를 두 번 누르면 [하트] 등 공감 표시를 빠르게 보낼 수 있습니다. ② 다양한 기능을 키보드 상단에 표시하는 기능입니다. ③ [Enter]를 누를 때마다 메시지가 전송됩니다. ④ 입력창에 음성 메시지를 녹음하여 보낼 수 있는 버튼이 추가됩니다.

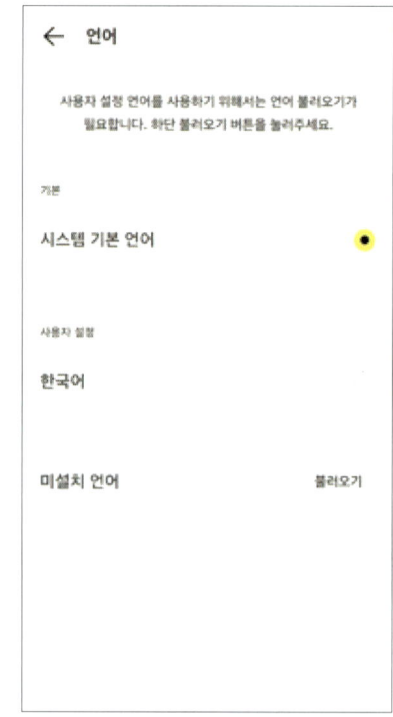

1️⃣ [이모티콘 소리 자동 재생]은 소리가 포함된 이모티콘을 보낼 때 자동으로 소리가 나옵니다.
2️⃣ 벨소리/연결음, 통화 음량 등 통화와 관련된 설정을 합니다.
3️⃣ 사용자가 직접 카카오톡의 언어를 선택할 수 있으며, 추가로 언어를 다운로드 할 수 있습니다.

1 ① 채팅방에서 사용 중인 저장공간을 관리하는 기능입니다. ② 앱에서 생성된 임시 데이터를 삭제합니다. ③ 사진과 동영상 전송 시 품질을 설정합니다. ④ 모바일 데이터 및 Wi-Fi 사용 시 자동 다운로드 여부를 설정합니다. **2** ① 사진, 동영상, 음성 등 모든 미디어 파일을 한 번에 삭제해 저장 공간을 확보합니다. ② 카카오톡에서 차지하는 데이터 용량을 관리하고 정리하는 기능입니다. **3** 각 채팅방 별 사진 및 동영상 삭제가 가능합니다.

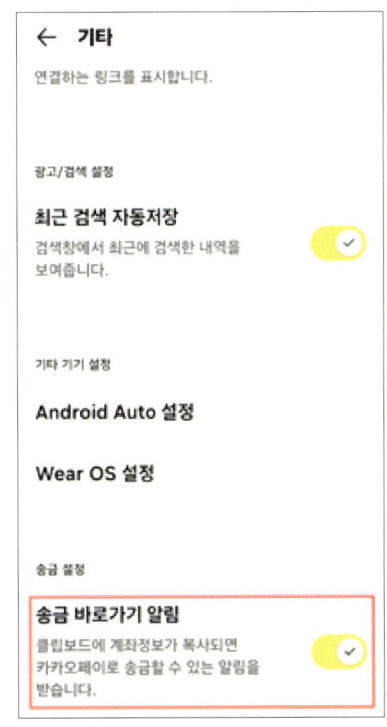

1 [실험실]에서는 출시 준비 중인 새로운 기능을 먼저 이용해 볼 수 있습니다. 실험실 기능은 수시로 바뀌거나 사라질 수 있습니다. **2** [흔들기]는 카카오톡을 실행하고 휴대폰을 2번 흔들면 설정한 흔들기 기능이 실행됩니다. **3** [송금 바로가기 알림]은 클립보드(복사한 내용)에 계좌번호가 복사되면 자동으로 송금 알림이 뜨는 기능입니다.

채팅탭 메뉴 살펴보기

1 ① 하단 메뉴의 말풍선 아이콘이 [채팅탭]입니다. ② [전체]에서는 모든 채팅방이 시간순으로 표시됩니다. **2** ① [안읽음]을 누르면 아직 읽지 않은 메시지가 있는 채팅방만 볼 수 있습니다. ② 현재 읽지 않은 메시지가 없음을 표시하고 있습니다. **3** [ChatGPT] 와 연결되는 탭입니다.

1 [ChatGPT]를 터치하며 들어온 화면입니다. [무엇이든 물어보세요] 라는 문구에 직접 질문을 입력할 수 있습니다. **2** 하단의 [+] 버튼을 누르면 사진 전송, 이미지 만들기, 불러오기 등의 추가 기능이 표시됩니다. **3** 오른쪽 위의 [목록] 아이콘을 누르면 '대화목록 보기', 'Kakao Tools 사용팁', '설정' 등 부가 메뉴가 나타납니다.

채팅방 폴더 만들기

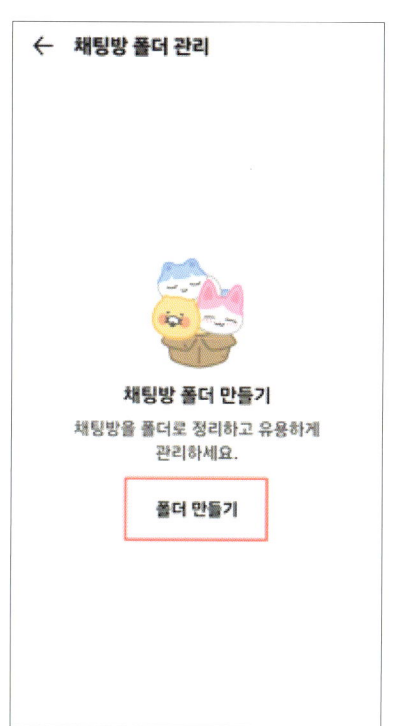
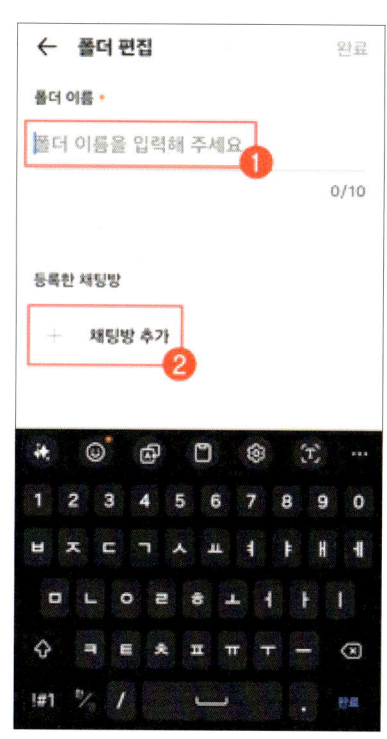

1 오른쪽 상단의 [**채팅방 폴더 관리**] 메뉴를 눌러 채팅방 정리 메뉴로 들어갑니다. **2** [**폴더 만들기**]를 선택하여 새로운 폴더를 만들 준비를 합니다. **3** [**폴더 편집**] 화면이 열리면 ① 새 폴더 이름을 입력한 뒤 아래의 ② [**채팅방 추가**] 버튼을 눌러 등록합니다.

새로운 채팅 시작하기

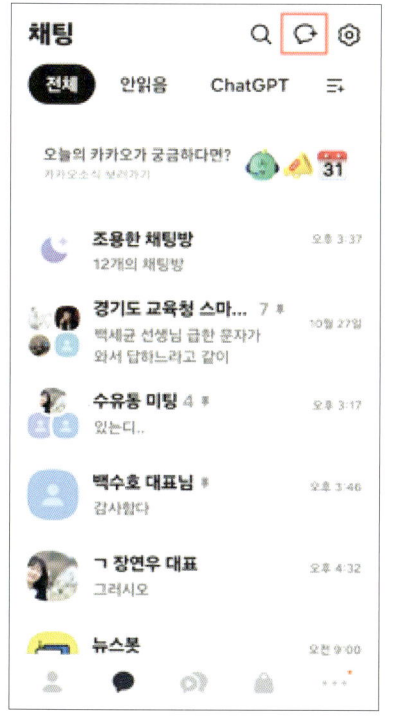

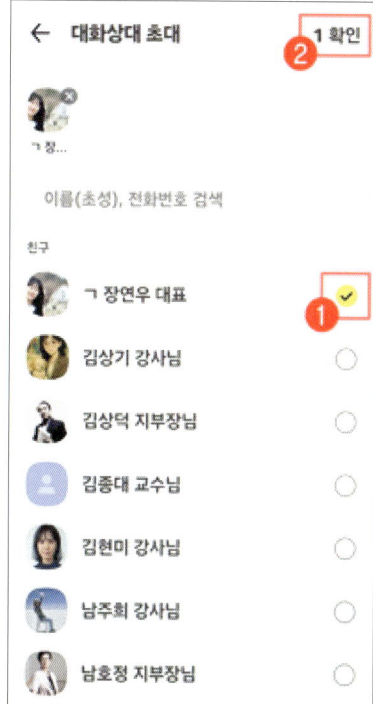

1 오른쪽 상단의 [**말풍선**] 아이콘을 터치하여 새로운 채팅을 시작합니다. **2** ① [**일반 채팅**]: 일반 대화를 시작합니다. ② [**팀채팅**]: 여러 명을 초대해 그룹 대화를 시작합니다. ③ [**비밀 채팅**]: 보안이 강화된 채팅입니다. **3** ① 초대할 사람을 선택한 후, ② 오른쪽 상단의 [**확인**] 버튼을 눌러 채팅방을 생성합니다.

팀채팅 만들기

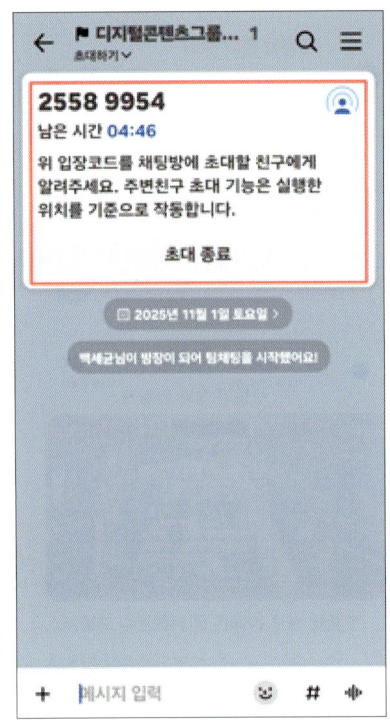
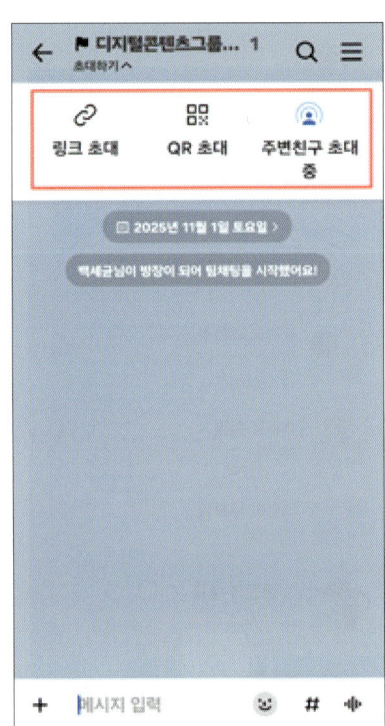

1️⃣ ① [팀 이름]을 설정하고, ② [확인]을 눌러 팀채팅방을 만듭니다.
2️⃣ 생성된 초대 코드를 이용해 일정 시간 내 친구를 초대합니다.
3️⃣ [링크, QR, 주변친구 초대] 등 다양한 방식으로 추가 초대가 가능합니다.

비밀채팅

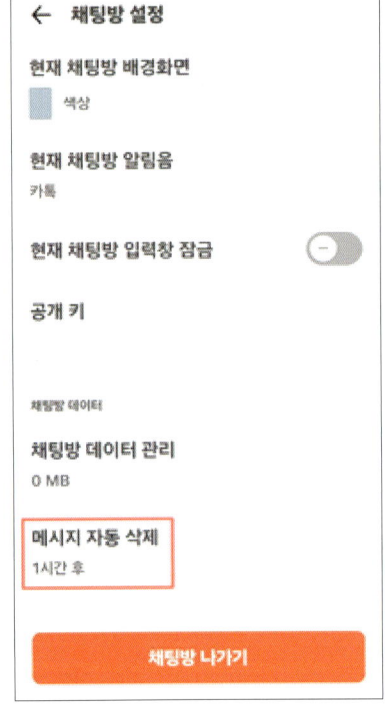
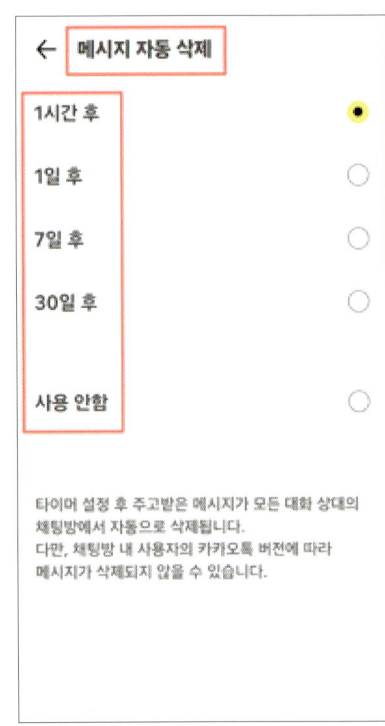

1️⃣ [비밀채팅]은 모바일에서만 사용할 수 있는 보안 채팅입니다.
2️⃣ 채팅방 설정에서 [메시지 자동 삭제] 시간을 선택할 수 있습니다.
3️⃣ 1시간, 1일, 7일, 30일 중 원하는 시간 후에 자동으로 삭제되도록 설정합니다.

채팅방 설정

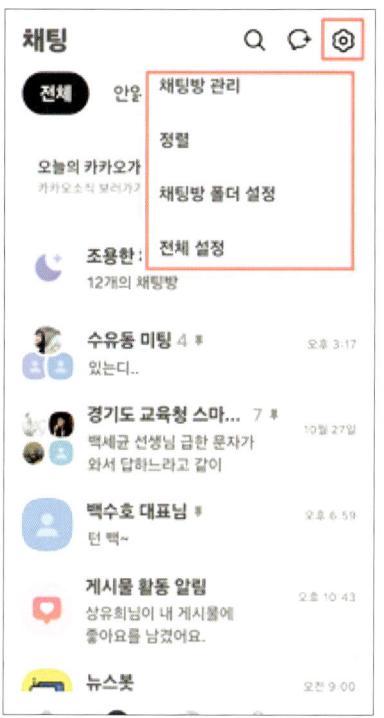 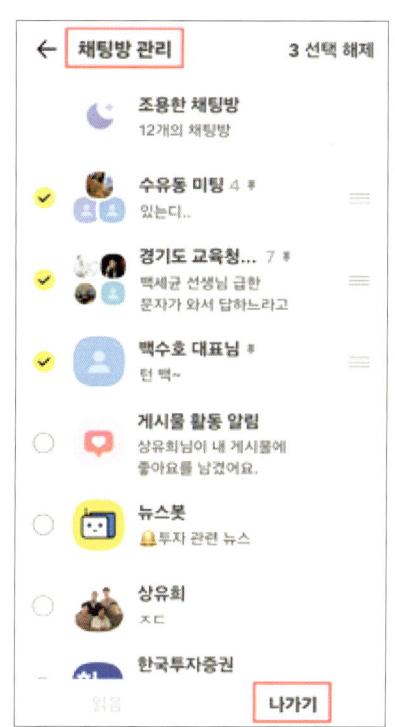 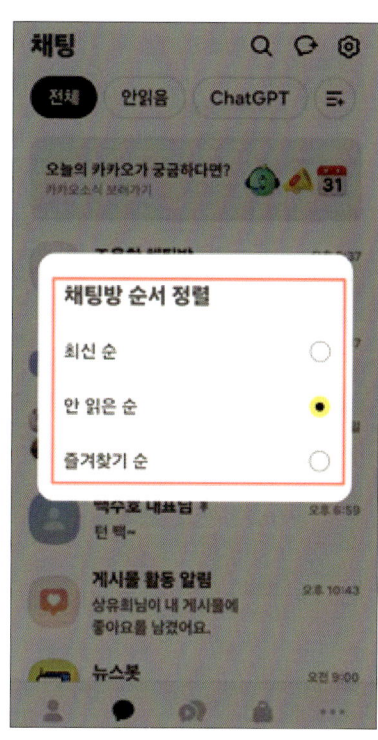

1️⃣ 채팅탭 상단의 [설정]에서 '채팅방 관리', '정렬', '채팅방 폴더 설정' 등을 선택할 수 있습니다.
2️⃣ [채팅방 관리]에서 여러 채팅방을 선택하여 [나가기]를 할 수 있습니다.
3️⃣ [정렬]을 선택하여 채팅방을 최신 순, 안 읽은 순, 즐겨찾기 순으로 정렬할 수 있습니다.

1️⃣ ① 카카오톡 채팅 목록을 폴더별로 구분해서 볼 수 있도록 [폴더 만들기]를 할 수 있습니다. ② 카카오톡에서 새롭게 도입된 기능으로 [ChatGPT]를 사용할 수 있습니다. 2️⃣ ChatGPT 사용을 비활성화하게 되면 메뉴 상단 메뉴 항목에서 ChatGPT가 보이지 않습니다. 3️⃣ 채팅방 폴더 사용을 비활성화했을 경우 상단의 메뉴 항목 자체가 보이지 않습니다.

지금탭 알아보기

  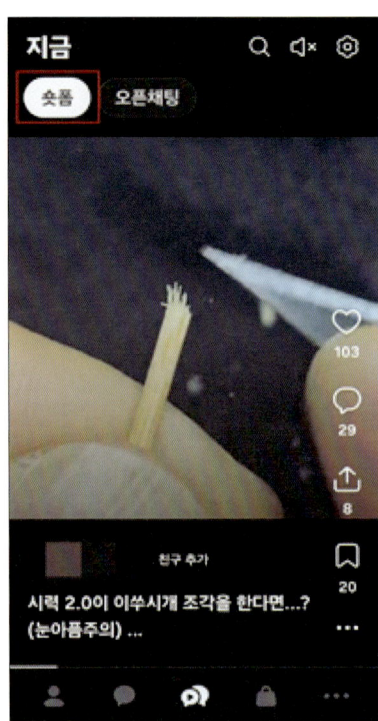

1️⃣ 하단 메뉴에서 말풍선이 겹친 형태의 아이콘이 [지금]탭입니다. 오픈채팅과 숏폼을 볼 수 있습니다.
2️⃣ [오픈채팅] 탭을 눌러 다양한 주제의 오픈채팅방 목록을 볼 수 있습니다.
3️⃣ [숏폼]을 선택하여 공유된 각종 영상 콘텐츠를 시청할 수 있습니다.

1️⃣ 상단의 말풍선 2개가 겹친 모양의 아이콘을 눌러 [오픈채팅 만들기] 메뉴로 들어갑니다.
2️⃣ 오픈채팅 만들기 유형을 선택하는 화면으로, ① [그룹채팅]: 여러 명이 함께 대화하는 채팅방, ② [커뮤니티]: 관심 주제로 소통하는 공개형 모임방, ③ [1:1채팅]: 개인 간의 1대1 대화방, ④ [오픈프로필]: 오픈채팅에서 사용할 프로필을 만드는 기능입니다. 3️⃣ 상단 [설정]에서 채팅방 관리·정렬·설정 메뉴로 이동합니다.

그룹채팅방 만들기

  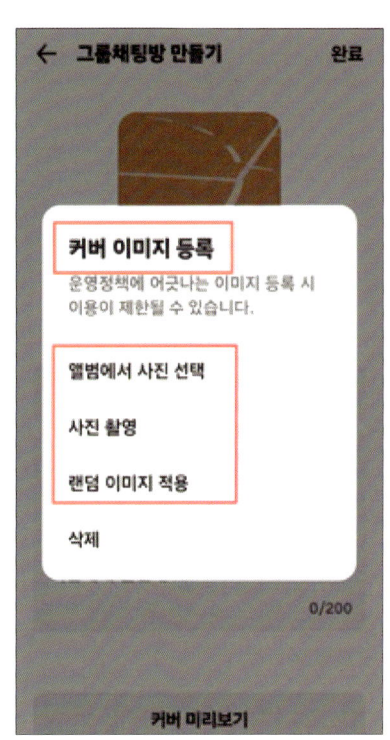

1️⃣ [오픈채팅 만들기] 메뉴에서 [그룹채팅]을 선택하는 화면으로, 여러 명이 함께 대화할 방을 만들 때 사용합니다. 2️⃣ 새로 만들 오픈채팅방의 [이름(필수 항목)]과 [소개글]을 입력하는 채팅방 기본 정보 설정 화면입니다. 3️⃣ 그룹채팅방의 대표 이미지를 설정하는 커버 이미지 등록 화면으로, 앨범에서 사진, 직접 촬영, 랜덤 이미지 적용을 선택합니다.

 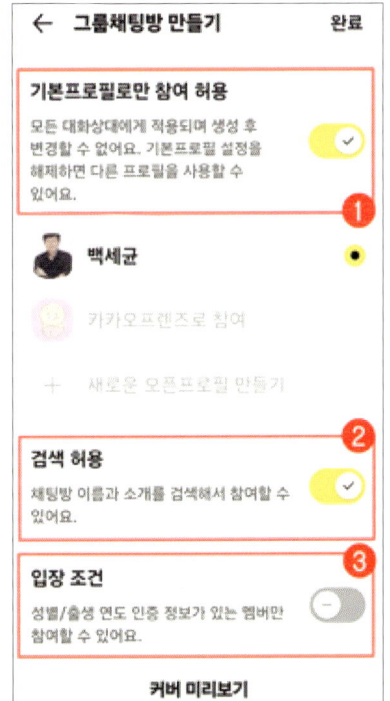 

1️⃣ 오픈채팅방의 [주제(필수 항목)]를 선택하는 화면입니다.
2️⃣ 채팅방 개설 시 설정할 항목으로, ① [기본프로필로만 참여 허용]은 카카오 프로필로만 참여할 수 있게 제한합니다. ② [검색 허용]은 오픈채팅 목록에서 이 방이 검색되도록 설정합니다. ③ [입장 조건]은 나이, 성별 등 조건을 설정 할 수 있습니다.
3️⃣ [미리보기] 화면에서 수정이 가능합니다.

1 상단 메뉴에서 알림, 초대, 설정 등 방 관련 기능을 관리할 수 있습니다.

2 링크 복사, 링크 공유, QR 코드 생성 중 하나를 선택하여 친구를 초대 할 수 있습니다.

3 QR 코드를 선택하면, 생성된 오픈채팅방의 QR 코드가 표시되며, ① [저장하기]는 QR 코드를 이미지로 저장하는 기능이고, ② [공유하기]는 다른 사람에게 바로 전송할 수 있는 기능입니다.

오픈프로필 만들기

 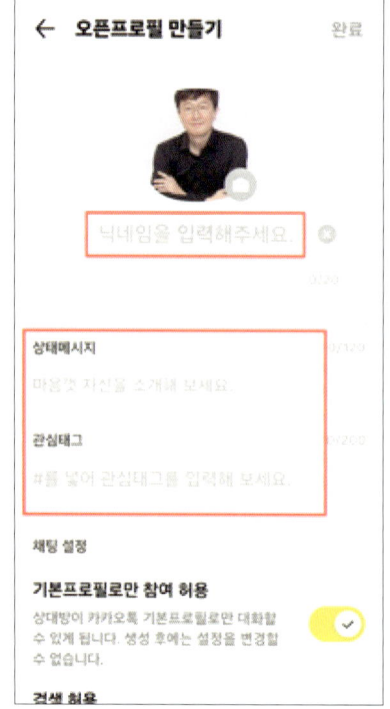 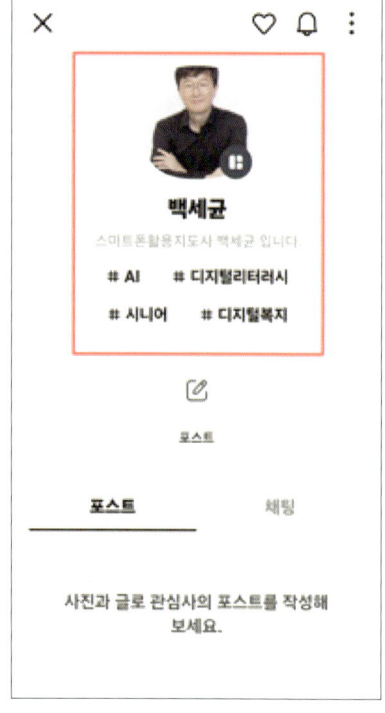

1 오픈채팅 만들기' 메뉴에서 [오픈프로필]을 새로 만드는 항목을 선택하는 화면입니다.

2 닉네임, 상태메시지, 관심분야 등을 입력하여 오픈프로필 정보를 설정합니다.

3 완성된 오픈프로필의 미리보기 화면으로, 프로필 사진과 닉네임, 소개, 관심 태그 등이 표시됩니다.

1:1 보이스톡하기

 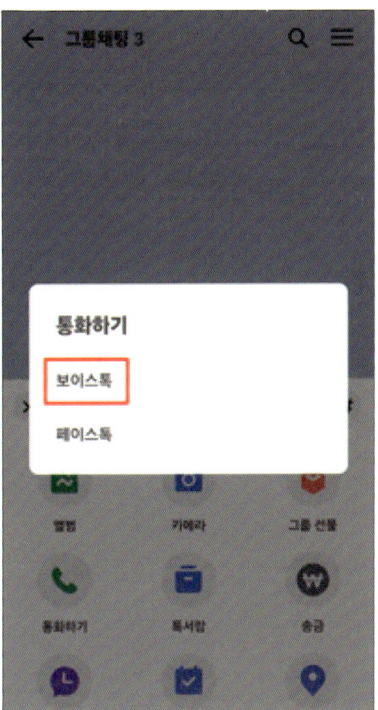 

1 친구목록에서 친구를 선택하고 [통화]를 터치합니다.
2 보이스톡과 페이스톡 중 [보이스톡]을 선택합니다.
3 ① [효과]: 배경, 영상, 음성의 효과 기능을 설정합니다. ② [마이크 음소거/활성화]를 제어합니다. ③ [통화 종료]하는 버튼입니다. ④ [스피커폰 모드]를 켜거나 끌 수 있습니다. ⑤ [페이스톡 전환]: 보이스톡에서 페이스톡으로 전환하는 버튼입니다.

 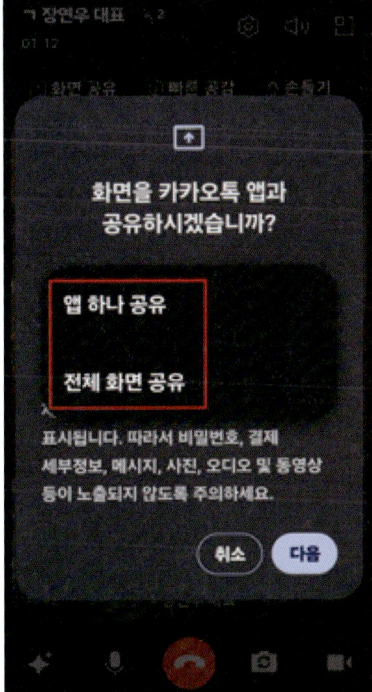 

1 통화 중 ① [통화 녹음 시작] 과 ② [화면 공유] 기능을 선택할 수 있습니다.
2 화면 공유 시 [앱 하나 공유] 또는 [전체화면 공유]를 선택합니다.
3 통화 중 ① [빠른 공감]과 ② [손들기] 기능을 사용할 수 있습니다.

보이스톡 내용 확인하기

 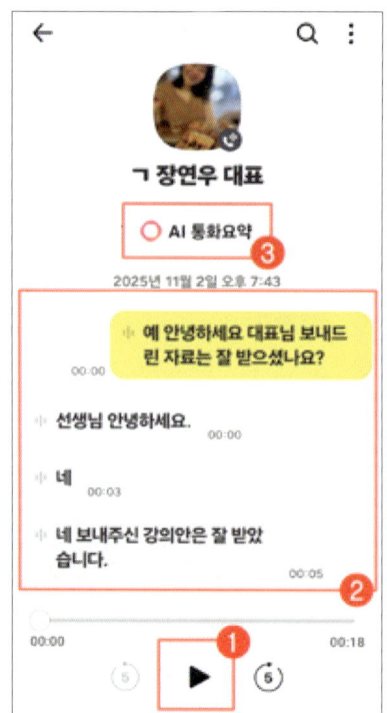 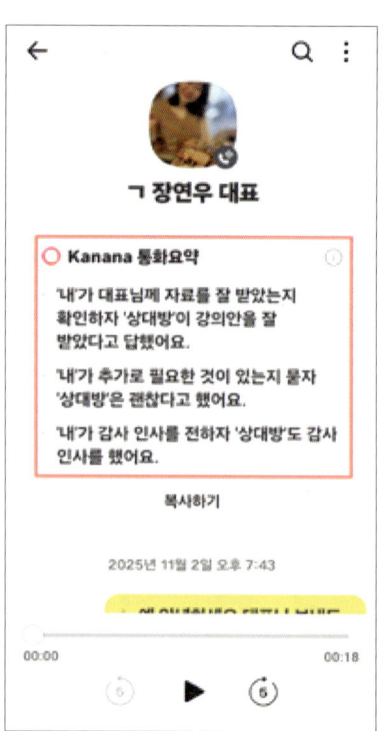

1 통화가 끝난 후 [통화 내용 보기]를 눌러 녹음된 대화를 확인합니다. **2** ① [재생] 버튼을 눌러 녹음 내용을 듣고, ② 음성 내용을 문자로 변환해 확인 할 수 있습니다. ③ [AI 통화요약]을 터치하여 통화 내용을 요약합니다. **3** 보이스톡 내용이 문자로 자동 변환되어 [통화 요약]까지 해 줍니다.

그룹 보이스톡하기

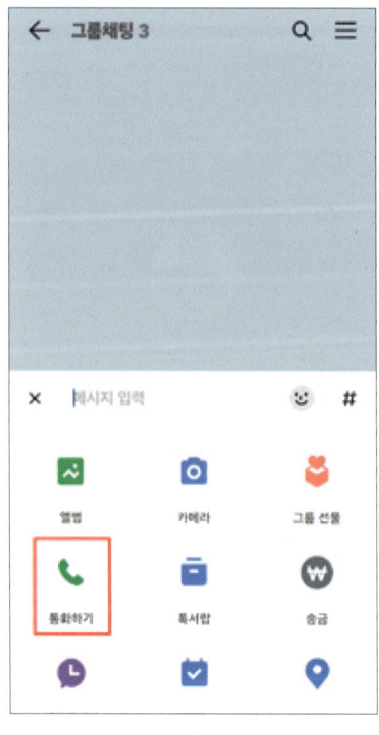 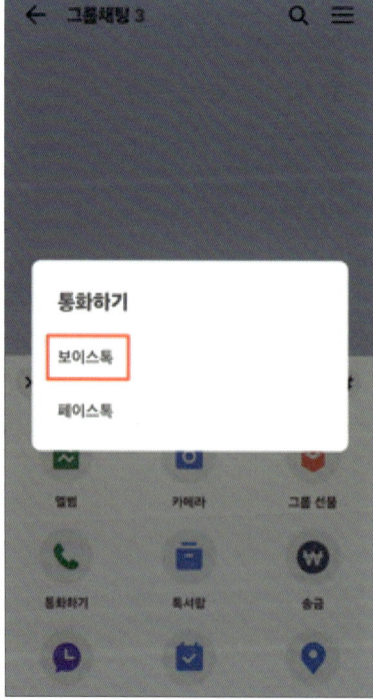 

1 채팅창에서 [통화하기] 아이콘을 눌러 통화를 시작합니다.
2 [보이스톡]을 선택합니다.
3 선택한 채팅방의 상대와 연결 중이며, 하단의 [빨간 버튼]으로 통화를 종료합니다.

1:1 페이스톡(영상통화) 하기

 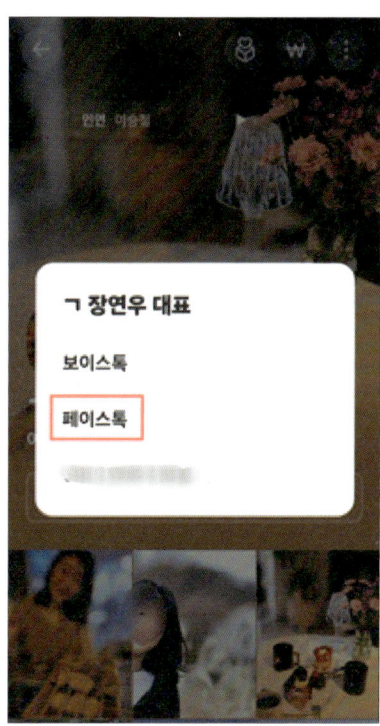 

1 프로필에서 [통화] 버튼을 눌러 통화를 시작합니다. 2 [페이스톡] 통화 방식을 선택합니다.
3 하단의 [도구 모음]에서 각종 기능을 선택할 수 있습니다. ① [효과(배경, 영상, 음성)], ② [마이크 음소거], ③ [통화 종료], ④ [카메라 방향 전환], ⑤ [카메라 끄기] 기능을 사용할 수 있습니다.

 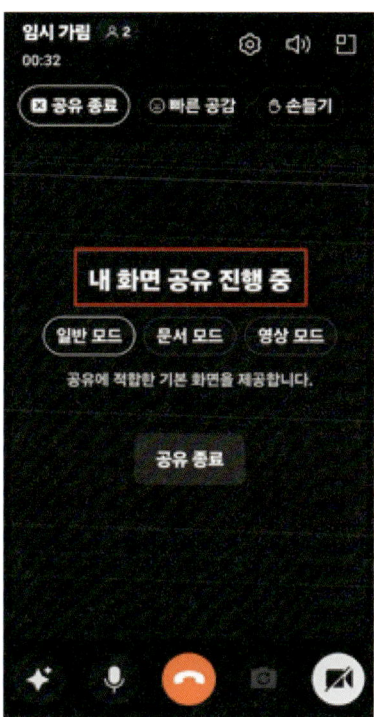 

1 페이스톡 중 [화면 공유] 기능을 사용해 보겠습니다. 2 [화면 공유]가 진행 중이며, 일반·문서·영상 모드를 선택할 수 있습니다. [공유 종료]를 눌러 공유를 마칩니다. 3 [빠른 공감]을 눌렀을 때 다양한 스티커로 감정을 바로 표현할 수 있습니다.

 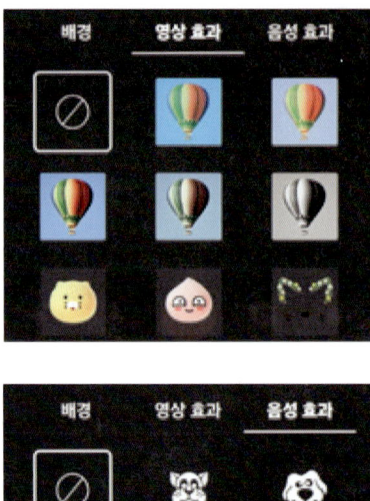  

① 페이스톡 중 ① [배경], ② [영상 효과], ③ [음성 효과]를 선택할 수 있습니다. ② 영상 효과와 음성 효과 화면입니다. 얼굴 모양을 이모티콘 모양으로 바꿀 수 있고, 음성을 변조할 수 있습니다. ③ 화면 상단의 [화면크기조정 버튼]을 터치하면 영상통화 화면이 작아지며, 적당한 위치로 옮길 수 있습니다.

그룹 페이스톡(그룹영상통화) 하기

 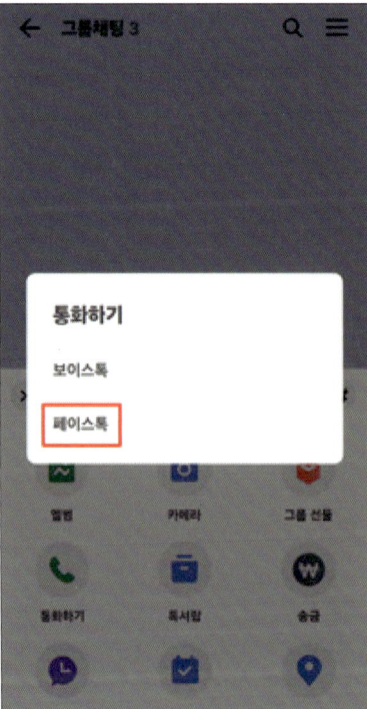 

① 그룹 채팅방에서 [통화하기]를 터치합니다.
② [페이스톡]을 터치합니다.
③ 그룹 페이스톡이 연결되어 서로 얼굴을 보면서 대화가 가능합니다. 종료시 [종료버튼]을 누릅니다.

채팅방에서 음성메시지 보내기

  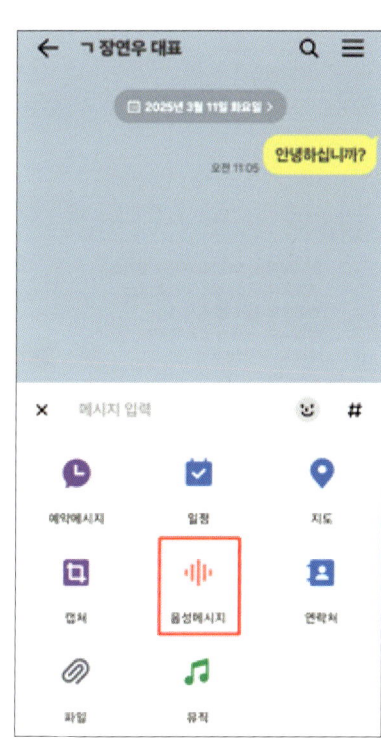

1 ① 채팅창을 선택하고 ② 메시지를 보낼 친구의 이름을 터치 합니다.
2 왼쪽 하단의 [+]를 터치합니다.
3 메뉴가 열리면 [음성메시지]를 터치합니다.

  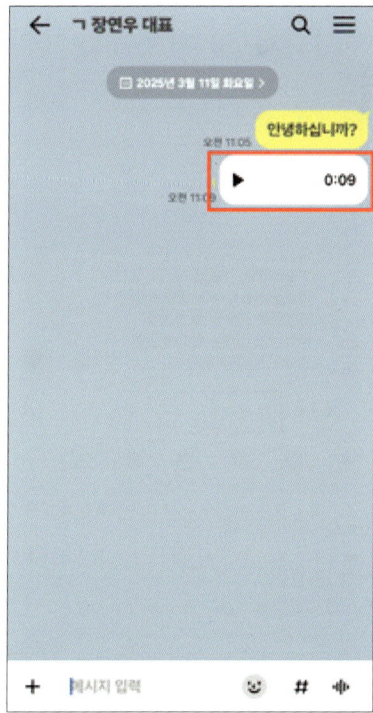

1 ① [녹음 버튼]을 터치하면 음성메시지 창이 열립니다. ② [간편녹음 버튼 사용]을 활성화하면 채팅창 하단 우측에 간편녹음 버튼 아이콘이 생겨 음성메시지를 간편하게 보낼 수 있습니다. 2 음성녹음을 하고 ① [새로고침] 버튼을 터치하여 다시 녹음하거나 ② [보내기] 버튼을 터치하여 음성메시지를 보냅니다.
3 음성메시지가 보내진 것을 확인 할 수 있습니다.

맞춤법 교정하기

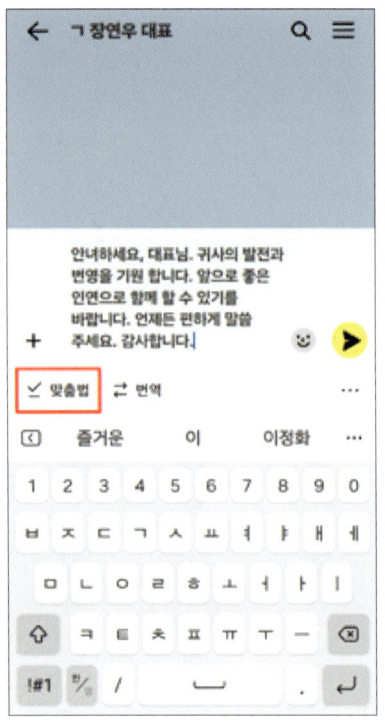 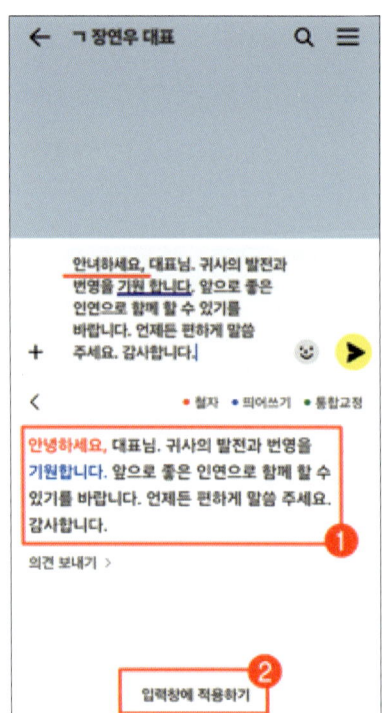 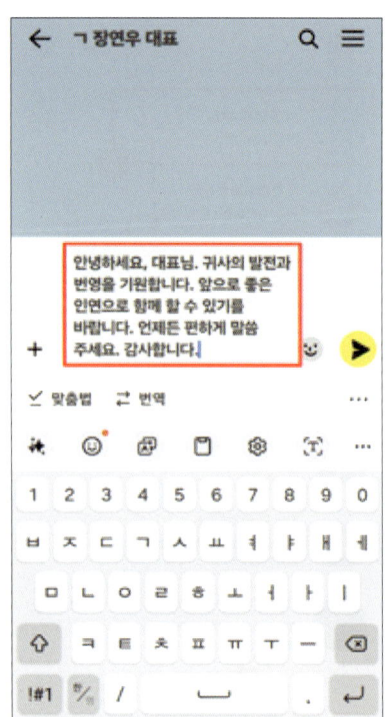

1️⃣ 메시지를 작성한 후 [키보드 툴바]에 있는 [맞춤법]을 터치합니다. 2️⃣ ① 작성된 문장에 오류가 있을 경우, ② [입력창에 적용하기] 를 터치하면, 3️⃣ 바르게 교정된 문장이 입력됩니다.

※ 만약 키보드 툴바가 보이지 않는다면 [전체설정] ▶ [채팅] ▶ [키보드 툴바]에서 키보드 툴바를 활성화 시켜줍니다.

자동 문자 번역하기

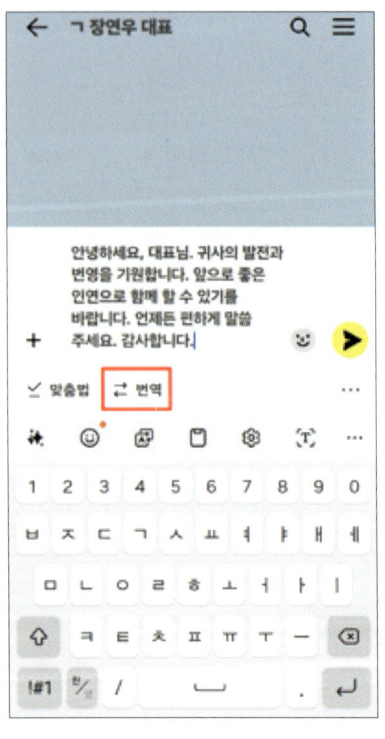 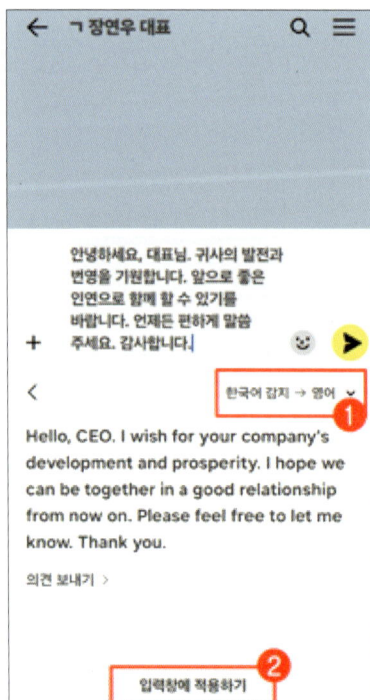 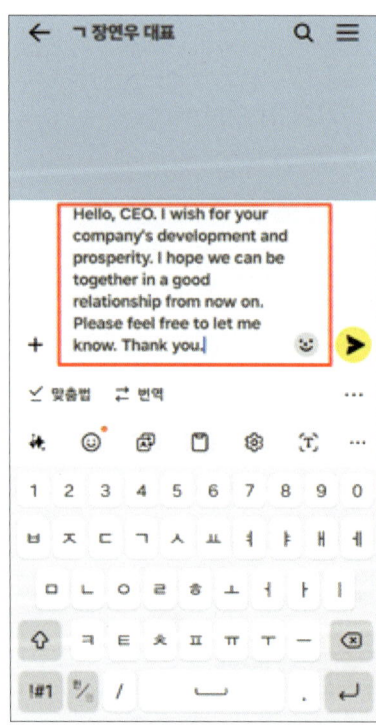

1️⃣ 메시지를 작성 후 [번역]을 터치하면
2️⃣ ① 언어를 감지하여 설정된 언어로 번역을 해 줍니다. ② [입력창에 적용하기]를 터치하여
3️⃣ 번역된 문장을 입력합니다

채팅방 메시지 수정 및 삭제하기

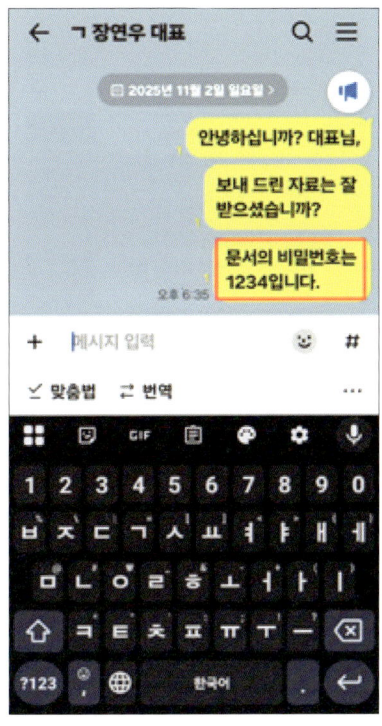 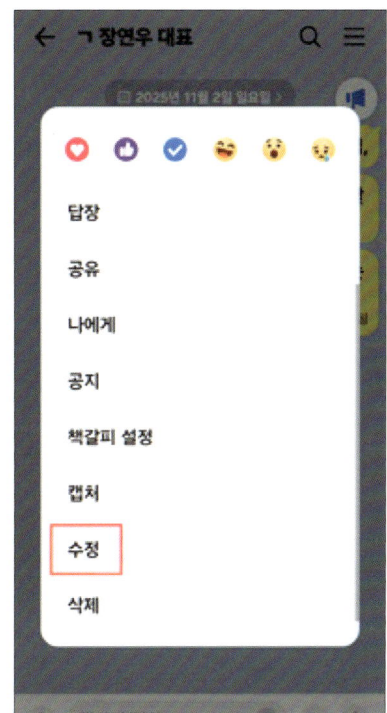 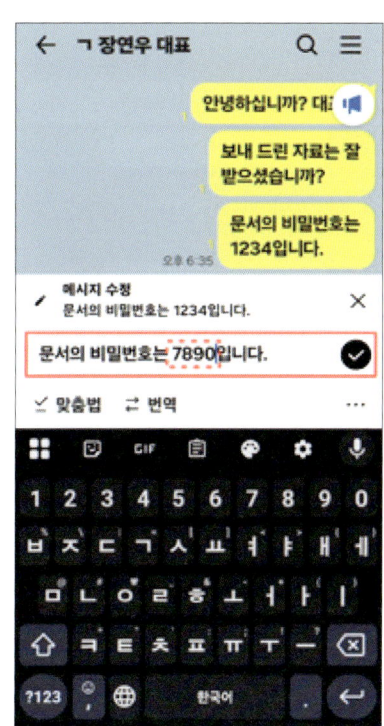

1️⃣ 채팅창에서 수정하려는 메시지를 길게 누르면 여러 가지 메뉴가 나타납니다.
2️⃣ 메뉴 중 [수정]을 선택하면 해당 메시지의 내용을 다시 입력할 수 있는 상태로 바뀝니다.
3️⃣ 잘못된 부분을 수정한 뒤, 오른쪽의 [체크(V)] 버튼을 눌러 변경된 메시지를 저장합니다.

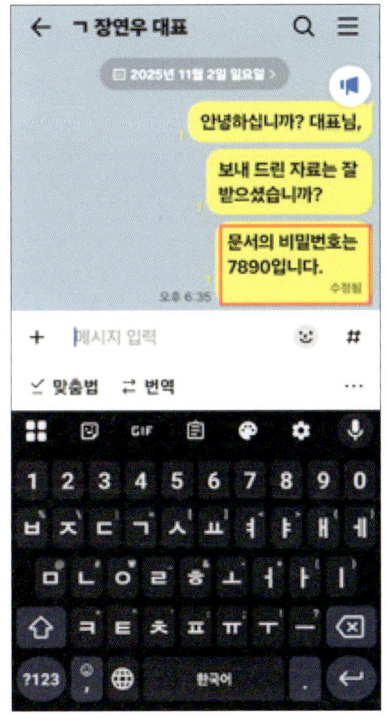 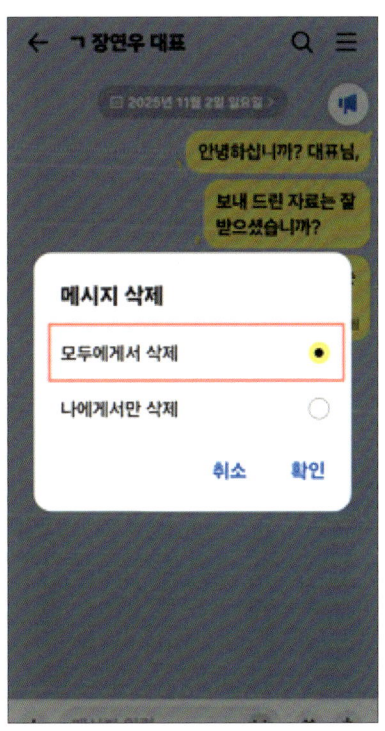 

1️⃣ 수정된 메시지가 보입니다. 수정된 메시지 밑에는 [수정됨]이 표시 됩니다. 2️⃣ [삭제]를 선택하게 되면 [모두에게서 삭제]와 [나에게서만 삭제]를 선택할 수 있습니다. [모두에게서 삭제]를 선택하면 상대방의 화면에서도 해당 메시지가 지워집니다. 3️⃣ 삭제가 완료되면 [메시지가 삭제되었습니다.]라는 안내 문구가 표시됩니다.

중요내용 책갈피 설정하기

 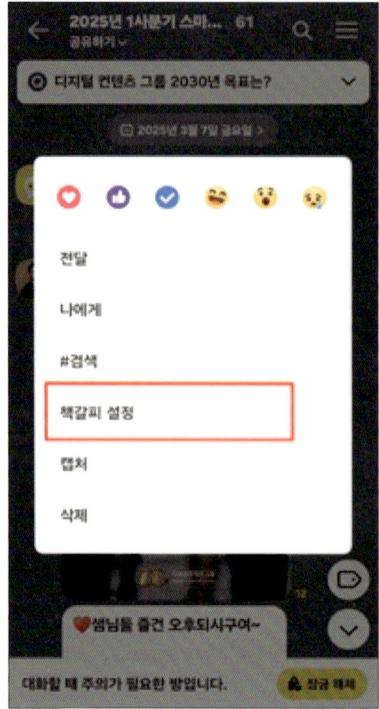 

1 채팅방에서 메시지가 쌓여 중요 내용을 찾기 어려울 때 중요내용의 메시지에 책갈피를 끼워 쉽게 찾을 수 있습니다. 책갈피를 끼워둘 메시지를 지그시 터치 합니다. **2** 설정 메뉴창이 열리면 [책갈피 설정]을 터치 합니다. **3** [책갈피 아이콘]을 터치하면 찾는 메시지가 보입니다.

채팅방에서 이모티콘 전송하기

 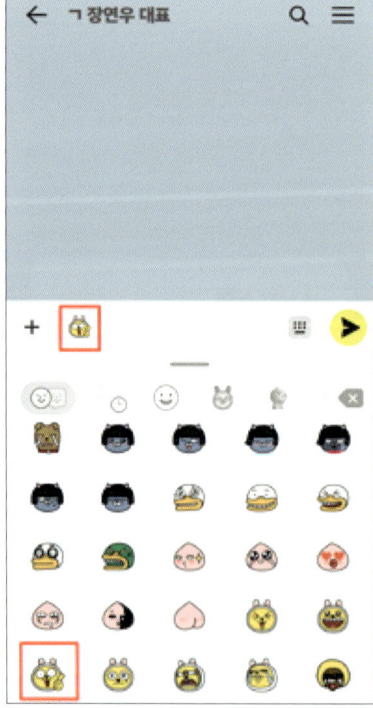 

1 채팅방에서 우측 하단의 [이모티콘] 을 터치합니다.
2 원하는 이모티콘을 선택하여 [보내기]를 터치합니다.
3 채팅창에 이모티콘이 보입니다.

채팅방에서 사진 전송하기

 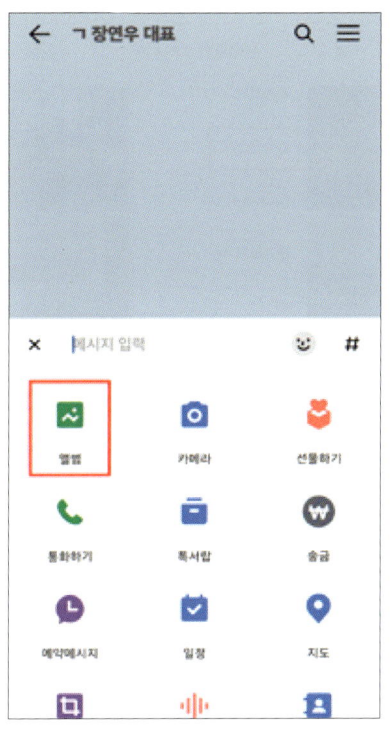 

1 채팅방에서 왼쪽 하단의 [+] 아이콘을 터치 합니다.
2 아이콘 중 [앨범]을 터치합니다.
3 왼쪽 하단의 [전체]를 터치 합니다.

1 내 앨범에 저장되어 있는 사진들이 보입니다. 상단의 [전체보기]를 터치하면 카테고리별로 들어가 사진을 선택할 수 있습니다. 2 ① 내가 원하는 사진을 선택하면 ② 선택한 사진이 상단에 보여집니다. ③ [전송]을 누르면 사진이 전송됩니다. ④ 사진을 편집하여 보내기 원할 경우, 하단의 [요술봉] 아이콘을 터치합니다. 3 여러 편집도구를 이용하여 사진을 편집하여 전송합니다.

채팅방에서 동영상 전송하기

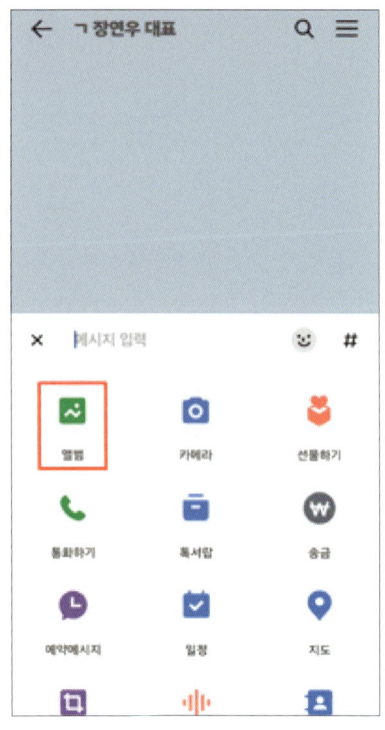
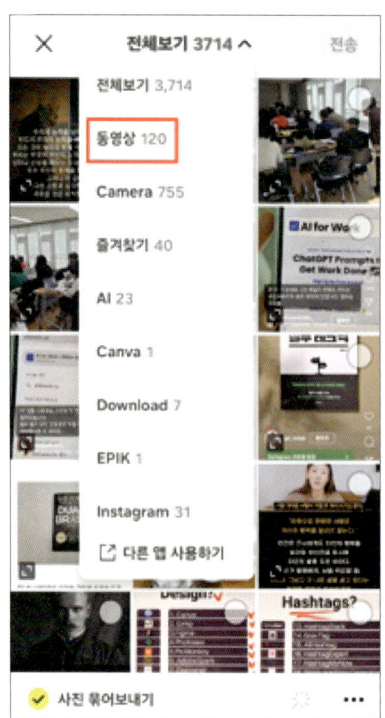
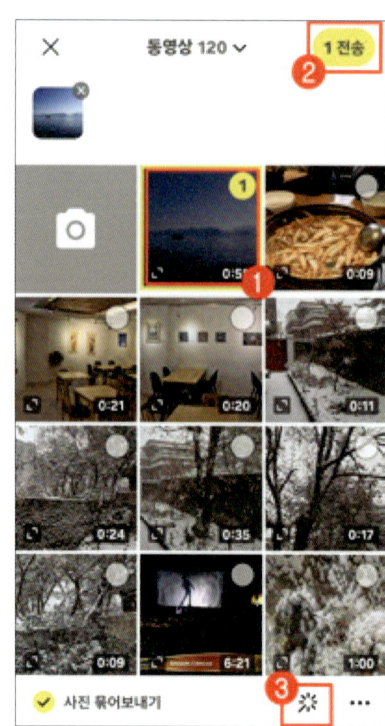

1 사진 전송하기와 동일하게 [앨범]을 선택합니다.
2 [전체보기]에서 [동영상]을 선택합니다.
3 ① 동영상을 선택하여 ② 전송합니다. ③ 동영상 편집을 원할 경우 [요술봉] 아이콘을 터치합니다.

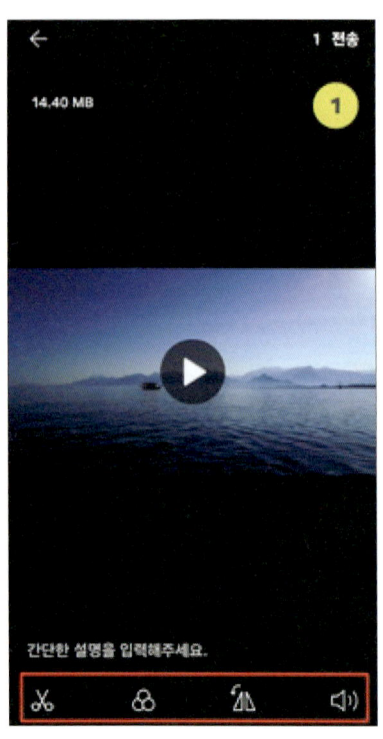

1 하단의 동영상 편집 메뉴를 이용하여 편집을 합니다. 2 사진이나 동영상의 화질을 선택할 경우 동영상 선택 화면 하단 오른쪽의 [더보기] 아이콘을 터치합니다. 3 사진은 [저용량, 일반화질, 원본]을 선택할 수 있고, 동영상은 [일반화질, 고화질]을 선택할 수 있습니다.

주고 받은 사진 및 동영상 저장하기와 확인하기

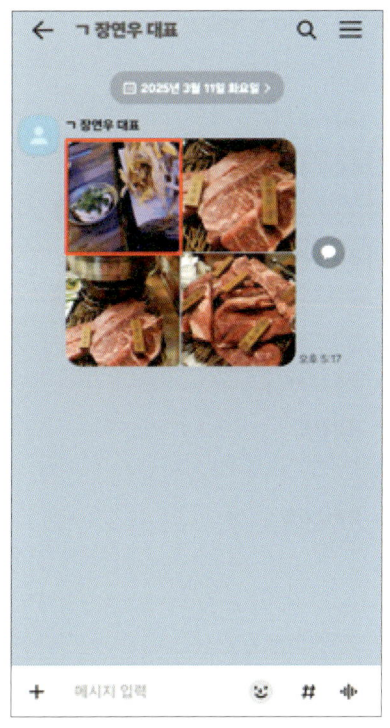  

① 채팅방에서 저장하고 싶은 사진 또는 동영상을 터치합니다. ② 선택한 사진 하단에 다양한 편집 옵션이 있습니다. 좌측부터 [저장버튼], [공유버튼], [삭제버튼], [요술봉], [더보기] 버튼이 있습니다. ③ [저장버튼]을 터치하면 [묶음사진 전체 저장]과 [이 사진만 저장]을 선택할 수 있습니다.

① [공유]버튼을 터치하면 [묶음사진 전체 전달]과 [이 사진만 전달]을 선택할 수 있습니다.
② [요술봉] 버튼을 터치하면 다양한 사진 편집 기능들이 하단에 표시됩니다.
③ [더보기] 버튼을 터치하면 종류, 크기, 해상도와 같은 [상세정보]를 알수 있으며, [다른 앱으로 공유]가 가능합니다.

저장공간 확보하기

1 ① [설정]에서 ② [전체설정]을 터치합니다. **2** [데이터 및 저장공간]을 선택합니다. **3** ① [채팅방 저장공간 관리]는 채팅 앱에서 주고받은 사진, 동영상, 파일 등의 데이터가 차지하는 저장공간을 관리할 수 있는 메뉴입니다. ② [임시 데이터 삭제]는 앱에서 생성된 캐시 및 임시 파일을 삭제 하여 저장공간을 확보할 수 있게 합니다. 임시 파일만 삭제되므로 삭제 후에도 중요한 데이터에는 영향을 주지 않습니다.

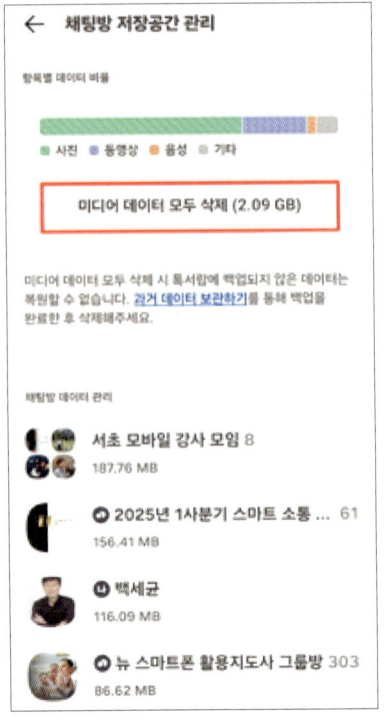 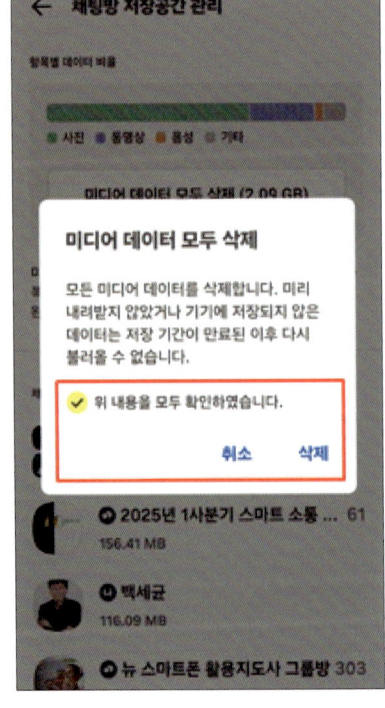 

1 [채팅방 저장공간 관리]에서 영상, 사진 등 미디어 데이터를 모두 삭제 할 수 있습니다.
2 미디어 데이터를 모두 삭제하기 위해서는 안내문을 확인 후 삭제를 해야 합니다.
3 각 채팅방 별로도 미디어 데이터 삭제를 진행 할 수 있습니다.

채팅방 나가기

  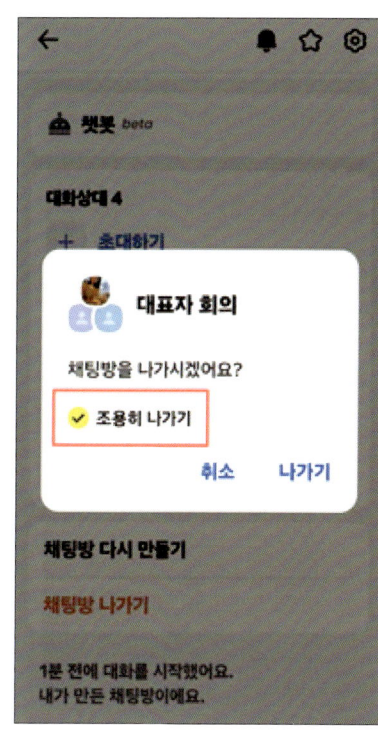

1 채팅방 우측 상단 [삼선]을 터치합니다.
2 좌측 하단의 [나가기] 아이콘을 터치합니다.
3 채팅방 나가기 창이 열리면 [나가기]를 터치합니다.

위치 보내기

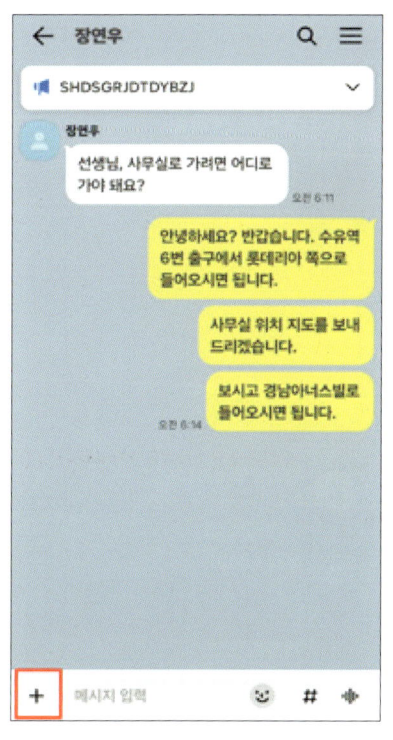  

1 친구와의 채팅창에서 [+]를 터치합니다.
2 [지도]를 터치합니다.
3 [위치정보 보내기]를 터치하여 내 위치를 채팅상대에게 알려 줍니다.

송금 및 결제하기

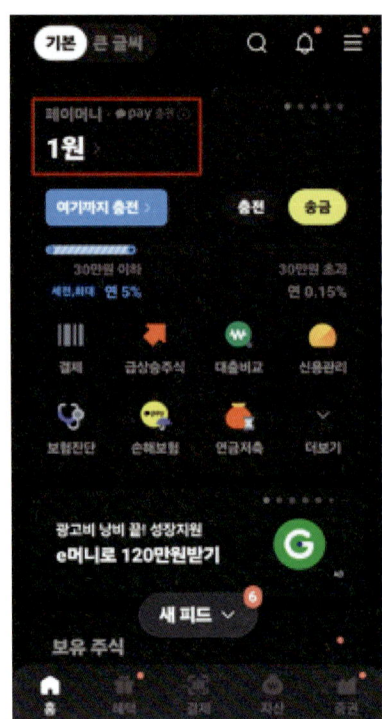

카카오톡에서 송금하기를 하려면 카카오페이에 계좌연결을 해야합니다.

1️⃣ 하단 [더보기]를 터치합니다.

2️⃣ 더보기에서 [pay]를 터치합니다.

3️⃣ 페이머니를 확인하고 [금액] 부분을 터치합니다.

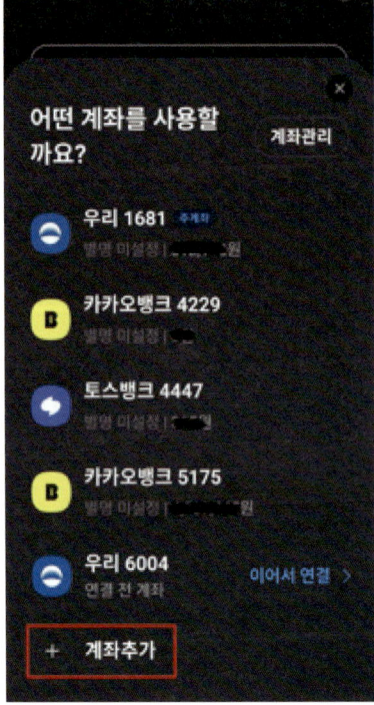

1️⃣ 카카오페이의 [내 페이머니] 화면에서 [충전] 버튼을 눌러 금액을 충전합니다. 2️⃣ ① 충전할 금액을 선택하고, ② [자동충전] 기능을 설정하여 일정 기간 혹은 설정 금액 이하일 때 자동 충전을 할 수 있습니다. 3️⃣ 사용할 은행 계좌를 선택하거나 [계좌추가]를 눌러 새 계좌를 연결할 수 있습니다.

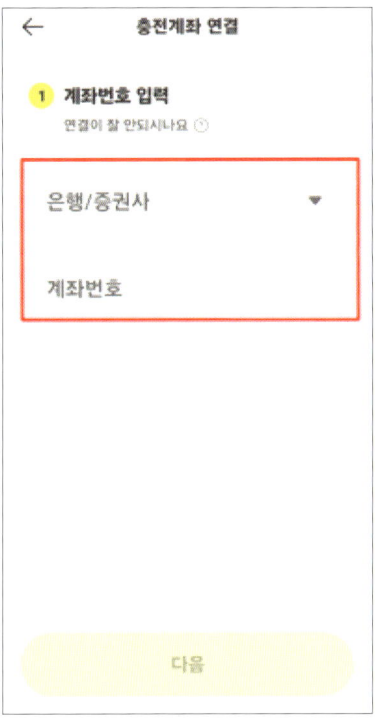 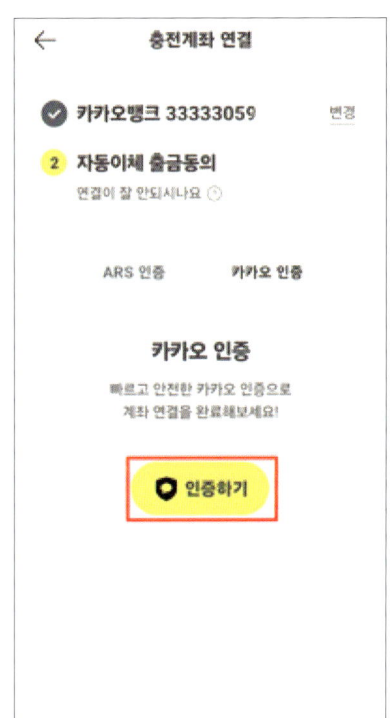 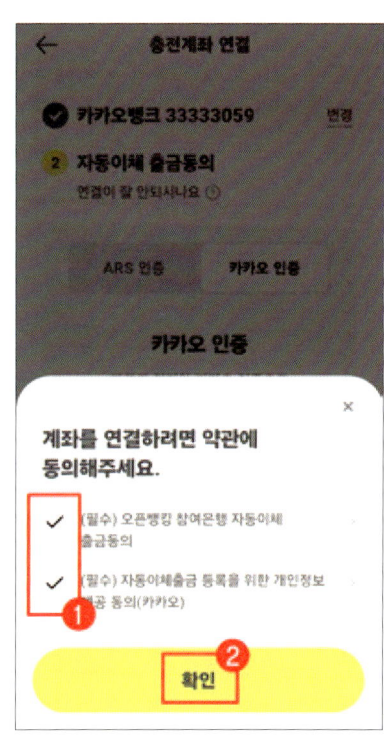

1️⃣ [은행/증권사] 및 [계좌번호]를 입력하고 [다음]을 터치합니다.

2️⃣ 충전 계좌와 연결 되었음을 확인하는 [인증하기]를 터치합니다. 인증 방법은 [ARS 인증]과 [카카오 인증]이 있습니다.

3️⃣ ① 필수 항목을 체크하고, ② [확인]을 터치합니다.

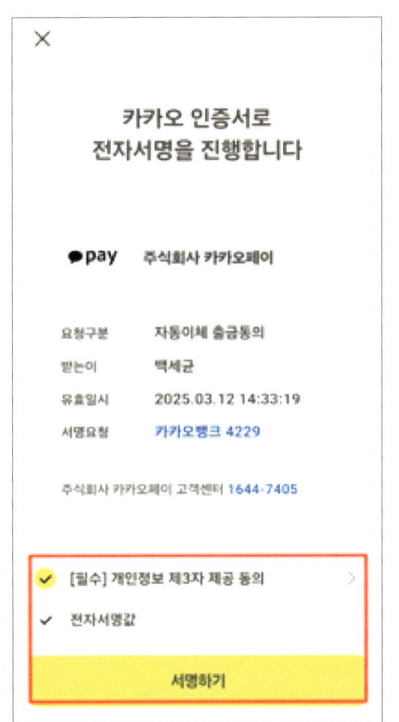 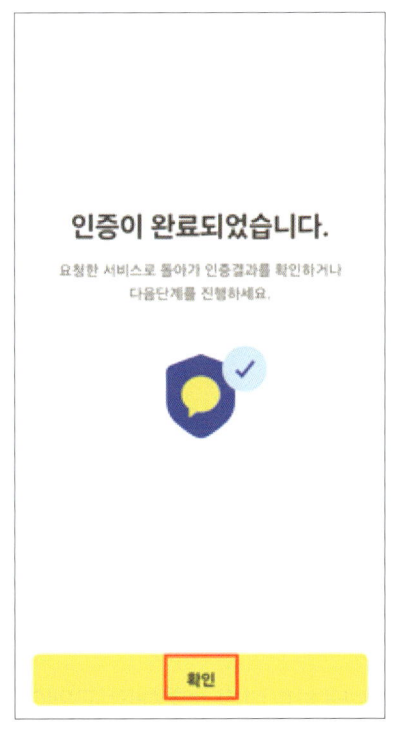 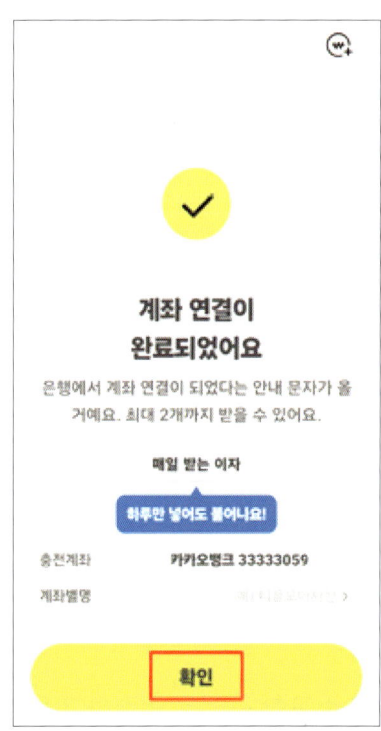

1️⃣ 필수 항목에 동의하고 [서명하기]를 터치합니다.

2️⃣ 인증이 완료되었음을 [확인]합니다.

3️⃣ 계좌 연결이 완료 되었습니다. [확인]을 누르면 송금할 준비가 완료 되었습니다.

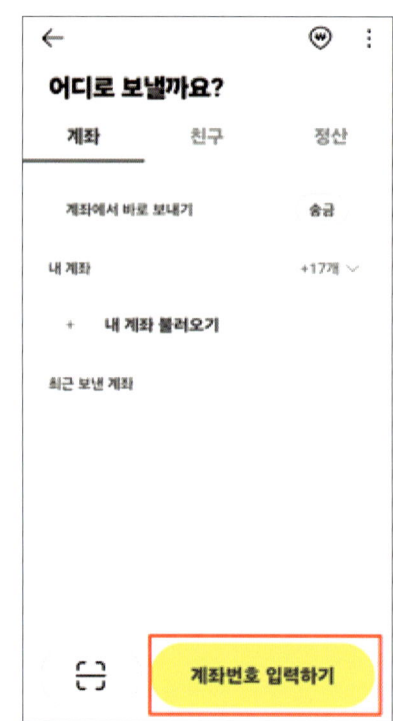
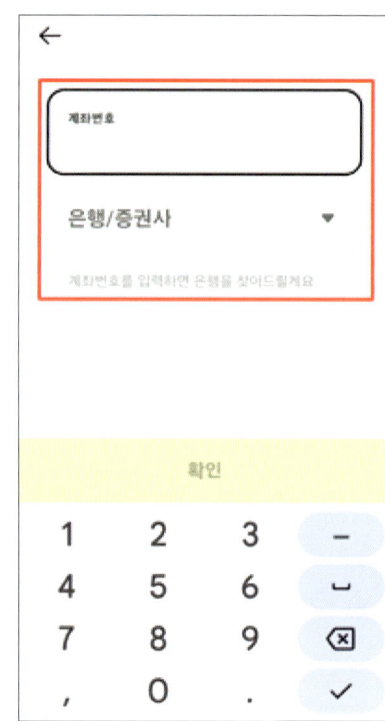

1️⃣ [더보기]에서 [송금]을 터치 합니다.
2️⃣ [계좌번호 입력하기]를 터치합니다.
3️⃣ 수신인의 계좌 정보를 입력하고 확인을 터치합니다.

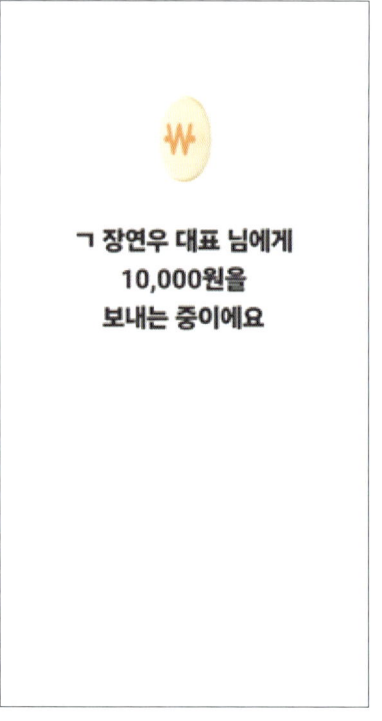

1️⃣ 송금할 금액을 입력하고 [확인]을 터치합니다. 2️⃣ 해당 금액이 친구에게 전송됩니다. 3️⃣ ① 송금이 완료된 후, 이 화면을 닫고 메인 화면으로 돌아가려면 [확인] 버튼을 터치하면 됩니다. ② 실수로 잘못 송금한 경우, [송금취소] 버튼을 눌러 취소할 수 있습니다. 다만, 취소 가능하려면 상대방이 돈을 수령하기 전이어야 합니다. ③ [예약 설정] 버튼을 사용하면 정기적으로 같은 계좌로 송금할 수 있도록 예약 송금을 설정할 수 있습니다.

  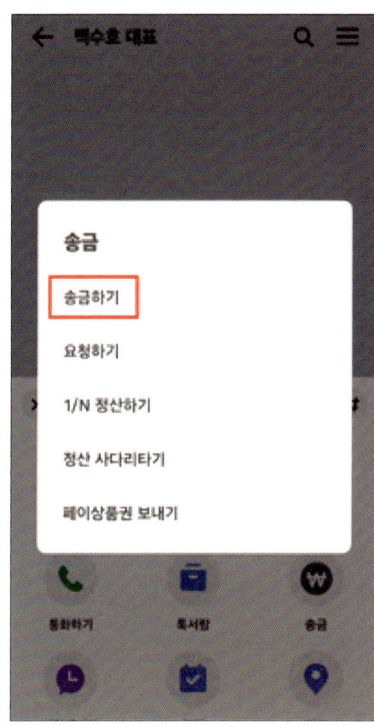

1 보내고자 하는 대상과의 1:1채팅창에서 왼쪽 하단의 [+]를 터치합니다.
2 [송금]을 터치 합니다.
3 알림창이 뜨면 [송금하기]를 터치합니다.

1 보낼 금액을 입력하고 [확인]을 터치합니다.
2 [봉투 고르기]를 터치합니다. 봉투사용을 원하지 않을 경우 바로 [보내기]를 터치합니다.
3 봉투종류 알림창이 뜨면 원하는 봉투를 선택하고 [봉투에 담기]를 터치를 합니다.

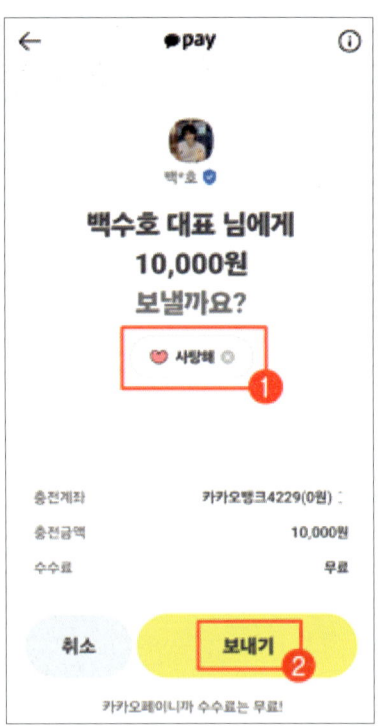  

1️⃣ ① 봉투에 담은 것을 확인하고 ② [보내기]를 터치 합니다.
2️⃣ 송금완료 화면이 나오면 [확인]을 터치합니다.
3️⃣ 상대방이 받기를 하면 상대방의 카카오페이로 보내집니다.

결제하기

1️⃣ [확인] 메뉴에서 [더보기]를 터치합니다. 2️⃣ [더보기] 메뉴에서 [결제]를 터치하면 바코드 화면이 나옵니다. (바코드 화면은 보안문제로 캡쳐 안됨) 3️⃣ [pay]메뉴에서 [결제] 아이콘을 터치해도 바코드 화면이 나옵니다. 오프라인 매장에서 바코드를 이용하여 결제를 할 수 있고 [삼성페이]나 [QR 스캔]으로 결제를 할 수 있습니다.

톡클라우드

 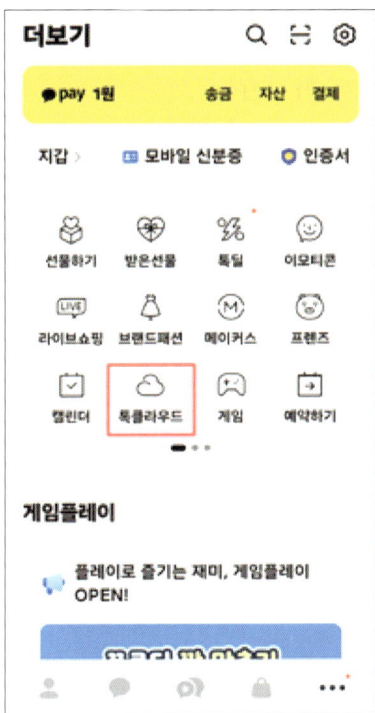 

1 [친구탭]에서 [더보기]를 터치합니다.

2 [더보기] 메뉴에서 [톡클라우드]를 터치합니다.

3 다음은 [톡클라우드]의 각 메뉴 항목 설명입니다.

① [톡서랍]은 카카오톡에서 주고받은 사진, 동영상, 파일, 링크 등을 저장하고 관리할 수 있는 무료 구독 서비스에서 제공하는 기본 기능이며, 저장 공간이 제한적입니다. 반면, [톡클라우드]는 유료 구독 서비스로, 더 넉넉한 저장 공간(100GB)과 팀 데이터 공유, 고급 정리 및 검색 기능을 추가로 제공합니다.

② 파일 종류 및 개수 등 카카오톡에서 공유된 다양한 유형의 데이터가 표시됩니다. 사진, 동영상, 파일, 링크 등의 개수가 표시되어 있습니다.

③ [팀 데이터]는 특정 그룹이나 팀 단위로 공유된 데이터가 정리되는 공간입니다. 업무용이나 협업을 위한 자료 관리에 유용할 수 있습니다.

④ [드라이브]는 카카오톡 내에서 보관 중인 파일을 관리하는 기능입니다. 파일을 정리하고 별도로 보관할 수 있는 기능이 제공됩니다.

⑤ [중요 표시 (북마크 기능)]은 중요한 파일이나 메시지를 따로 저장할 수 있도록 [중요] 항목이 제공됩니다. 즐겨찾기 개념으로 생각할 수 있습니다.

⑥ [메뉴 버튼 (설정 및 추가 기능)]은 카카오톡 톡클라우드의 설정을 변경하거나 추가적인 기능(예: 용량 확인, 업그레이드 옵션 등)을 활용할 수 있는 메뉴 버튼입니다.

쇼핑 (선물하기)

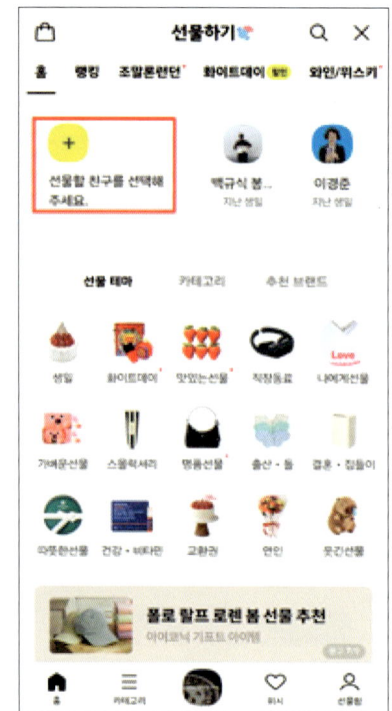
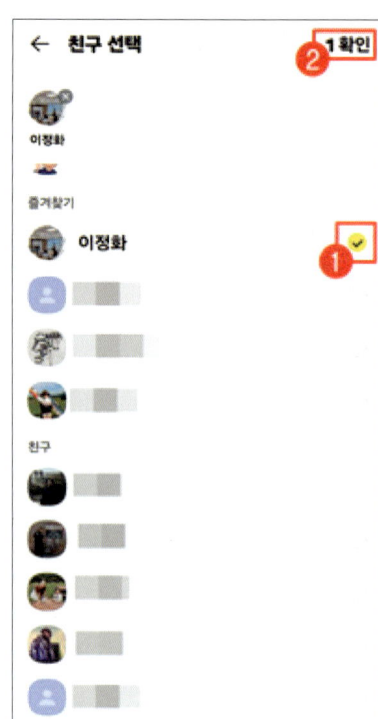

1️⃣ ① [쇼핑]을 선택한 후 ② [선물하기]를 터치합니다.
2️⃣ [선물할 친구를 선택해 주세요]를 터치합니다.
3️⃣ ① 친구를 선택한 후 ② [확인]을 터치합니다.

1️⃣ [카테고리]를 터치합니다.
2️⃣ [카테고리]와 [검색]을 활용하여 선물을 선택합니다.
3️⃣ 선택한 선물을 터치합니다.

1 [선물하기]를 터치합니다. **2** ① 수량을 추가할 수 있습니다. ② [선물하기]를 터치합니다.
3 ① [카드] 그림 중에서 마음에 드는 카드를 선택하여 터치합니다. ② [텍스트 추가]를 터치하여 문구를 입력하고 ③ [음성 추가]를 터치하여 음성을 입력합니다.

 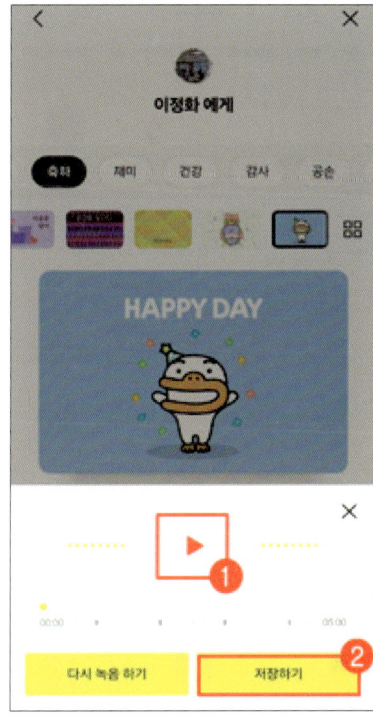

1 마이크 사용을 [허용]으로 선택합니다.
2 [녹음 버튼]을 터치하여 음성녹음을 합니다.
3 ① [플레이] 버튼으로 음성녹음 확인 후 ② [저장하기]를 터치합니다.

  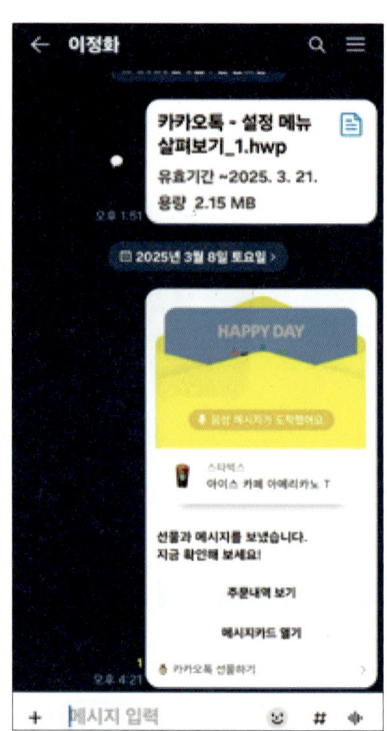

1 ① 음성 녹음이 추가된 것을 확인 할 수 있습니다. ② [결제하기]를 터치합니다. 카카오 페이와 연결되어 있으면 결제되며 다른 수단으로도 결제 가능합니다. 2 선물이 친구에게 발송된 내역을 확인할 수 있습니다. 3 선물과 메시지가 보내졌음을 친구의 채팅방에서 확인할 수 있습니다.

1 [선물하기]에서 [선물함]을 터치합니다.
2 [선물함]에서 [주문내역]을 확인할 수 있습니다.
3 주문내역은 최근 6개월간의 내역만 확인 가능합니다.

유튜브 앱 제대로 활용하기

유튜브 광고 차단

  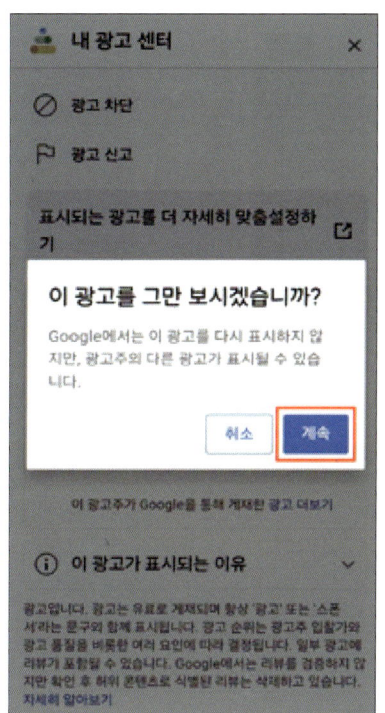

1️⃣ [스폰서]는 광고를 말합니다. 광고 제목 오른쪽 [점 3개]를 터치합니다. 2️⃣ 유사한 광고가 뜨지 않도록 [광고 차단]을 터치합니다. 3️⃣ [계속]을 터치해서 유사한 광고가 보이지 않도록 합니다. 광고 차단을 한다고 해서 광고가 아예 보이지 않는 것은 아닙니다.

 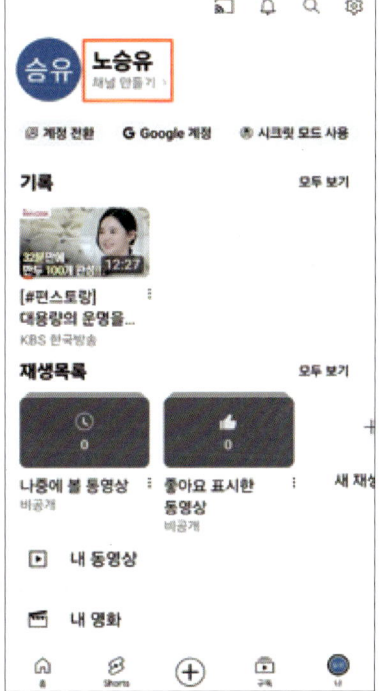 

1️⃣ ① 우측 하단의 [계정]을 터치합니다. 2️⃣ 유튜브 채널 생성을 위해 [채널 만들기]를 터치합니다. 3️⃣ ① 이미지 설정 ② 이름 변경 ③ 핸들 변경 후 ④ [채널 만들기]를 터치하면 채널이 생성됩니다.

시크릿 모드 사용하기

  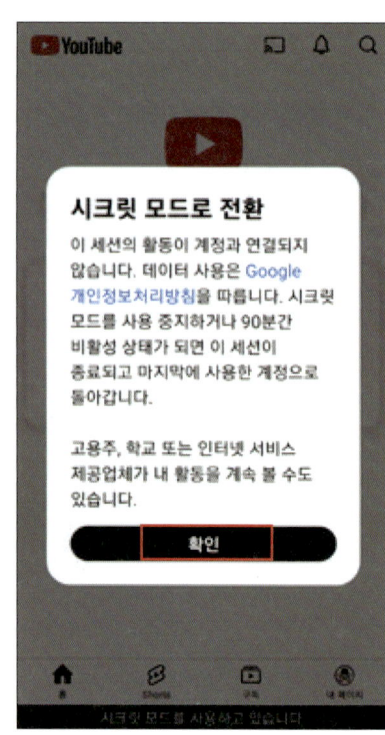

1 시크릿 모드는 검색 기록과 시청 기록이 남지 않는 기능입니다. 시크릿 모드 사용을 위해 우측 하단의 [계정]을 터치합니다. **2** [시크릿 모드 사용]을 터치합니다. **3** [확인]을 터치하면 시크릿 모드로 전환됩니다.

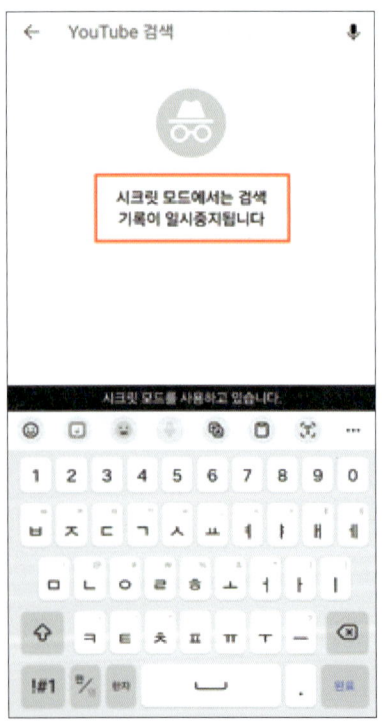 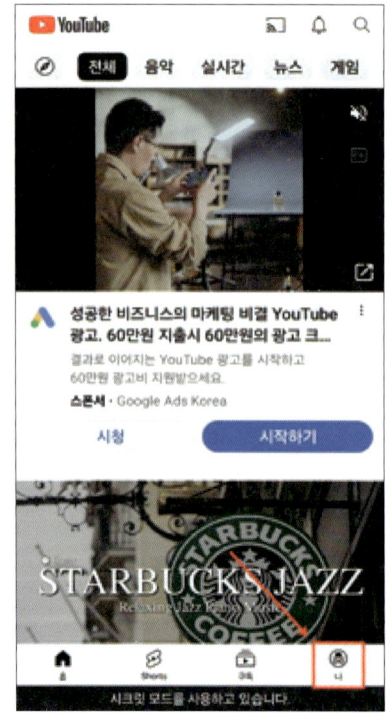 

1 [검색] 기록들이 일시중지 됩니다. **2** 다시 계정으로 로그인 하기 위해 하단의 [계정]을 터치합니다. **3** [시크릿 모드 사용 중지]를 터치합니다.

계정 전환과 유튜브 설정

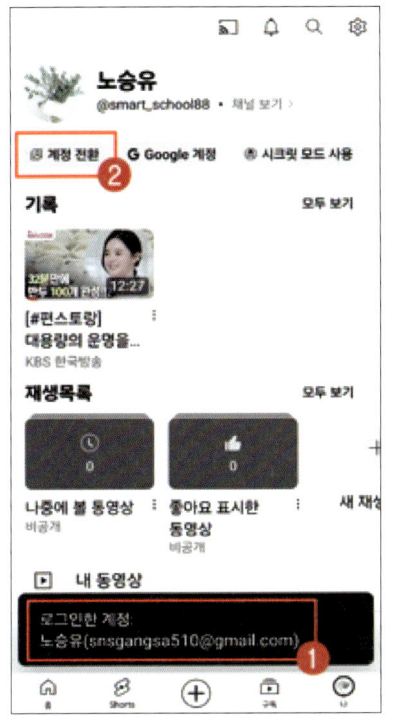
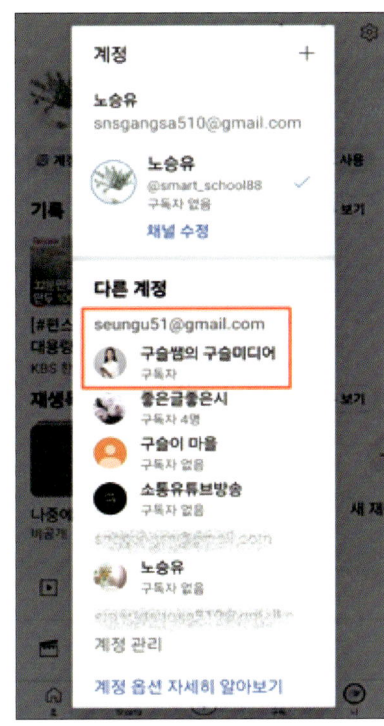

1 ① 마지막으로 사용했던 계정으로 [로그인] 됩니다. ② 여러 개의 계정을 가지고 있다면 계정을 전환해서 채널을 관리할 수 있습니다. [계정 전환]을 터치합니다. **2** 전환할 [계정]을 선택합니다. **3** 계정이 전환되고 내 채널의 상세 기록을 볼 수 있습니다. 아래에서 위쪽으로 드래그 합니다.

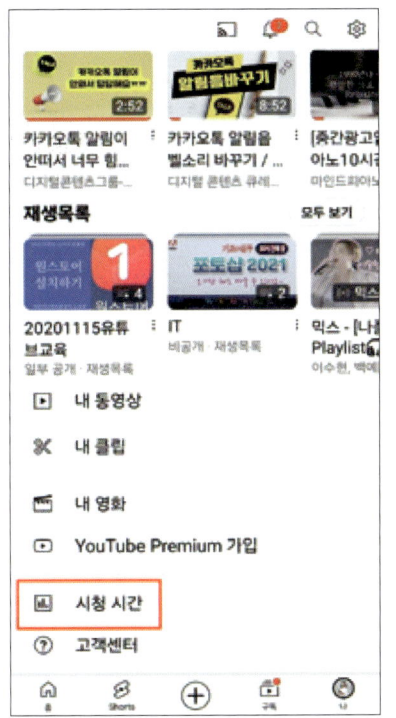

1 [시청 시간]을 터치합니다. **2** ① 일주일간의 시청 기록을 볼 수 있고 [설정]에서 시청 기록을 삭제할 수 있습니다. ② 알림을 설정할 수 있습니다. **3** 우측 상단의 [설정] 아이콘을 터치합니다.

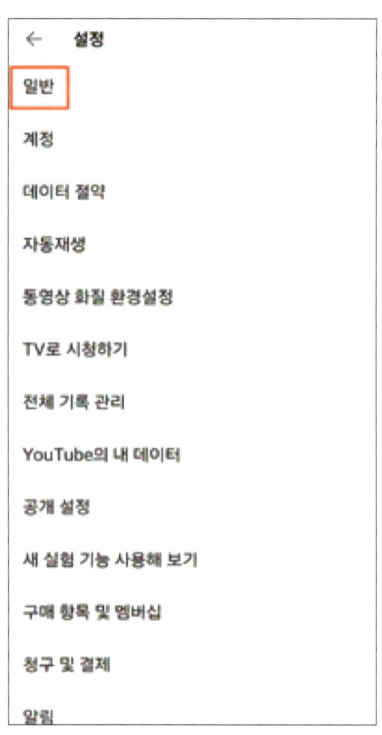  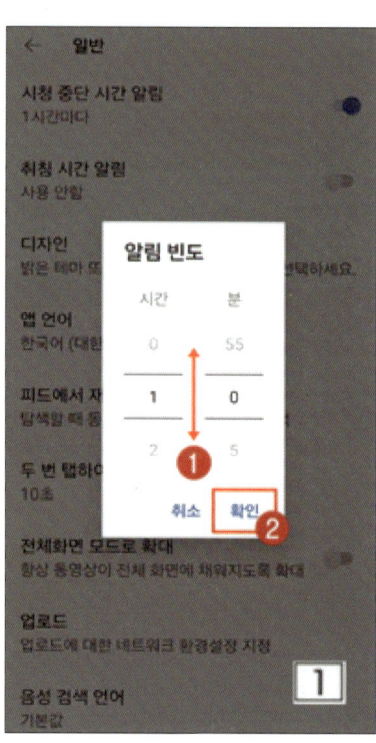

1 [일반]을 터치합니다. 2 [일반]의 다양한 설정을 다음 이미지에서 확인해 보겠습니다. 3 [시청 중단 시간 알림]을 터치하여 ① [알림 빈도]를 설정하고 ② [확인]을 터치합니다.

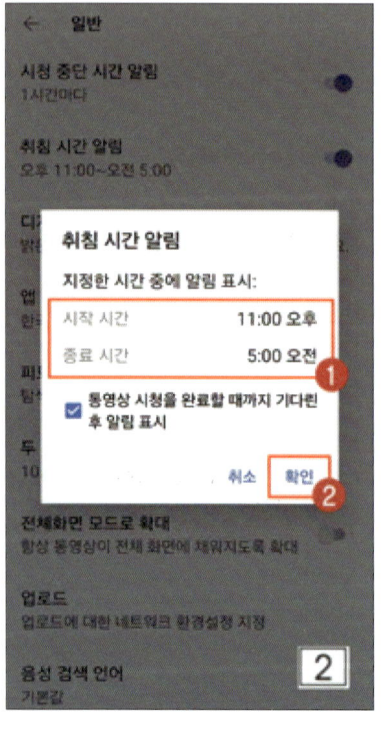 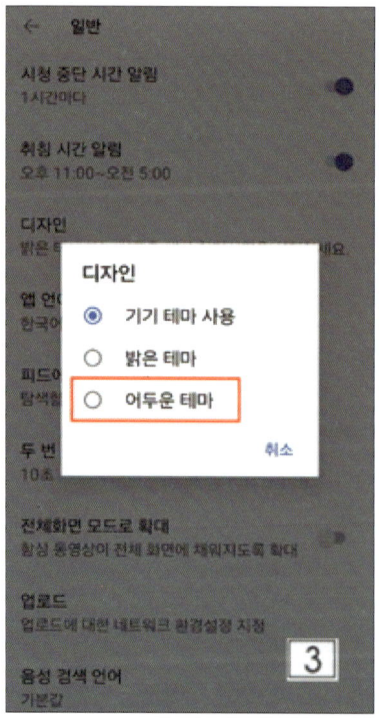 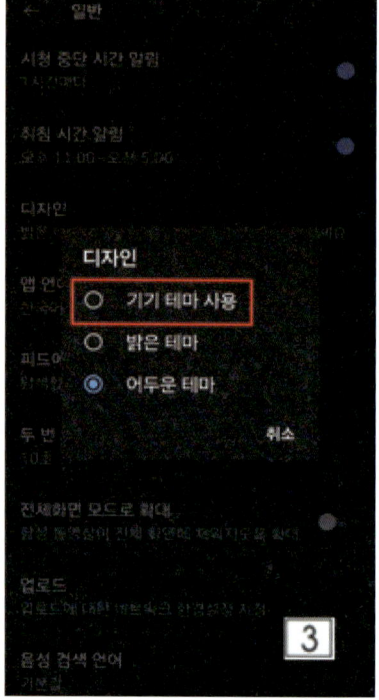

1 [취침 시간 알림]을 터치하여 [취침 시간]을 설정하고 [확인]을 터치합니다. 2 [디자인]을 터치하여 [어두운 테마]를 선택합니다. 3 어두운 테마가 적용 되었습니다. [기기 테마 사용]을 터치하면 내 기기에서 사용하고 있는 테마로 변경 됩니다.

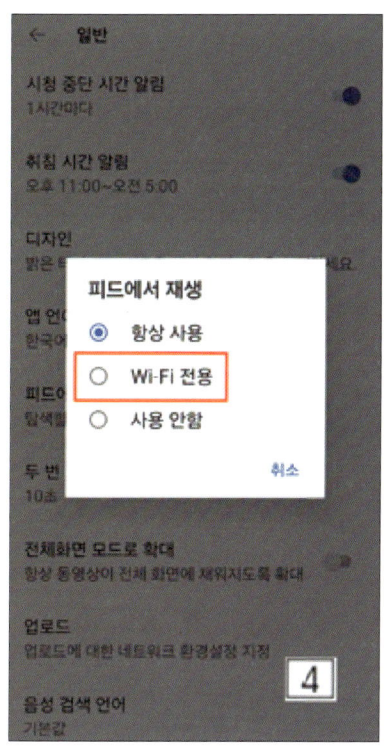 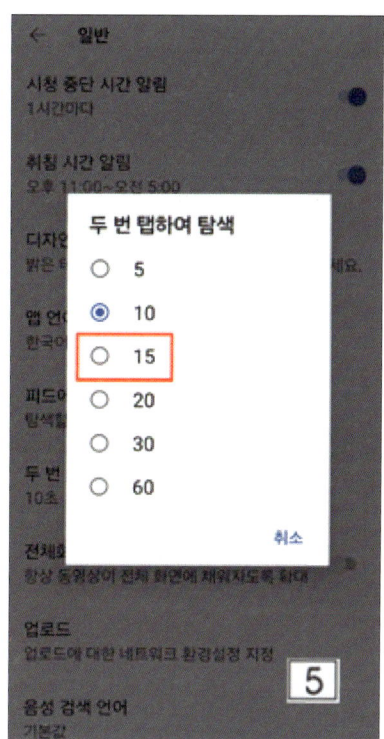 

■ [피드에서 재생]은 [Wi-Fi 전용]을 권장드립니다. ❷ [두 번 탭하여 탐색]을 터치하여 영상 탐색 시간을 [15초]로 설정해 보겠습니다. ❸ 유튜브 영상 왼쪽을 두 번 탭하면 영상이 15초 단위로 되돌아가고 오른쪽을 두 번 탭하면 15초 단위로 건너뛰어 재생됩니다.

  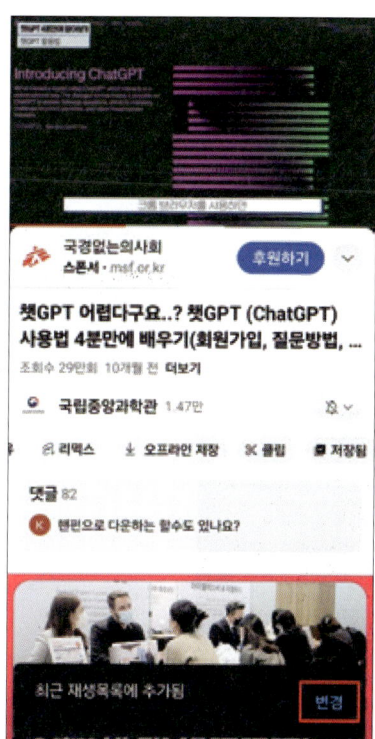

■ 재생된 영상 하단 메뉴에서 [구독]을 터치하면 구독이 완료 됩니다. ❷ 영상 하단 메뉴를 왼쪽으로 드래그하여 [저장]을 터치합니다. ❸ 재생목록 선택을 위해 [변경]을 터치합니다.

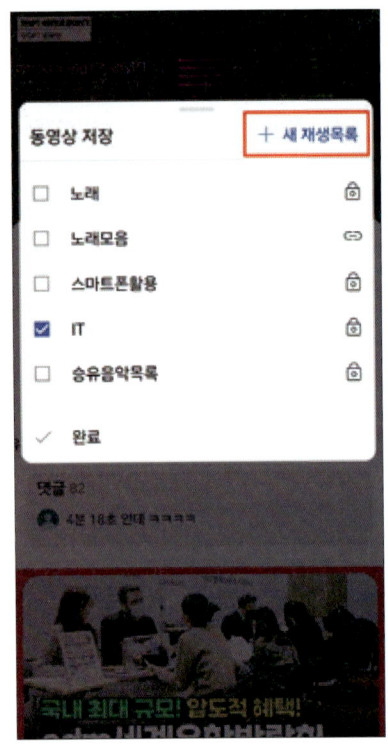 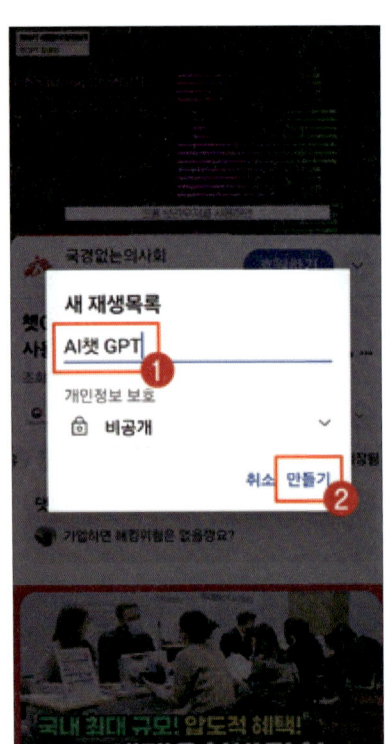 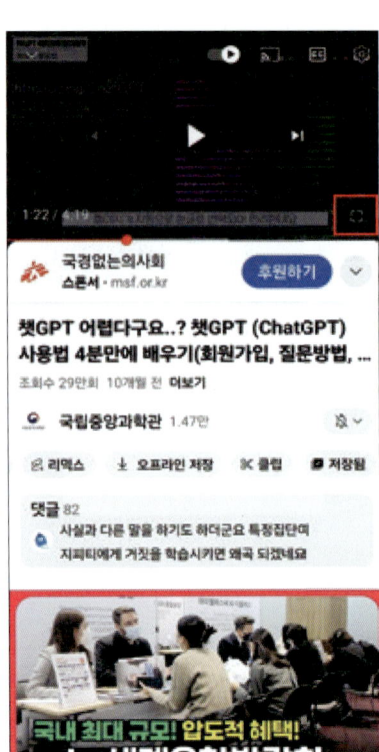

① [새 재생목록]을 터치합니다. ② ① 만들고 싶은 재생목록 이름을 입력한 후 ② [만들기]를 터치하면 새로 만든 재생목록에 영상이 저장됩니다. ③ 영상을 가로모드로 보기 위해 영상 하단 [확대] 아이콘을 터치합니다.

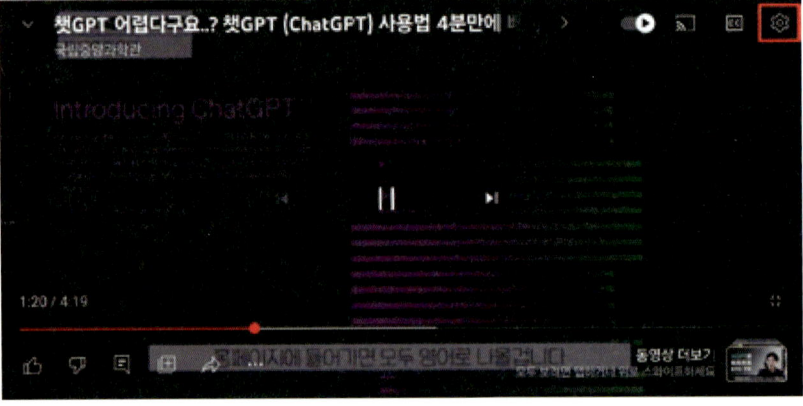

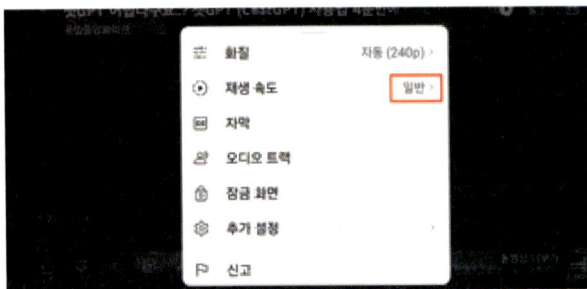 

① 영상을 살짝 터치하면 영상을 설정할 수 있는 메뉴들이 나타납니다. 우측 상단의 [설정] 아이콘을 터치합니다. ② 재생 속도 설정을 위해 [일반]을 터치합니다. ③ 영상을 [0.75] 배속으로 느리게 혹은 [1.25] 배속으로 빠르게 설정해서 영상을 시청할 수 있습니다.

광고 없이 유튜브 재생하기 (브레이브 브라우저)

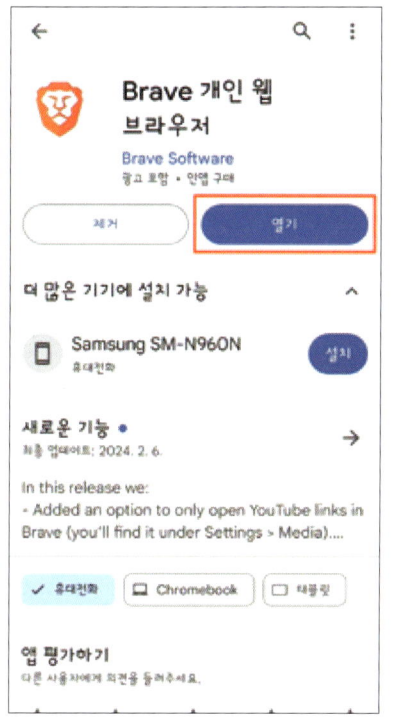  

1️⃣ [브레이브 브라우저] 앱을 통해 유튜브를 시청하면 광고 없이 영상을 볼 수 있습니다. 구글 플레이 스토어에서 [브레이브 브라우저] 앱을 설치한 후 [열기]를 터치합니다. 2️⃣ 알림 [허용]을 터치합니다. 3️⃣ 기본 브라우저로 설정하지 않아도 되니 [나중에]를 터치합니다.

 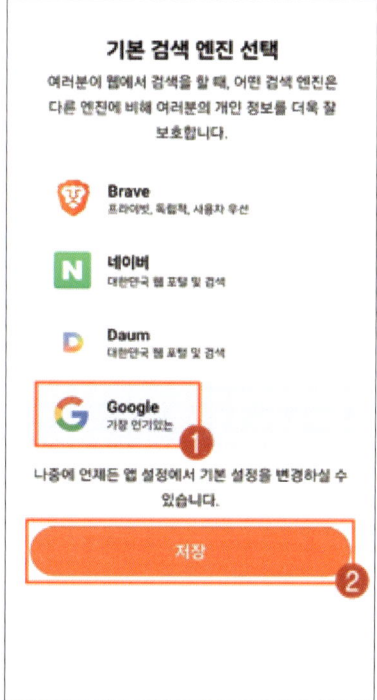 

1️⃣ 유튜브 검색을 위해 상단의 [검색] 창을 터치합니다. 2️⃣ ① 기본 검색은 [구글]로 설정합니다. ② [저장]을 터치합니다. 3️⃣ ① 검색창에 [유튜브]를 입력하고 ② [이동]을 터치합니다.

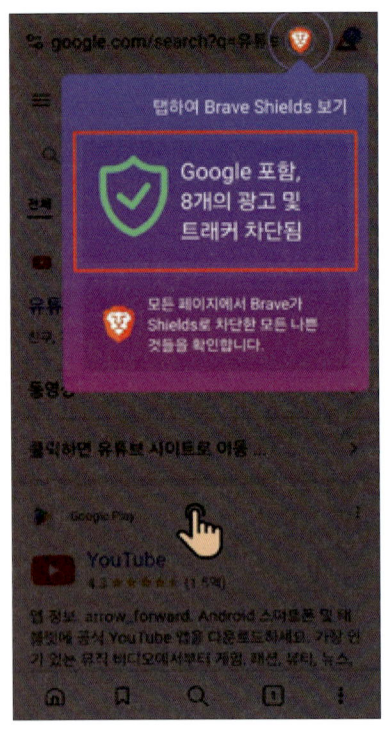 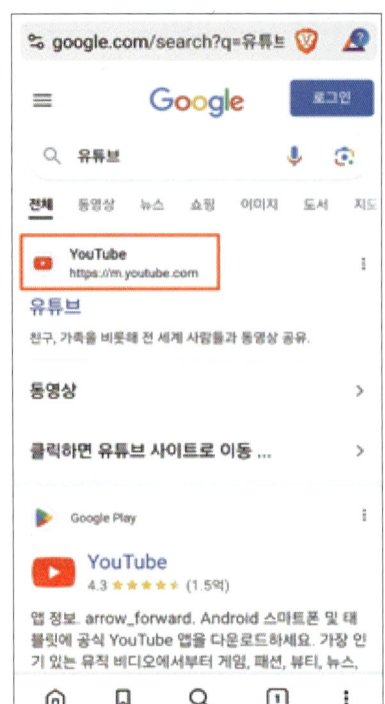 

① 구글에서 8개의 광고가 차단된 것을 확인할 수 있습니다. ② 검색된 [유튜브] 링크를 터치합니다. ② 브레이브 브라우저 [유튜브]에서 유튜브 계정 로그인을 하면 [유튜브 앱]과 연동해서 사용할 수 있습니다. 백그라운드 재생 설정을 위해 우측 하단 [점 3개]를 터치합니다.

  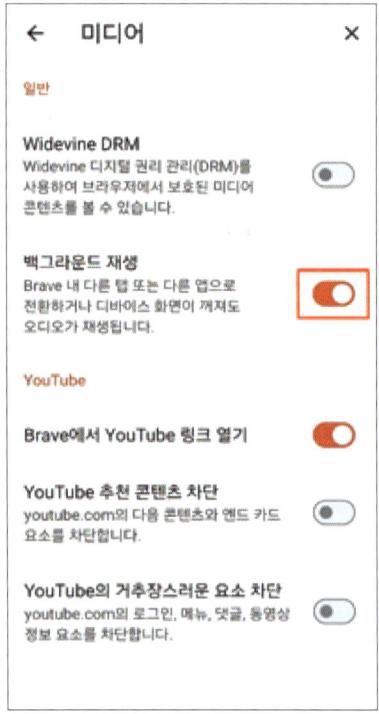

① [설정]을 터치합니다. ② [미디어]를 터치합니다. ③ 유튜브 앱은 유튜브를 닫으면 영상 재생이 멈춥니다. 그러나 브레이브 브라우저에서 [백그라운드 재생]을 활성화하면 브레이브 브라우저 앱을 닫더라도 유튜브 [음악]이나 [영상]이 계속 재생됩니다.

  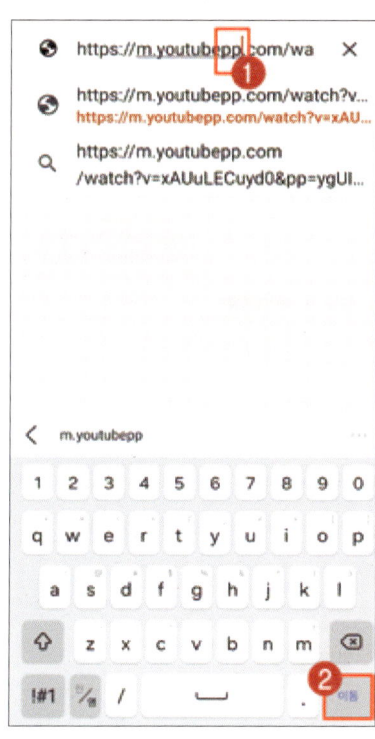

1️⃣ [브레이브 브라우저]에서는 영상을 무료로 다운로드 할 수 있습니다. [다운로드] 할 영상이나 제목을 터치합니다. 2️⃣ 화면 상단의 영상 [도메인 주소]에서 [youtube] 뒷 부분을 터치합니다. [youtube]와 [.] 사이입니다. 3️⃣ ① 영문자 [pp]를 입력합니다. ② [이동]을 터치합니다.

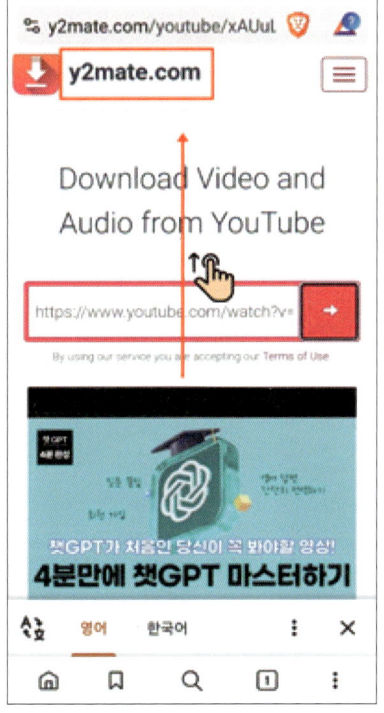 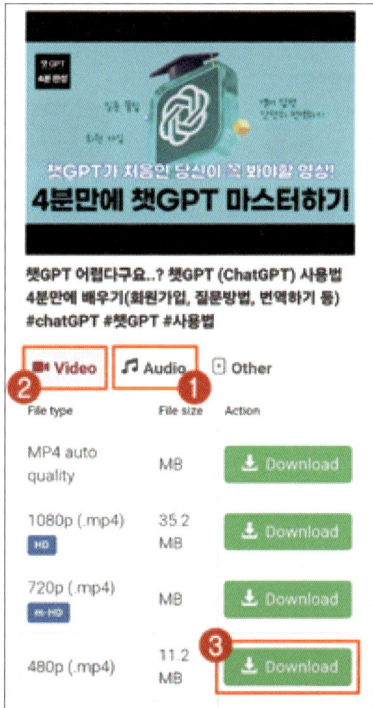 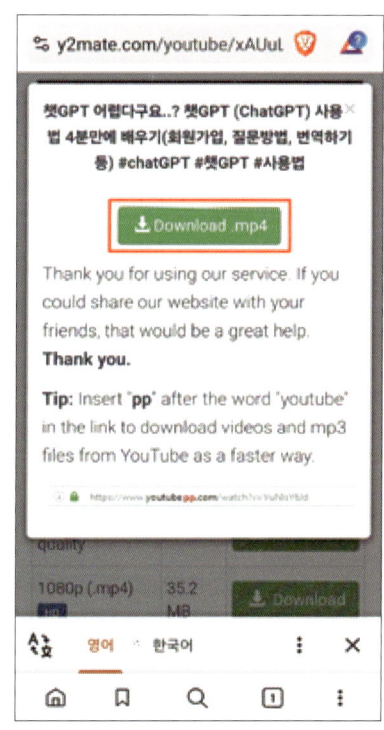

1️⃣ 무료로 영상을 다운로드 할 수 있는 [y2mate.com] 사이트가 활성화 됩니다. 2️⃣ ① [Audio]를 터치하면 음원을 다운로드 할 수 있습니다. ② [Video]에서는 영상을 다운로드 할 수 있습니다. ③ 용량이 크지 않은 파일을 선택하여 영상 [Download]를 터치합니다. 3️⃣ 선택한 영상 컨버팅이 완료되면 다시한번 [Download.mp4]를 터치합니다. 다운로드 된 영상은 갤러리에 저장됩니다.

네이버 앱 제대로 활용하기

 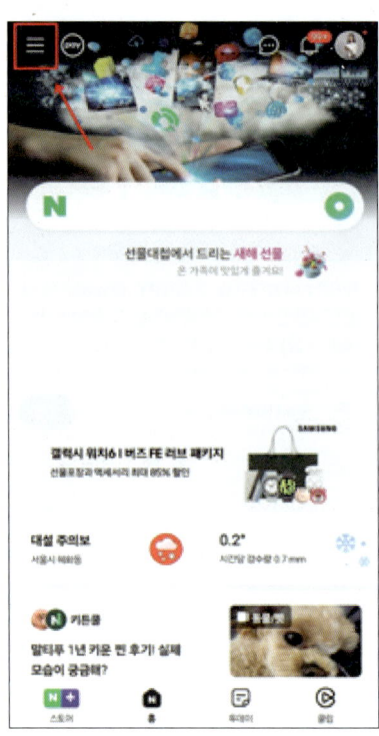 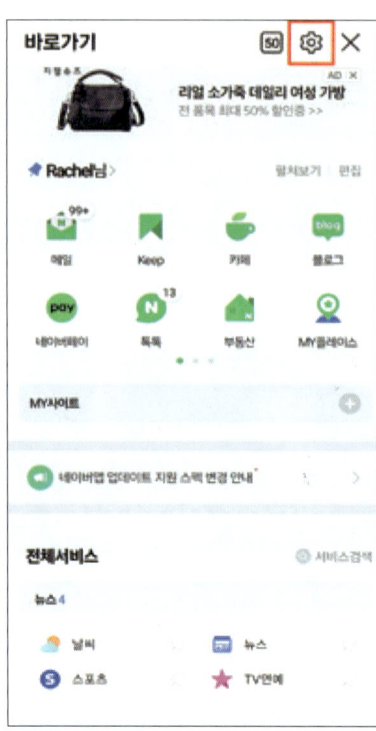

1 구글 플레이 스토어에서 [네이버] 앱을 설치한 후 [열기]를 터치합니다. **2** 왼쪽 상단의 [더보기 ☰]을 터치합니다. **3** 우측 상단의 [설정]을 터치합니다.

 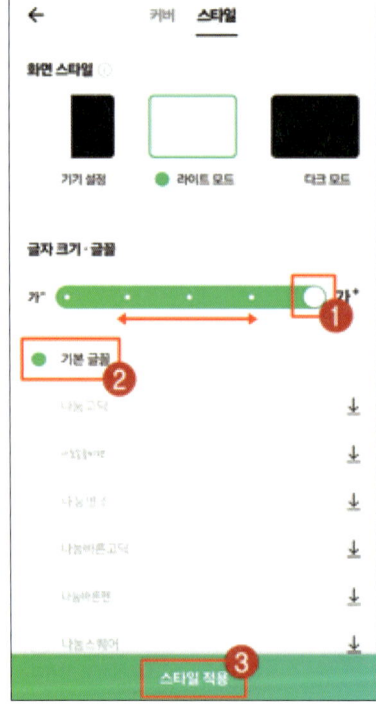 

1 ① 네이버 화면의 스타일과 폰트를 설정합니다. ② 네이버 홈커버를 꾸밀 수 있습니다. **2** ① 좌우로 밀며 글자의 크기를 설정합니다. ② 글꼴을 설정합니다. ③ [스타일 적용]을 터치합니다. **3** ① [커버]를 터치합니다. ② 홈커버 이미지를 선택합니다. ③ [홈커버 적용]을 터치하면 완료됩니다.

1 ① 쇼핑 검색을 할 수 있습니다. ② 뉴스 및 다양한 콘텐츠를 확인합니다. ③ 숏폼 영상을 볼 수 있습니다. **2** ① [스토어] 탭에서 쇼핑 목록을 확인하고 주문 상태를 확인할 수 있습니다. **3** [투데이] 탭에서 영상을 보면서 우측 상단 [검색] 아이콘으로 쇼핑 검색이나 예약 검색을 할 수 있습니다.

1 ① [투데이]를 터치합니다. ② [구독 설정] 혹은 [구독중]을 터치합니다.
2 ① 하단의 구독할 매체를 터치하면 언론사 구독이 추가됩니다. ② [저장]을 터치합니다.
3 ① 네이버 검색창에 [인공지능]을 입력하고 검색 아이콘을 터치합니다. ② 하단의 검색된 기사를 터치합니다.

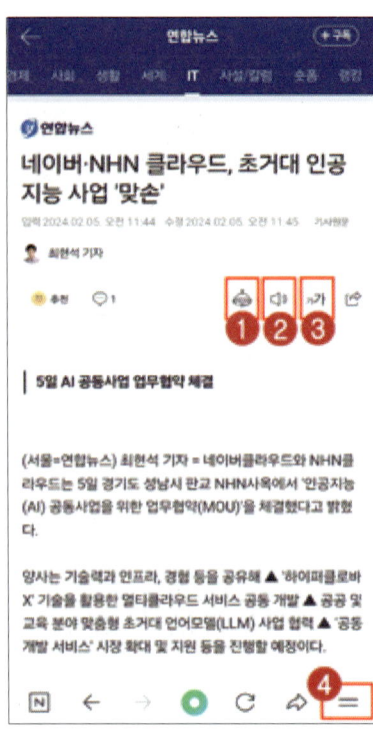 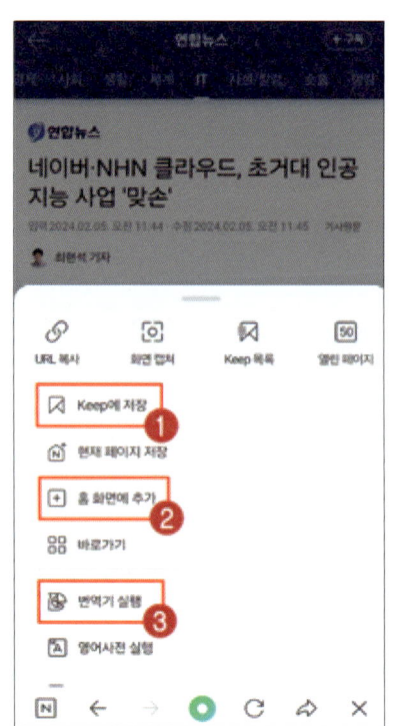 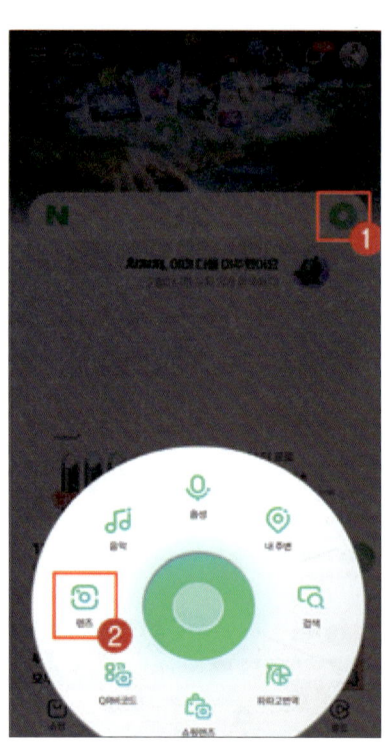

1 ① [요약봇]을 터치하면 기사를 간략하게 요약해 줍니다. ② [본문듣기]를 터치하면 기사를 음성으로 들을 수 있습니다. ③ 글자 크기를 조절할 수 있습니다. ④ [더보기]를 터치합니다. **2** ① keep에 저장 ② 홈에 바로가기 추가 ③ 번역기를 실행할 수 있습니다. **3** ① 초록색 [그린닷]을 터치합니다. ② 이미지 검색을 위해 [렌즈]를 터치합니다.

1 ① [스마트렌즈]를 선택하거나 ② [쇼핑렌즈]를 선택하고 ③ [셔터] 버튼을 터치해서 촬영을 합니다. **2** [스마트렌즈]는 쇼핑 이외에도 네이버 카페나 블로그 등의 정보를 검색합니다.
3 [쇼핑렌즈]는 쇼핑에 최적화된 검색 결과를 확인할 수 있습니다.

네이버 MYBOX 앱 제대로 활용하기

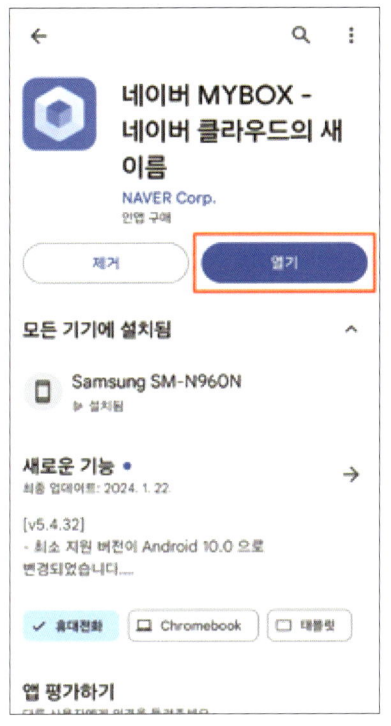 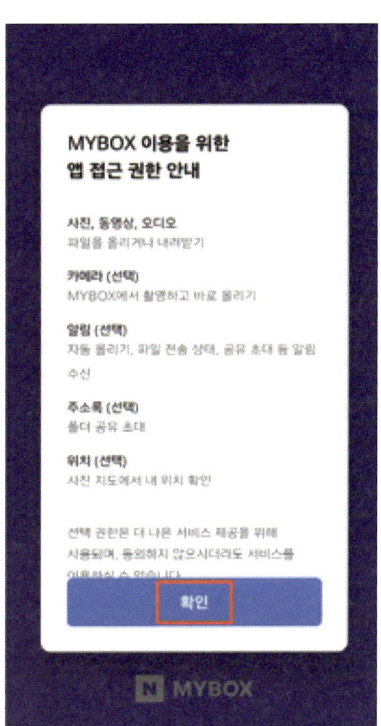 

1️⃣ 구글 플레이 스토어에서 [네이버 MYBOX] 앱을 설치한 후 [열기]를 터치합니다.
2️⃣ [확인]을 터치합니다. 3️⃣ ① 갤러리에 있는 사진을 자동으로 마이박스에 올리는 [자동 올리기] 사용 여부를 선택합니다. ② [확인]을 터치합니다.

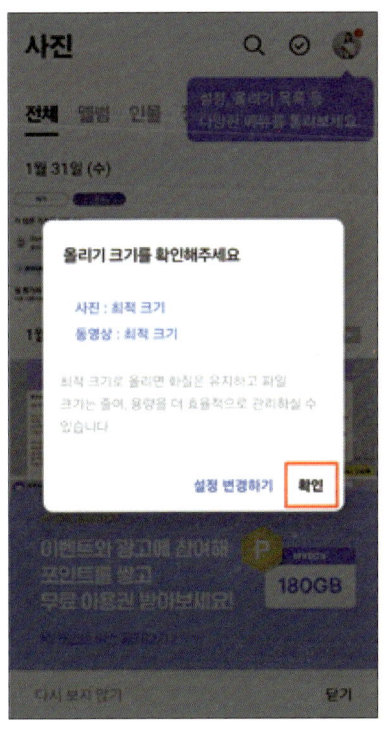  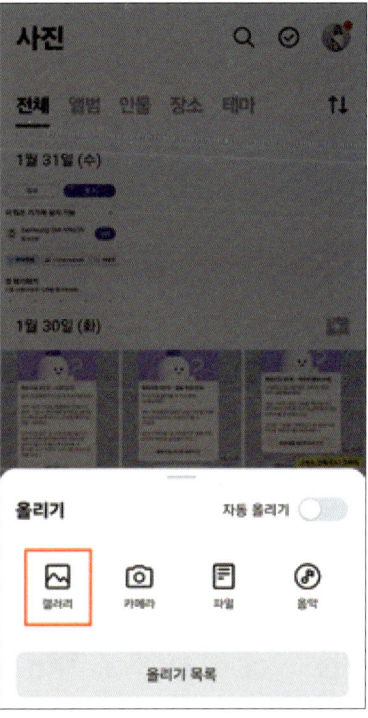

1️⃣ [확인]을 터치합니다. 2️⃣ 마이박스에 업로드 하기 위해 우측 하단의 [+]를 터치합니다.
3️⃣ 촬영해 놓은 갤러리 사진 업로드를 위해 [갤러리]를 터치합니다.

 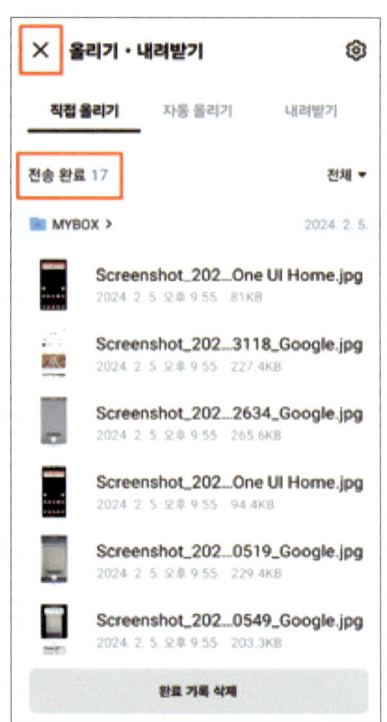 

1 ① 업로드 할 이미지를 지그시 누르는 [롱탭]으로 이미지를 선택합니다. [올리기]를 터치합니다.
2 전송이 완료되었습니다. 좌측 상단의 [x]를 터치합니다.
3 [사진] 탭을 터치해서 업로드 된 이미지를 확인합니다.

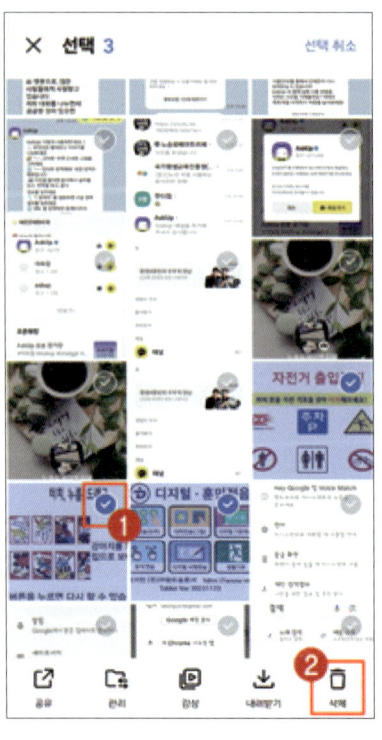 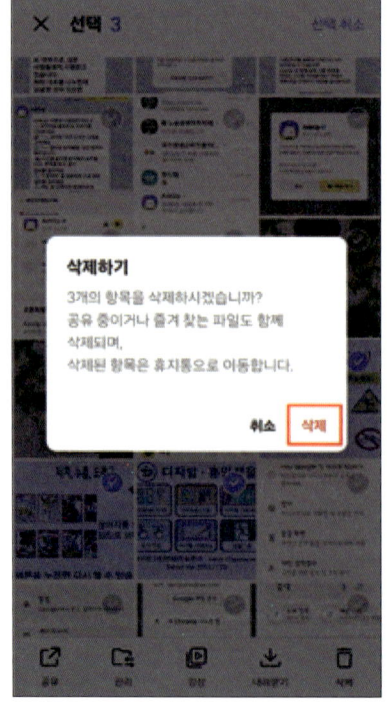 

1 ① 마이박스에 업로드된 이미지를 삭제해 보겠습니다. ① 삭제할 이미지를 지그시 누르는 [롱탭]으로 이미지를 선택합니다. ② 우측 하단의 [삭제]를 터치합니다. 2 [삭제]을 터치합니다.
3 선택한 이미지가 삭제되었습니다. 삭제된 이미지는 [휴지통]에서 확인할 수 있습니다.

멋진 카드뉴스 만들기 (글그램)

[글그램] 앱(App)의 활용

[특징]

- 글그램은 사진에 글쓰기 어플로서 감성글, 사랑글, 안부인사, 응원글, 썸네일등 다양한 사진글귀를 만드는 최적화된 어플입니다.
- 글그램 앱(App)은 자신의 마음을 담은 카드뉴스를 만들 수 있습니다.
- 카드뉴스는 모바일의 가독성을 높이기 위해 이미지 위에 텍스트를 첨부하는 뉴스포맷입니다.

[장점]

- 글쓰기에 어울리는 83가지 카테고리의 배경을 제공합니다.
- 글쓰기에 어울리는 다양한 무료 한글 글꼴을 제공합니다.
- 카드뉴스에 다양한 스타일의 날짜 입력기능을 제공합니다.

[사용자별 앱 활용]

- 비즈니스맨 : 회사 소개, 행사 및 제품 관련 정보를 가독성이 높은 카드뉴스로 만들어 홍보할 수 있습니다.
- 일반인 : 감성글, 사랑글, 안부 인사 등 다양한 사진 테마를 활용하여 카드뉴스를 만들어 주변인들과 감성 소통을 할 수 있습니다.
- 가족 및 친지 : 감성과 사랑을 담아 마음을 전하거나, 마주 보며 하기 어려운 대화나 감정의 표현을 카드뉴스에 담아 표현 할 수 있어 상호 간의 소통이 원활해지고 친밀감이 돈독해집니다.

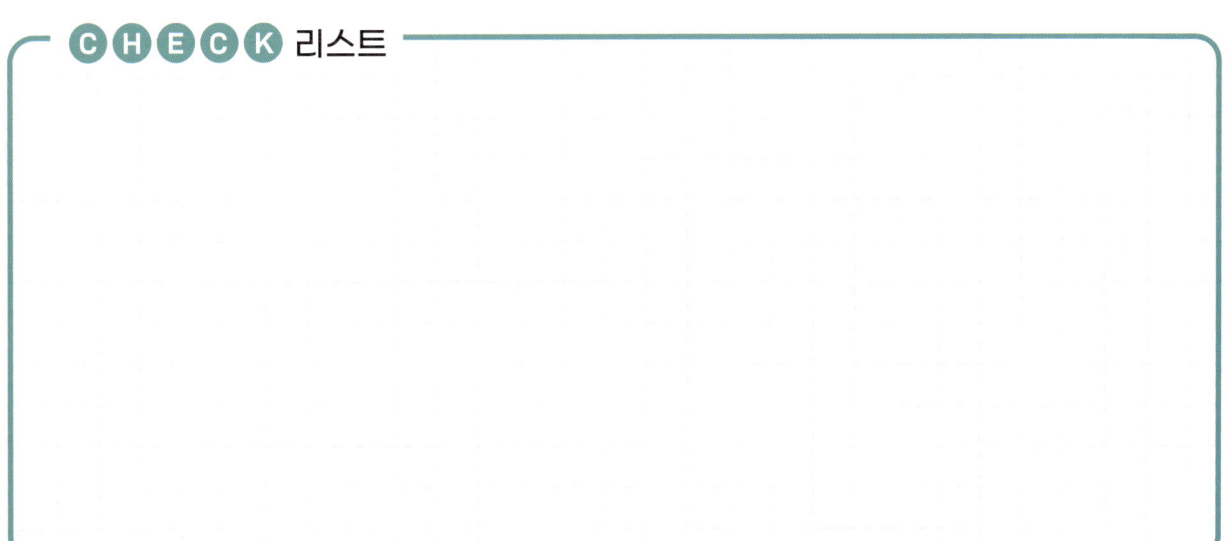

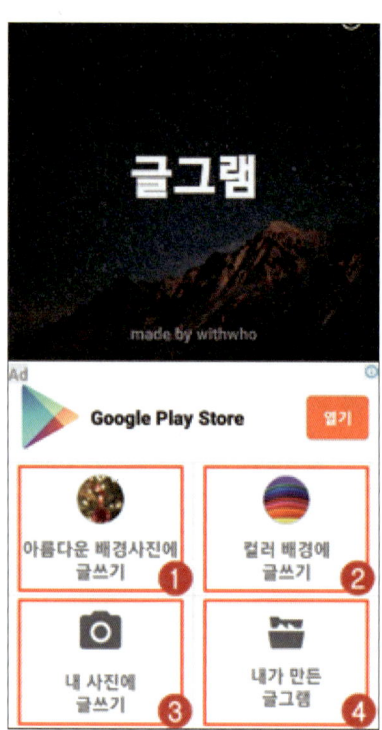

1 ①Play 스토어에서 ①[글그램]을 검색합니다. 설치 후 ②[열기]를 터치합니다.
2 [허용]을 터치합니다. **3** ① 저작권 없는 무료 이미지를 활용하여 글쓰기를 할 수 있습니다. ② 단색 이미지에 강조하는 글쓰기를 할 수 있습니다. ③ 사용자가 직접 촬영한 사진에 글쓰기를 할 수 있습니다. ④ 사용자가 만든 작품을 모두 관리할 수 있습니다.

글그램 홈 화면에서 [아름다운 배경 사진에 글쓰기]를 터치하여 진행하겠습니다.
1 ① 글그램에서 추천하는 이미지를 찾아 활용할 수 있습니다. ② 사용자가 전에 사용한 이미지를 모아 볼 수 있습니다. ③ 테마별 다양한 이미지를 찾아볼 수 있습니다. **2** 사용자가 원하는 배경 이미지를 선택합니다. **3** 배경 이미지의 사이즈를 선택할 수 있습니다. 사용자가 원하는 사이즈로 편집할 수 있는 [사용자 지정]을 선택합니다.

1️⃣ ① 배경 이미지를 자유롭게 자르거나, 회전, 확대할 수 있습니다. ② [V]를 터치합니다.
2️⃣ [터치하여 글자를 입력하세요]를 터치합니다. 3️⃣ ① 글을 입력합니다. ② [V]를 터치합니다.

1️⃣ 하단 메뉴에서 [스타일]을 터치합니다. 2️⃣ ① 글 배경에 [Blur] 효과 적용 여부와 색상을 선택 후 ② [전체보기]를 터치하여 다양한 스타일을 선택할 수 있습니다. ③ 다음 메뉴를 보기 위해 [X]를 터치합니다. 3️⃣ 메뉴에서 [글꼴]을 터치합니다.

1 ① 글씨의 크기를 조절할 수 있습니다. ② [전체보기]를 터치하여 다양한 글꼴을 다운로드 받아 사용할 수 있습니다. ③ 다음 메뉴로 진행하기 위해 [X]를 터치합니다.

2 메뉴에서 [글자 색]을 터치합니다. **3** ① 글의 정렬을 선택할 수 있습니다. ② [전체보기]를 터치하여 원하는 글씨 색을 선택할 수 있습니다. ③ 다음 메뉴를 보기 위해 [X]를 터치합니다.

1 메뉴에서 [글 효과]를 터치합니다. **2** ① 글의 그림자 효과를 적용할 수 있습니다. ② 다음 효과를 적용하기 위해 [>]를 터치합니다. **3** ① 글의 투명도 및 회전 효과를 적용할 수 있습니다. ② 다음 효과를 적용하기 위해 [>]를 터치합니다.

  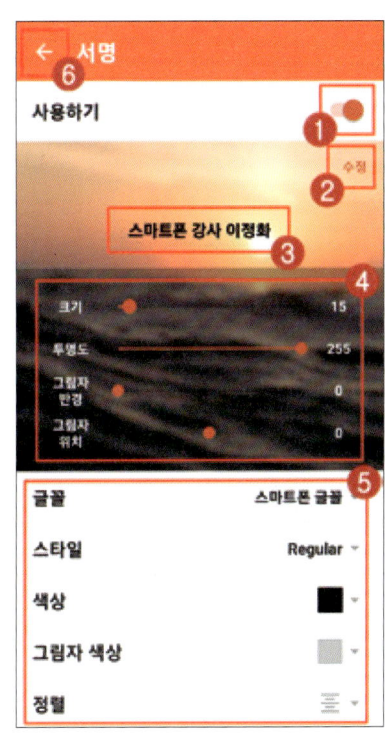

1️⃣ ① 글의 줄 간격 및 글자 간격을 조절할 수 있습니다. ② 다음 메뉴를 보기 위해 [X]를 터치합니다.
2️⃣ 메뉴에서 [서명]을 터치합니다. 3️⃣ ① 서명의 사용 여부를 선택할 수 있습니다. ② [수정]을 터치하여 서명 글을 수정할 수 있습니다. ③ 현재 사용할 서명 글을 입력합니다. ④ 서명 글의 크기, 투명도, 그림자반경 및 위치를 설정할 수 있으며 ⑤ 서명 글의 글꼴, 스타일, 색상, 정렬 등을 설정할 수 있습니다. ⑥ [←]를 터치하여 다음으로 진행합니다.

 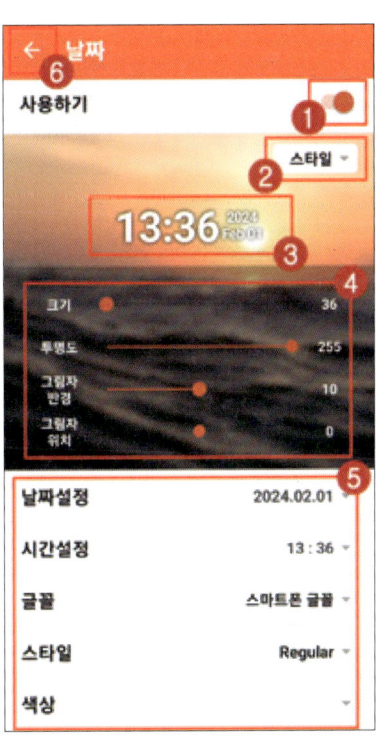 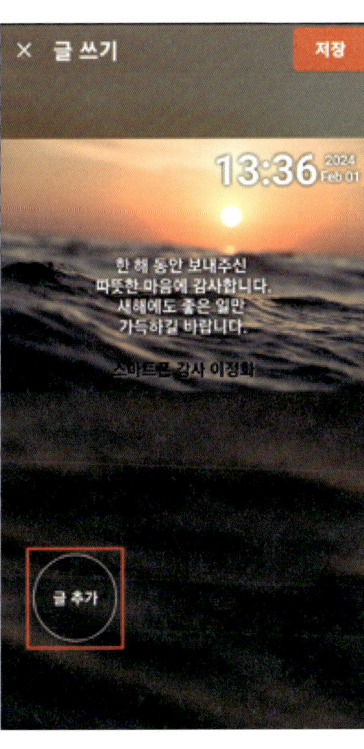

1️⃣ 메뉴에서 [날짜]를 터치합니다. 2️⃣ ① 날짜의 사용 여부를 선택할 수 있습니다. ② [스타일]을 터치하여 날짜의 스타일을 선택할 수 있습니다. ③ 사용자가 선택한 날짜가 보입니다. ④ 날짜의 크기, 투명도, 그림자반경 및 위치를 설정할 수 있으며 ⑤ 날짜의 설정, 시간설정, 글꼴, 스타일, 색상 등을 설정할 수 있습니다. ⑥ [←]를 터치하여 다음으로 진행합니다. 3️⃣ 메뉴에서 [글추가]를 터치합니다.

 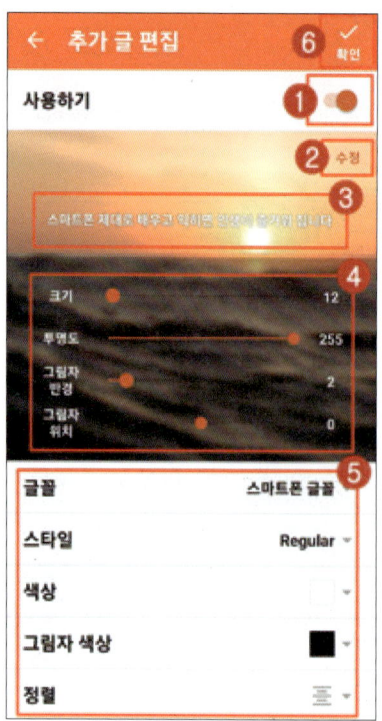 

1 [추가] 버튼을 터치합니다. **2** ① 추가 글의 사용 여부를 선택할 수 있습니다. ② [수정]을 터치하여 추가 글을 수정할 수 있습니다. ③ 현재 사용할 추가 글을 입력합니다. ④ 추가 글의 크기, 투명도, 그림자반경 및 위치를 설정할 수 있으며 ⑤ 추가 글의 글꼴, 스타일, 색상, 그림자 색상, 정렬 등을 설정할 수 있습니다. ⑥ [확인]를 터치한 후 **3** [저장]을 터치하여 글 편집을 마무리합니다.

 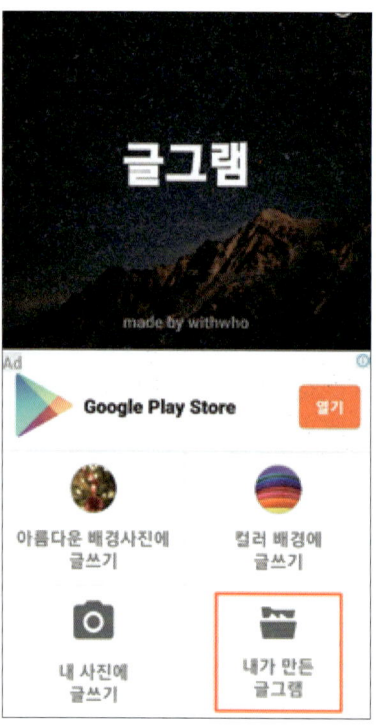 

앞서 저장은 글그램 앱에 저장되었습니다. **1** ① 사용자 기기에 저장하고자 한다면 다시 한번 [저장]을 터치합니다. ② [공유]를 터치하여 다른 사이트로 공유할 수 있습니다. **2** [내가 만든 글그램]에서 내 작품을 관리할 수 있습니다. **3** ① 내가 만든 글그램에서도 ① 삭제 ② 편집 ③ 공유 ④ 저장할 수 있습니다.

글씨팡팡 (GIF를 이용한 카드뉴스 만들기 앱 활용하기)

글씨팡팡 - 앱(App)은 자신의 마음을 담을 수 있는 다양한 카드뉴스를 만들 수 있습니다.

[글씨팡팡] 앱(App)의 장점
- 글쓰기에 적용 할 수 있는 재미있고 다양한 효과를 제공합니다.
- 동영상에 글을 쓸 수 있는 기능을 제공합니다.
- 다양한 폰트를 추가할 수가 있습니다.

[글씨팡팡] 앱(App) 활용
- **비즈니스맨** : 회사소개, 행사 및 제품 관련 정보를 가독성이 높은 카드뉴스로 만들어 홍보 할 수 있습니다.
- **일반인** : 감성 글, 사랑 글, 안부 인사 등 다양한 사진 테마를 활용하여 GIF를 이용한 카드뉴스를 만들어 주변인들과 감성 소통을 할 수 있습니다.
- 감성과 사랑을 담아 마음을 전하거나, 마주 보며 하기 어려운 대화나 감정의 표현을 카드뉴스에 담아 표현 할 수 있어 상호 간의 소통이 원활해지고 친밀감이 돈독해집니다.

CHECK 리스트

1 Play 스토어에서 ① [글씨팡팡]을 검색합니다. 설치 후 ② [열기]를 터치합니다. **2** ① 단색 이미지로 움직이는 글 카드를 만들 수 있습니다. ② 동영상에 움직이는 글을 넣을 수 있습니다. ③ 도움말을 참고할 수 있습니다. ④ 사용자 갤러리에 저장된 이미지 및 저작권 없는 이미지를 활용할 수 있습니다. [사진에 글쓰기]를 터치하여 진행합니다. **3** [허용]을 터치합니다.

 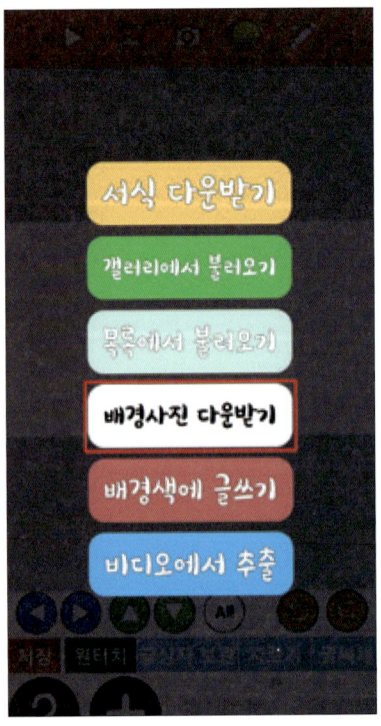 

1 [새 작업]을 터치하여 진행합니다. **2** 글씨팡팡에서 지원하는 [배경사진 다운받기]를 터치합니다. **3** ① 이미지를 키워드로 직접 검색할 수 있습니다. (검색은 영어만 가능합니다.) ② 하단 이미지 폴더에서 꽃을 선택하여 폴더 안 다양한 꽃 중에 하나의 이미지를 선택합니다.

1 ① 애니 효과 확인 여부 ② 이미지를 교체 가능 ③ 직접 촬영한 이미지 사용 ④ 무료 이모티콘 사용 ⑤ 글 입력 아이콘 **2** ① 글 입력 아이콘 터치 후 ② 글의 정렬을 선택합니다. ③ 글 내용을 입력합니다. ④ 글 입력과 동시에 [글 상자]가 만들어집니다. **3** 글 상자를 ① 삭제 ② 회전 ③ 글씨 편집 ④ 글 상자의 크기를 조절할 수 있습니다.

1 ① 편집 시 전 단계로 이동합니다. ② 편집 단계를 되돌리게 합니다. 글씨체 변경을 위해 하단 메뉴바를 좌우로 드래그하여 ③ [글씨체]를 터치합니다. ④ 원하는 글씨체를 선택 후 저작권을 터치하여 사용 범위를 확인할 수 있습니다. **2** 글씨 색 변경을 위해 [글씨색]을 터치 후 ② 원하는 색상을 선택합니다. **3** 배경은 글 상자 배경을 의미합니다. ① 배경을 터치 후 ② 하위 메뉴에서 색상을 선택하고 ③ 배경색의 농도를 조절할 수 있습니다.

1 ① 글 상자 배경색을 제거하고 싶다면 ② [투명]을 터치합니다. **2** 글 상자에 효과를 넣어보기 위해 ① [효과]를 터치하고 ② 하위 메뉴를 좌우로 드래그하여 원하는 글씨 효과를 선택합니다. ③ 글 상자의 배경 효과를 선택할 수 있습니다. **3** 글씨에 애니메이션 효과를 주기 위해 ① [애니]를 터치한 후 ② 애니메이션 효과를 선택합니다. ③ 효과의 빠르기를 조절할 수 있습니다. ④ 완성된 작품을 [저장] 합니다.

앞서 저장은 글씨팡팡에 저장된 것으로 내 기기로 저장하고 싶다면 ① [사진 사이즈]를 선택 후 ② 한 번 더 [저장]을 터치하여 완료합니다. ③ 하단 메뉴를 좌측으로 드래그하여 다른 사이트로 공유할 수 있습니다.

스마트폰에서 음악 및 동영상 다운받기

▶ 스텔라 브라우저

[스텔라 브라우저앱 소개]

- 스텔라브우저는 [원스토어]에서 다운받을 수 있습니다.
- 스텔라브라우저는 다른추가설치 없이 한곳에서 [유트브, 페이스북, 네이버, 데일리모션, 인스타그램, 텀블러, V라이브, 비메오]에서 무료음악과 동영상을 다운받을 수 있습니다.
- 초고속 다운로드로 소중한 시간과 데이터 요금을 절약해드립니다.
- 스텔라브라우저는 어떠한 악성코드와 바이러스로부터 안전하며, 민감한 사용자 권한 과 정보를 요구하지 않습니다.

[스마트폰에 원스토어 앱이 보이지 않을 때 다운로드 방법]

- 스마트폰 [설정] → [어플리케이션] → [원스토어] → [사용안함]을 → [설치됨]으로 변경하세요.
- 네이버 검색창에 [스텔라브라우저] 검색후 설치 가능합니다.
- 구글에서 [스텔라브라우저] 검색 → [up to down]클릭 → [최신버전]클릭 → [다운로드] 하시면 설치가능 합니다.
- 위에 QR코드 스캔하시면 바로 [스텔라브라우저] 쉽게 다운로드 할 수 있습니다.

┌─ CHECK 리스트 ─────────────────────┐
│   │
│   │
│   │
│   │
│   │
└────────────────────────────────────┘

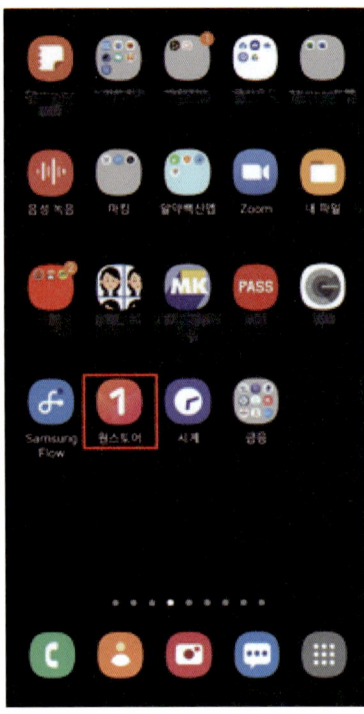  

1. 홈화면 또는 앱스화면에서 [원스토어]를 터치합니다.
2. [원스토어] 아래 하단에 [돋보기]를 터치하여 [스텔라브라우저]를 입력합니다.
3. 노란색 별표모양 의 스텔라브라우저 [다운로드]를 합니다.

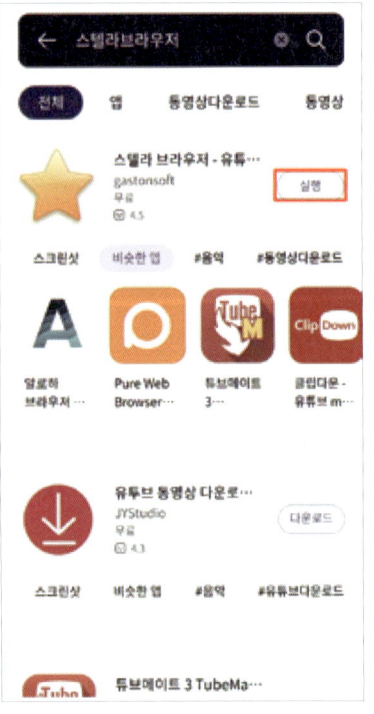 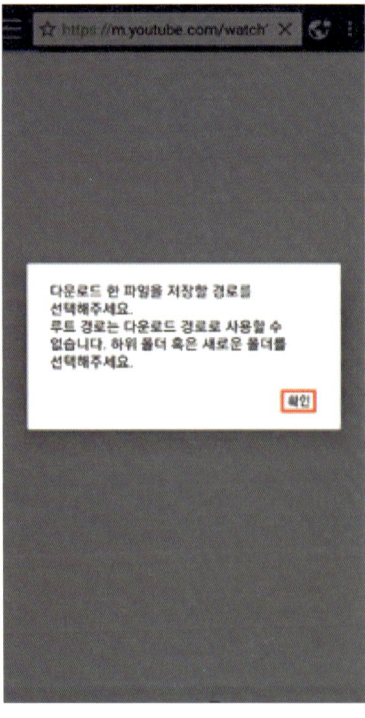 

1. 다운로드된 스텔라브라우저 [실행]을 터치합니다. 2. 다운로드 한 파일을 저장할 폴더를 선택할 수 있는 [확인] 터치합니다. 원하는 폴더 선택후 [이 폴더 사용]터치합니다.
3. 스텔라 다운로드 파일에 저장후 엑세스 하도록 [허용]을 터치합니다

※ **스마트폰 기종에 따라 화면이 다르게 보일 수 있습니다.**

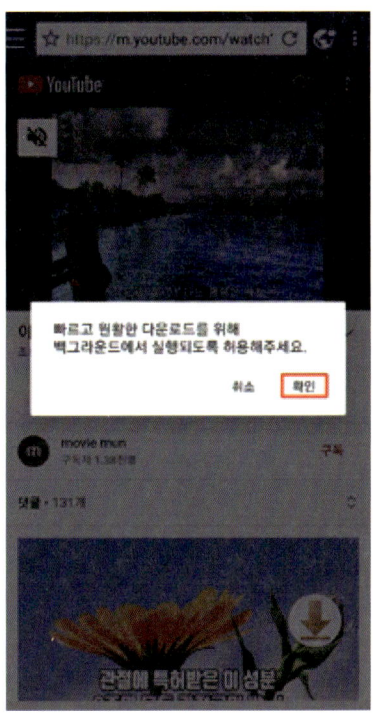 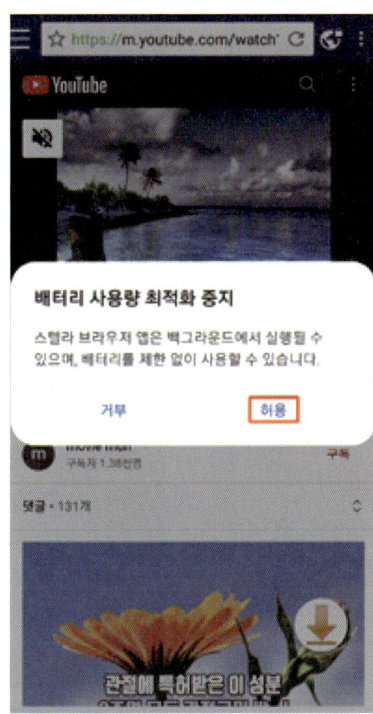 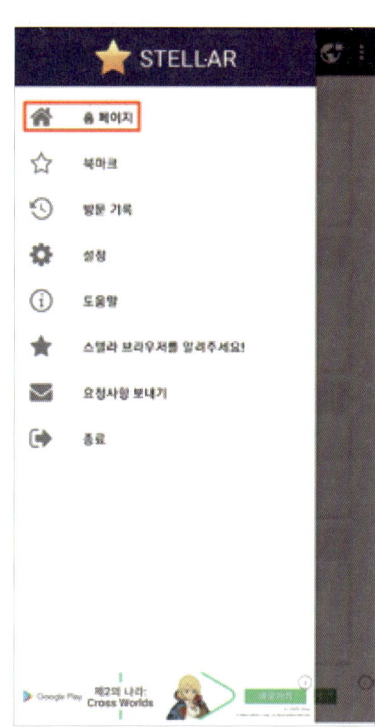

1️⃣ 빠르고 원할한 다운로드를 위해 [확인]을 터치합니다.
2️⃣ 배터리 사용량 최적화 중지를 위해 [허용]을 터치합니다.
3️⃣ 스텔라브라우저 화면입니다. [홈페이지]를 터치합니다.

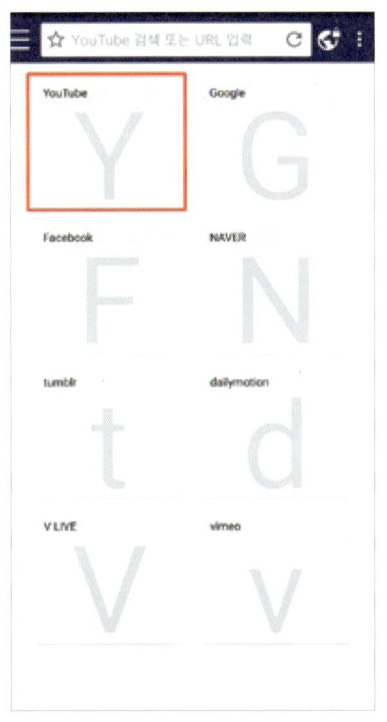 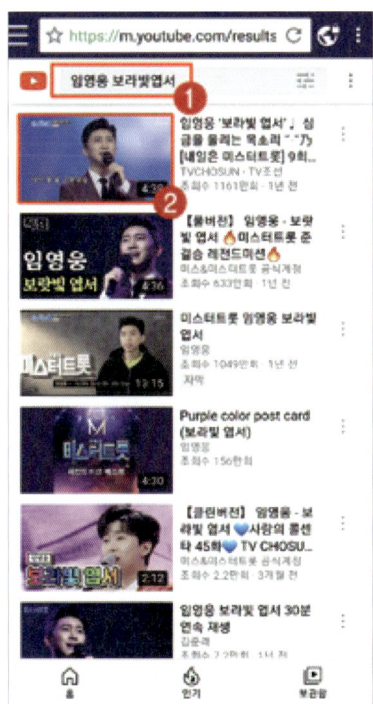 

1️⃣ 스텔라브라우저 화면에서 [유트브 아이콘]을 터치합니다.
2️⃣ 검색창에 [가수 또는 노래제목]을 입력합니다. ②[보라빛 엽서]를 터치합니다.
3️⃣ 검색된 노래를 다운로드 하기위해 아래 하단에 [다운로드 아이콘]을 터치합니다.

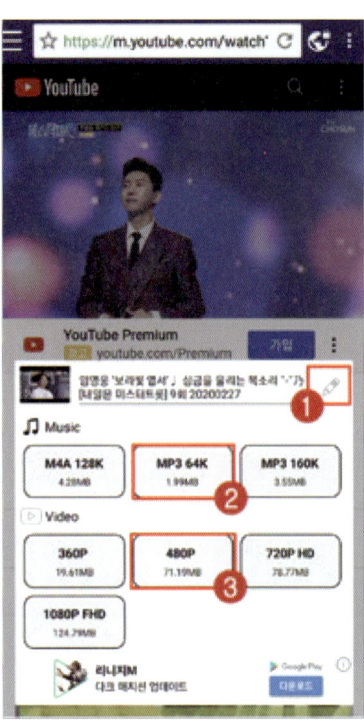 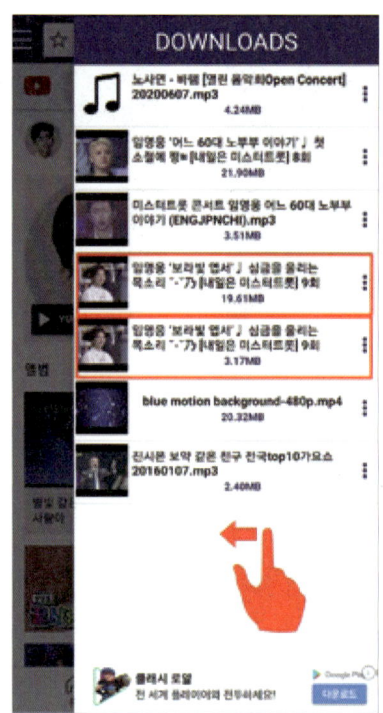

1 ① [연필모양] 터치후 제목을 변경할 수 있습니다. ② 음원만 다운받으려면 뮤직에서 [MP3]를 터치합니다. ③ 동영상을 다운받으려면 비디오 에서 [480P]를 터치합니다. **2** 다운로드된 음원 과 동영상은 스텔라브라우저 화면에서 [좌측으로] 드래그 하면 다운로드 된 리스트가 보입니다.

1 스텔라브라우저는 추가앱 설치 없이 편리하게 [유트브]에 바로 들어가서 다운로드 받는방법이 있습니다. 유트브 검색창에 [좋아하는노래 제목 또는 가수]를 입력합니다. **2** 다운로드 원하는 화면에서 [공유]를 터치합니다. **3** 다운로드 받고싶은 파일을 선택 [스텔라브라우저]을 터치합니다.

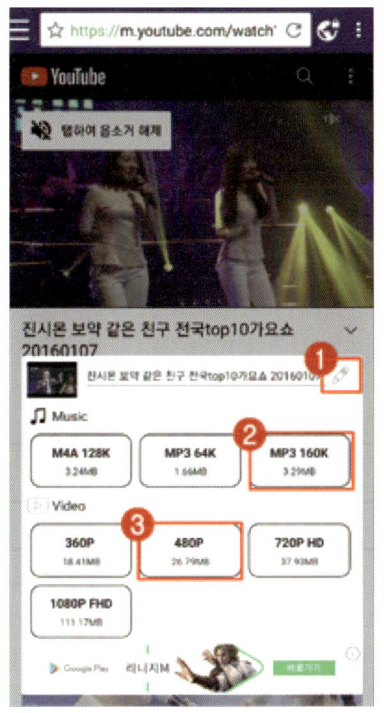 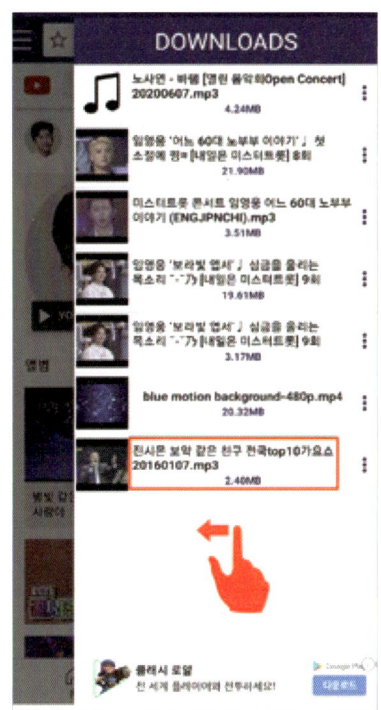 

1 ①[연필모양]터치후 제목을 변경할 수 있습니다. ②음원만 다운받으려면 뮤직에서 [MP3]를 터치합니다. ③동영상을 다운받으려면 비디오 에서 [480P]를 터치합니다. 2 다운로드된 음원 과 동영상은 스텔라브라우저 화면에서 [좌측으로] 드래그 하면 다운로드된 리스트가 보입니다. 3 다운로드된 동영상은 ①갤러리 [앨범]을 터치합니다. ②[스텔라 다운로드]폴더에 저장됩니다.

  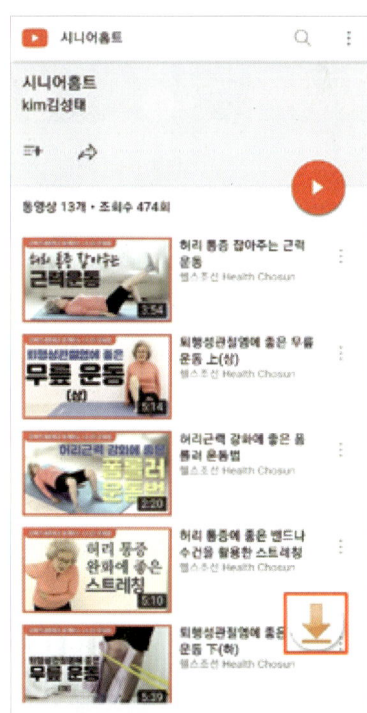

1 음악 또는 동영상을 한꺼번에 다운받는방법은 [유트브]검색창에 ①[시니어홈트]입력 ②[필터]를 터치합니다. ③[전체]를 터치합니다. ④[재생목록]에 체크합니다. 2 [원하는영상]을 터치합니다.
3 한꺼번에 모두 다운로드 하고싶을때는 하단에 [다운로드 아이콘]을 터치하시면 됩니다.

나만의 감동 영상 편지 만들기 (슬라이드 메시지)

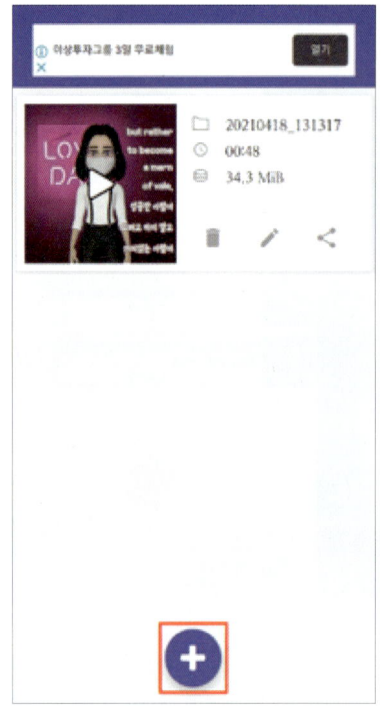

1 Google [Play스토어] 검색창에 [슬라이드메시지]를 입력하여 설치한 후 [열기] 또는 설치된 [앱]을 터치하고 기기의 사진, 미디어, 파일에 엑세스하도록 허용합니다. 2 초기화면에 있는 동그라미안에 [✚]를 터치합니다. 3 상단에 [모든사진들]을 터치하여 스마트기기에 있는 [앨범]을 볼 수 있습니다.

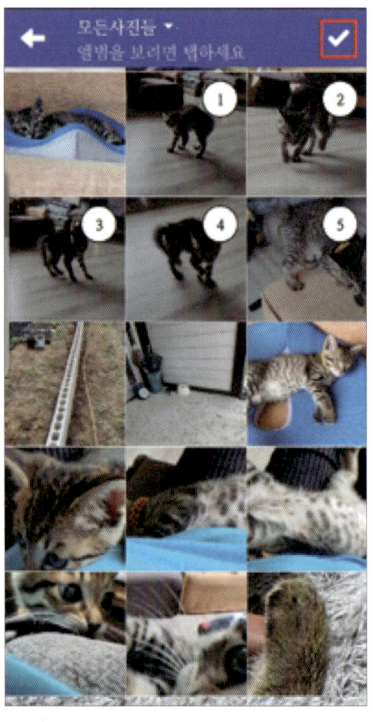

1 앨범안에 있는 사진을 한 장 누르면 다른 사진도 선택할 수 있고 원하는 사진을 고른 후에 [✓]를 터치합니다. 2 [영상제작]화면에서 하단에 좌우로 드래그하면 총10개의 편집 아이콘이 있습니다.
3 ①번 아이콘 [정렬]을 터치하면 사진의 순서를 변경, 삭제 또는 추가할 수 있고 크기도 조정할 수 있습니다.

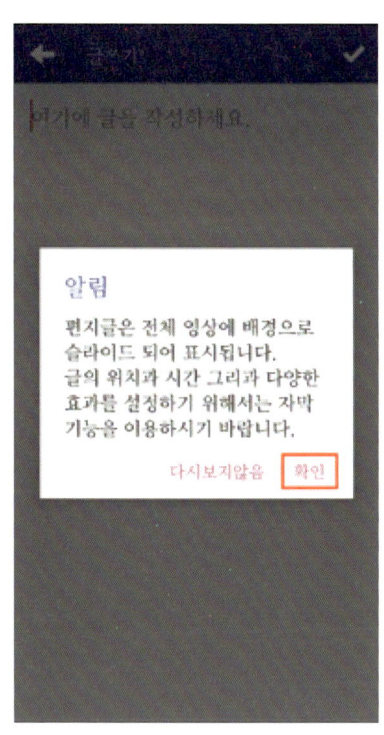 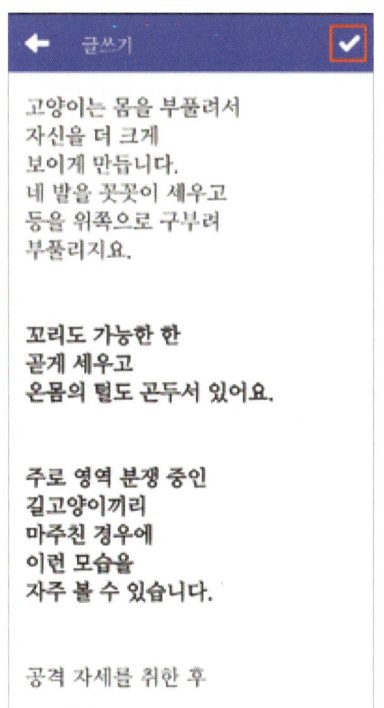 

1️⃣ [편지]를 터치하면 알림이 뜨고 확인을 터치합니다.

2️⃣ [글쓰기] 화면에 원하는 글씨를 입력하고 [✔]를 터치합니다.

3️⃣ 하단에 좌우로 드래그하면 총7개의 글 편집 아이콘이 있습니다.
①번[삭제]를 터치하면 글을 전체삭제 할 수 있고 ②번 [편집]을 터치하면 입력한 글을 수정할 수 있습니다.

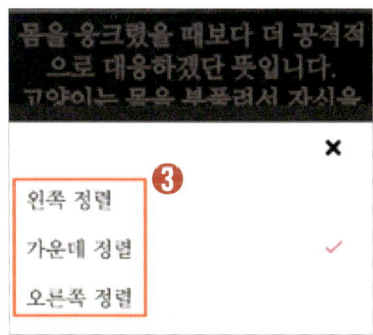
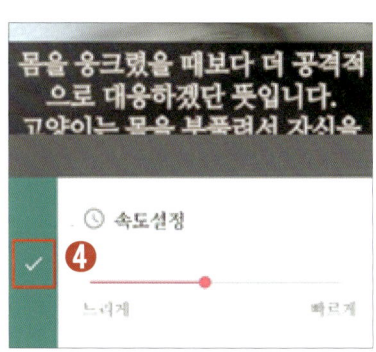

1️⃣ ③번 [정렬]은 글을 왼쪽, 가운데, 오른쪽 순으로 터치하여 정렬할 수 있습니다. ④번 [속도설정]은 좌우로 드래그하여 느리고 빠르게 설정할수 있습니다. 2️⃣ ⑤번, ⑥번, ⑦번은 [폰트]와 [글자크기], [글자색상]을 변경할 수 있습니다. 3️⃣ ⑤번 [폰트]는 글자폰트를 다운로드하거나 변경할 수 있습니다.

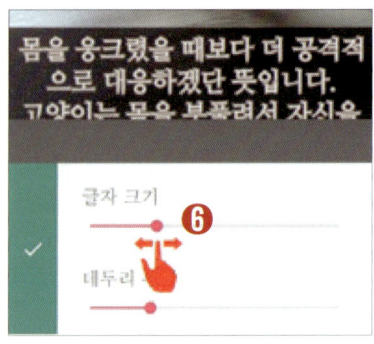
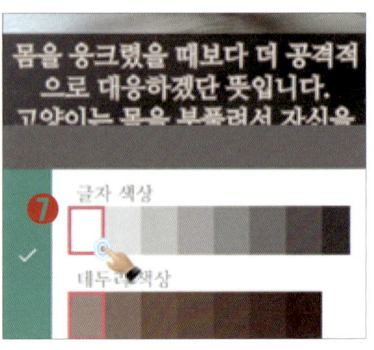
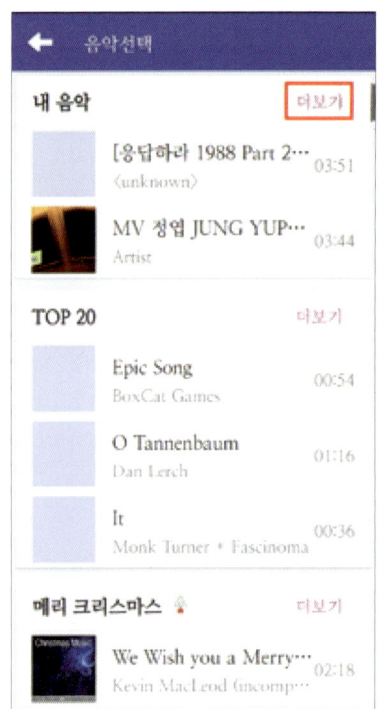
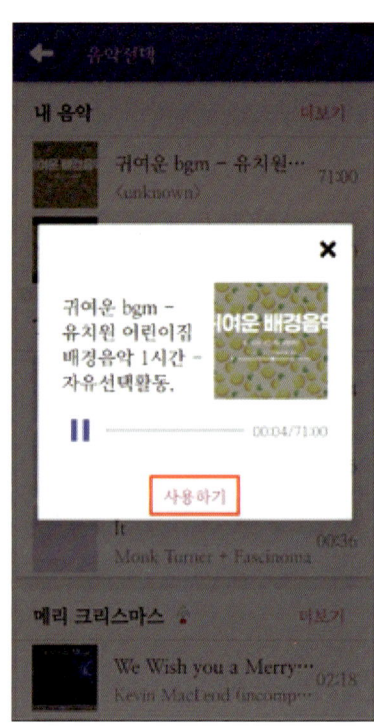

1 ⑥번 [사이즈]는 글자크기와 테두리를 변경할 수 있고 ⑦번 [색상]은 글자색 과 테두리색을 변경할 수 있습니다. **2** [영상제작]의 ③번 [음악]을 터치하면 음악을 추가할 수 있습니다. 내음악은 내 기기안에 있는 음악으로 더보기를 터치하여 선택할 수 있습니다. **3** 곡을 선택하여 [사용하기]를 터치합니다.

1 [▶] 를 터치하여 미리보기 합니다. **2** [영상제작] ④번 [시간]을 터치하면 영상의 [설정시간]과 [음악시간]을 변경할 수 있습니다. **3** ⑤번 [자막]을 터치하여 자막을 입력하고 하단의 [효과]를 터치합니다.

 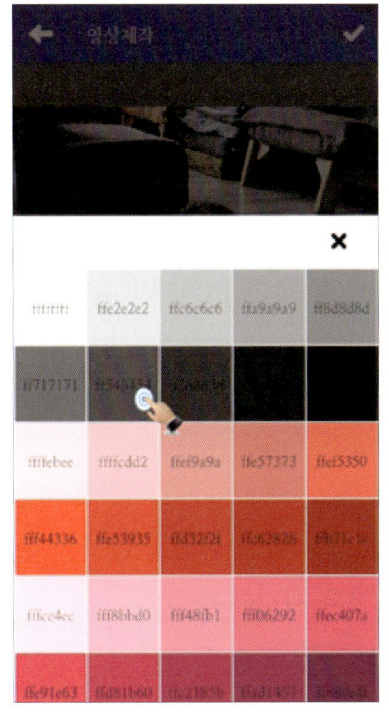 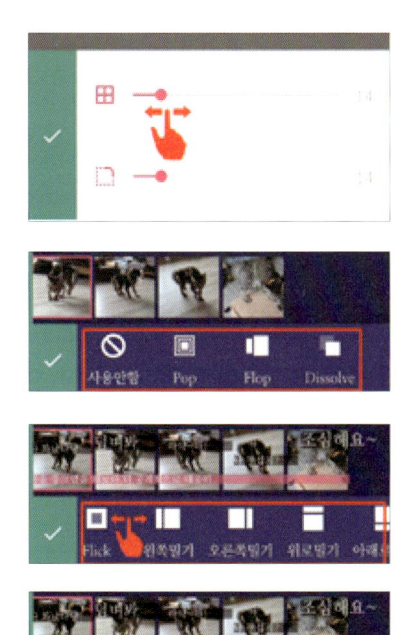

1️⃣ 자막의 움직이는 효과를 줄 수 있고 좌우로 조절하여 속도를 조절할 수 있습니다. [자막]의 다른아이콘은 편지글사용법과 같습니다. 2️⃣ ⑥번 [배경]은 배경색을 변경할 수 있습니다. 3️⃣ ⑦번 [테두리]는 테두리크기와 모양을 수정합니다. ⑧번 [화면전환]은 총13개의 화면전환효과를 넣을 수 있습니다.

  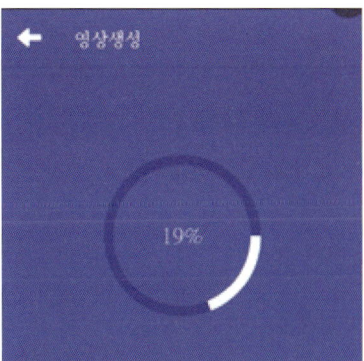 

1️⃣ [영상제작] ⑨번 [필터]는 여러가지 필터효과를 넣을 수 있습니다. 2️⃣ ⑩번 [스티커]는 선택하여 총6개의 효과설정을 할 수 있습니다. 오른쪽 상단의 [✓]를 터치하고 화면에서 [▶]를 터치하여 미리보기를 한 후 마지막으로 [✓]를 터치하여 [영상생성]을 합니다. 3️⃣ [공유하기]를 터치하여 공유할 수 있습니다. 또한 갤러리의 [WHOO] 앨범으로 자동저장됩니다.

나만의 인생 영화 만들기·쉽게 따라 할 수 있는 영상편집 앱 CapCut

[캡컷(CapCut)]앱의 특징

캡컷(CapCut)은 틱톡에서 만든 영상 편집앱으로 언제 어디서나 누구든지 쉽게 모바일과 PC환경에서 프로그램 설치 없이 웹에서도 사용 가능하고, 또 PC캡컷(CapCut) 프로그램을 설치해서 사용 가능하며, 호환 및 연동(유료버전)도 가능합니다.

● 장점
- 사용하기 쉽고 간단한 시스템으로 높은 품질의 영상 제작 가능
- 다양한 필터와 효과 추가로 짧은 시간에 작품 완성
- 캡컷에서 제공하는 다양한 음악 및 독점 음원을 동영상에 추가 가능
- 사진과 사진 사이의 다양한 장면 전환 효과 적용 가능등이 있습니다.

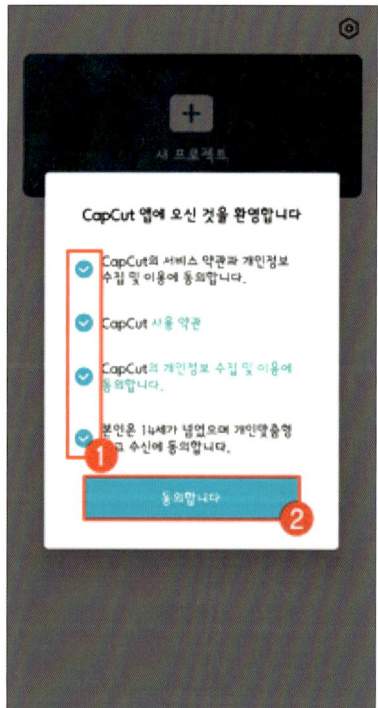
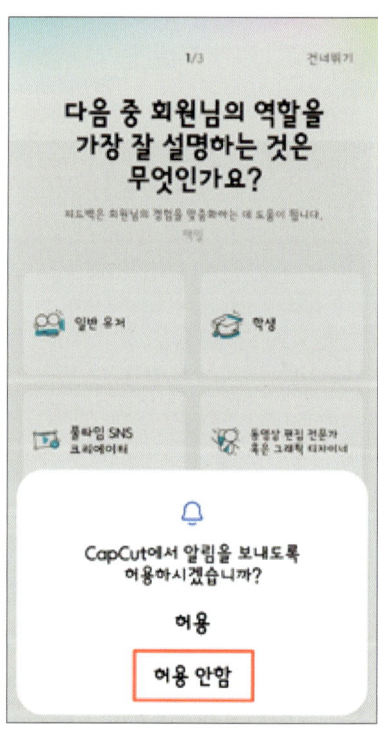

1 Play 스토어 상단 [검색창]을 눌러줍니다. 검색창에 ① [캡컷]을 입력한 후 설치한 다음, ② [열기]를 눌러줍니다. **2** 캡컷이 실행되면, ① [이용 약관]에 체크 한 다음, ② [동의합니다.]를 눌러줍니다. **3** CupCut에서 알람을 보내도록 [허용 안함]을 눌러줍니다.

  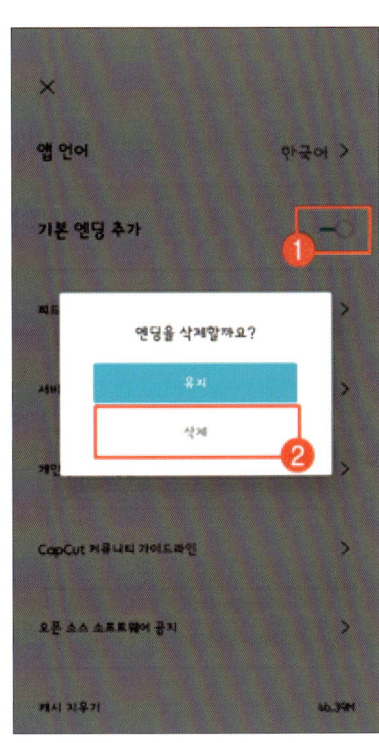

1 피드백화면이 나오면 우측상단의 [건너뛰기]를 눌러줍니다 **2** CapCut 홈 화면 상단의 [육각형 모양]을 터치합니다. **3** ① [기본 엔딩 추가]를 눌러 삭제할까요? ② [삭제]를 눌러줍니다.

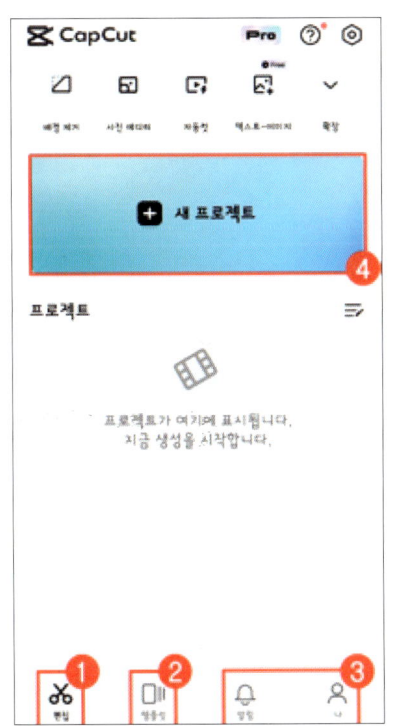  

1 캡컷 하단의 메뉴 중 ① [편집]은 새 프로젝트 작업과 편집한 프로젝트 목록을 확인하고 편집할 수 있습니다. ② [템플릿]은 수천 개에 달하는 무료 인기 템플릿을 이용해 멋진 동영상과 이미지를 제작할 수 있습니다. ③ [알림, 로그인]을 설정할 수 있습니다. 영상을 편집하기 위해 ④ [새 프로젝트]를 눌러줍니다. **2** CapCut에서 기기의 사진과 동영상에 액세스하도록 [허용]을 눌러줍니다. **3** 갤러리에서 ① [동영상]을 선택한 후, 오른쪽 하단의 ② [추가]를 눌러줍니다.

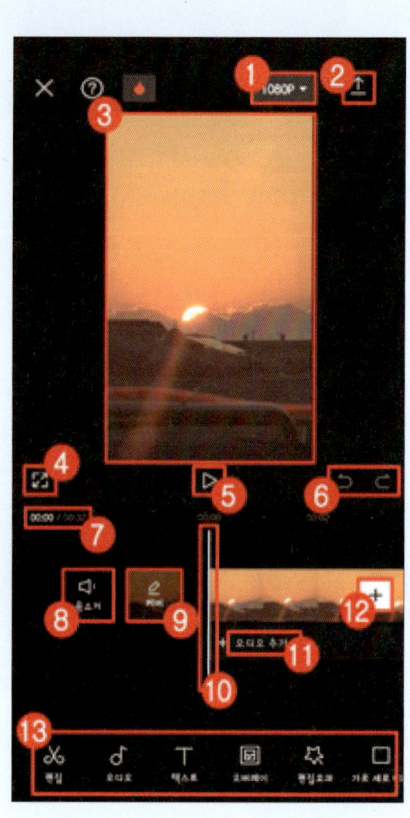

① [동영상 해상도] 동영상 해상도와 프레임 / 코드 속도를 조절합니다.

② [내보내기] 프로젝트 편집 끝난 후 장치에 저장 및 공유합니다.

③ [미리보기 창] 편집할 영상이 보입니다.

④ [확대] 영상을 크게 확대시켜 줍니다.

⑤ [플레이버튼] 영상을 재생합니다.

⑥ [실행 취소, 다시 실행]

⑦ [영상시간] 영상시간의 전체 길이를 알려줍니다.

⑧ [영상 음소거] 동영상 사운드 켜기 / 끄기

⑨ [커버] 영상 앞에 붙일 커버 이미지 편집할 수 있습니다.

⑩ [플레이헤드] 영상편집 작업 시 기준선이 됩니다.

⑪ [오디오 추가] 스마트폰에 저장된 음악이나 무료로 제공하는 음악을 추가합니다.

⑫ [추가] 동영상, 사진을 추가합니다.

⑬ [편집 도구] 다양한 편집 메뉴가 나옵니다.

● 영상 자르기와 삭제하기

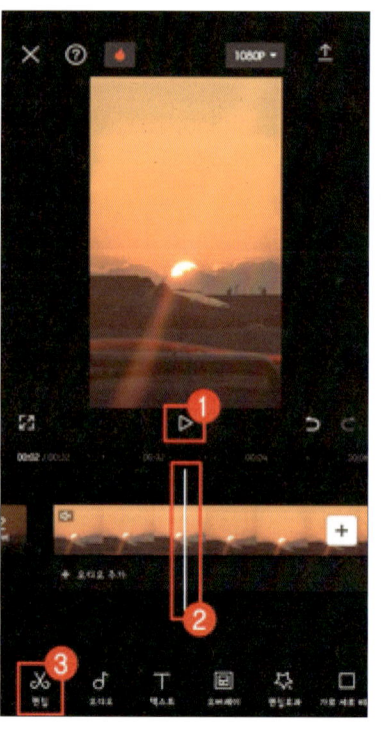  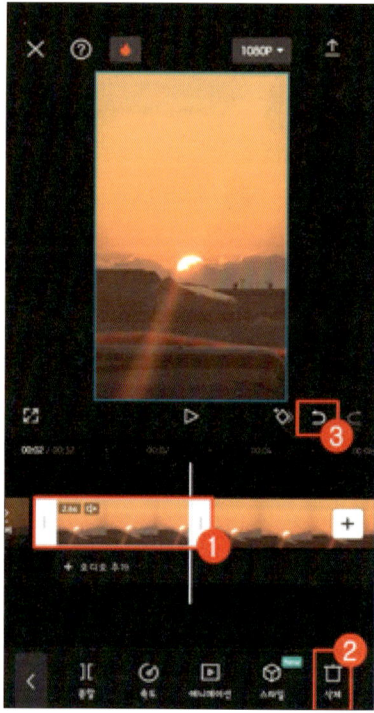

1 영상을 ① [재생] 시킨 다음, ② [플레이헤드]를 원하는 영상 위치에 놓습니다. 왼쪽 아래의 ③ [편집]을 눌러줍니다. **2** 자르고자 하는 위치에 ① [플레이헤드]를 가져다 놓고, ② [분할]을 눌러줍니다. **3** ① [분할된 영상]을 선택한 다음, ② [삭제]를 눌러 삭제합니다. 혹시 삭제를 잘못 했을 경우 ③ [되돌리기]를 눌러서 복원하면 됩니다.

● 배경음악 삽입하기

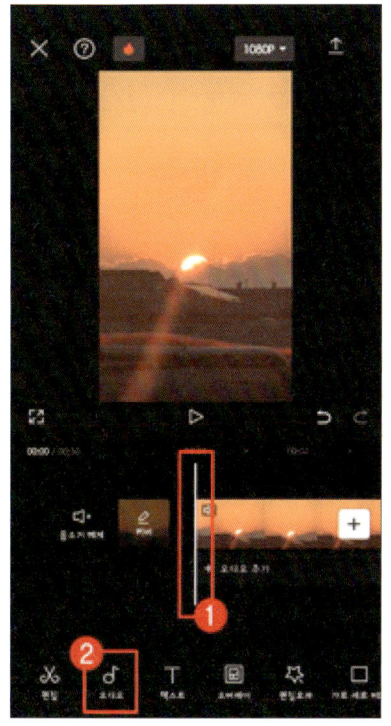 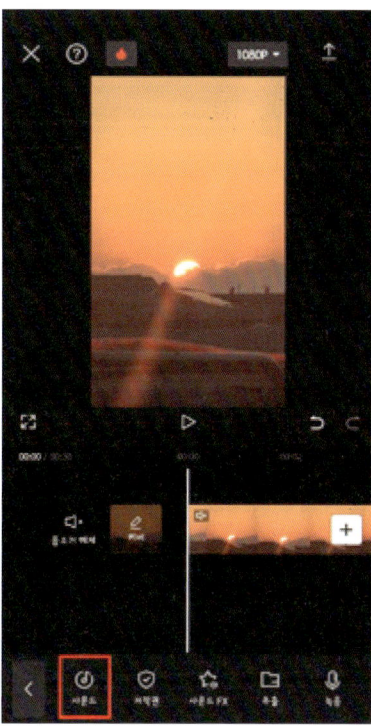 

1 ① [플레이헤드]를 배경음악을 넣고자 하는 곳에 가져다 놓은 후 ② [오디오]를 누릅니다.
2 스마트폰에 저장되어있는 음악이나 배경 음원을 넣기 위해 [사운드]를 누릅니다. 3 마음에 드는 음악을 찾기 위해 ① [노래 또는 가수]를 검색하거나, ② [카테고리]에서 음악을 선택하거나, ③ [티톡, 스마트폰 장치, 추천]을 통해 음악을 삽입할 수 있습니다.

 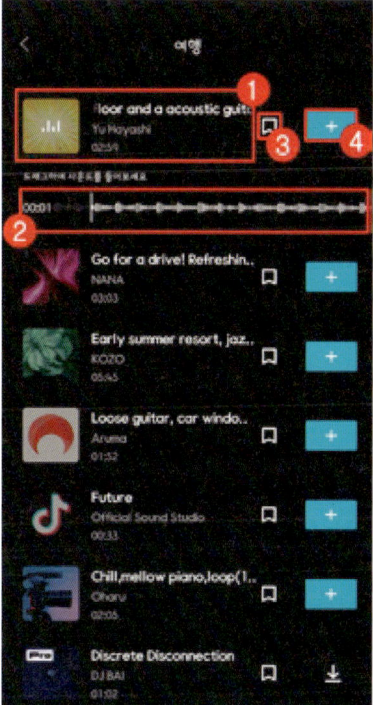 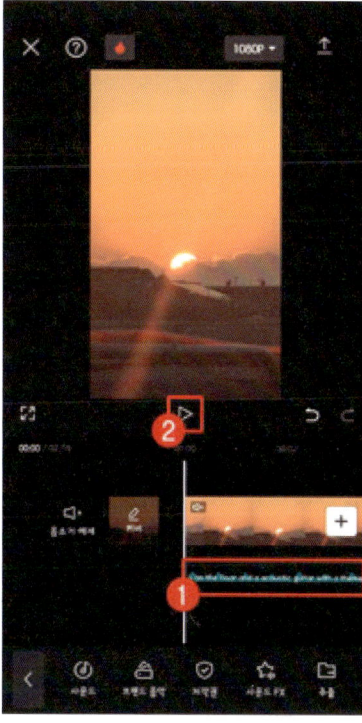

1 카테고리에서 [TRAVEL(여행)]을 누릅니다. 2 여행에 관련있는 음악 리스트 중에서 영상과 어울리는 ① [음악]을 선택한 다음, ② [미리듣기]를 눌러 들어봅니다. 음악이 마음에 들면 ③ [즐겨찾기]를 눌러 다음에 선택한 음악을 빠르게 찾을 수 있으며, 영상에 음악을 추가하려면 ④ [+]를 누릅니다. 3 ① [선택한 음악]이 트랙에 추가되었으며, ② [재생 버튼]을 눌러서 영상에 음악이 어울리는지 확인합니다.

● **사진 또는 영상 추가하기와 장면 전환하기**

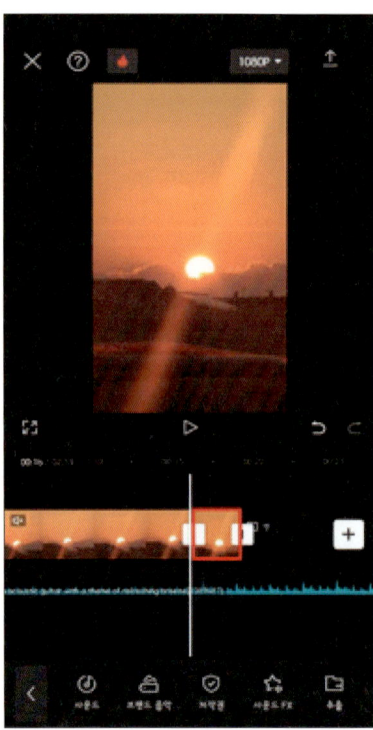

1 사진이나 영상을 추가하기 위해 ① [플레이헤드]를 이동한 다음, ② [+]를 누릅니다. **2** ① [추가할 사진이나 동영상] 메뉴를 선택한 다음, ② [사진이나 동영상]을 선택합니다. 선택한 사진이나 영상을 삭제할 경우 ③ [-]를 누르고, 추가할 경우 ④ [추가]를 누릅니다. **3** [추가된 사진이나 동영상]을 확인할 수 있습니다.

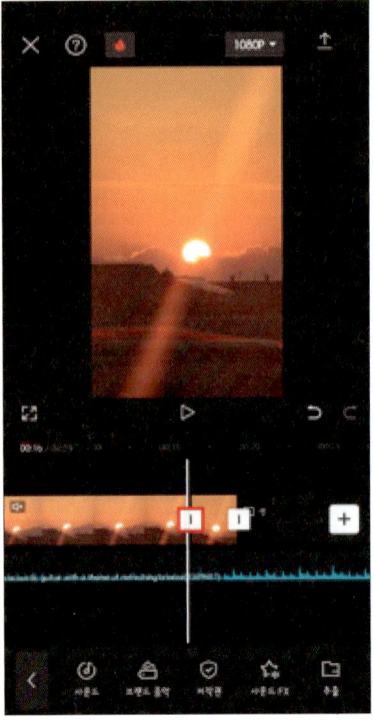

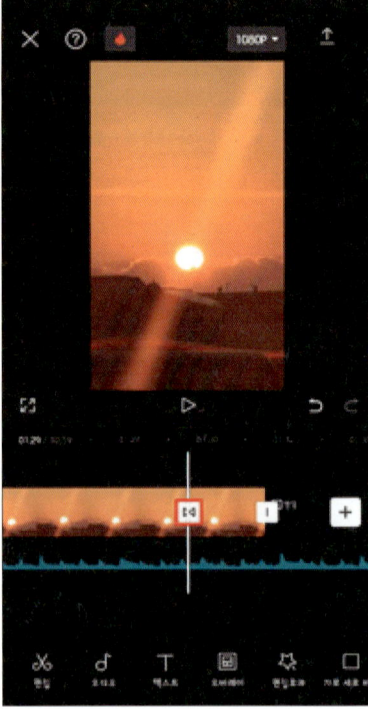

1 영상 혹은 사진 사이에 [장면전환 효과]를 적용하기 위해 [플레이헤드]를 누릅니다. **2** ① [장면 전환 효과] 중에서 ② [세로 열기]를 선택한 다음, ③ [전환 효과 시간]을 조절합니다. 영상의 전환 효과를 똑같이 적용할 경우 좌측 하단의 ④ [전체 적용]을 누른 다음, 우측 하단의 ⑤ [√]를 눌러 적용시켜줍니다. **3** [⋈] 전환 효과가 적용된 걸 확인할 수 있습니다.

● 텍스트 효과주기

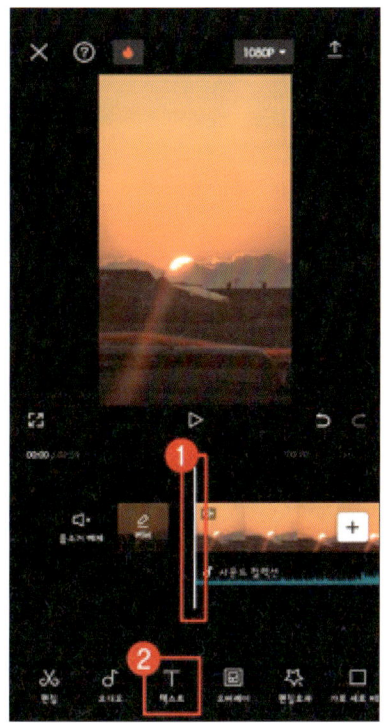  

1 ① [플레이헤드]를 자막 넣을 위치에 가져다 놓은 다음, ② [텍스트]를 누릅니다. **2** [A+ 텍스트 추가]를 누릅니다. **3** ① [입력하고 싶은 문구]를 입력한 다음, ② [편집효과]를 누릅니다.

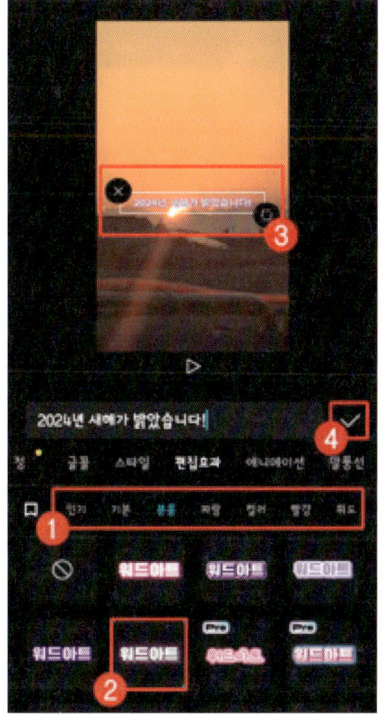 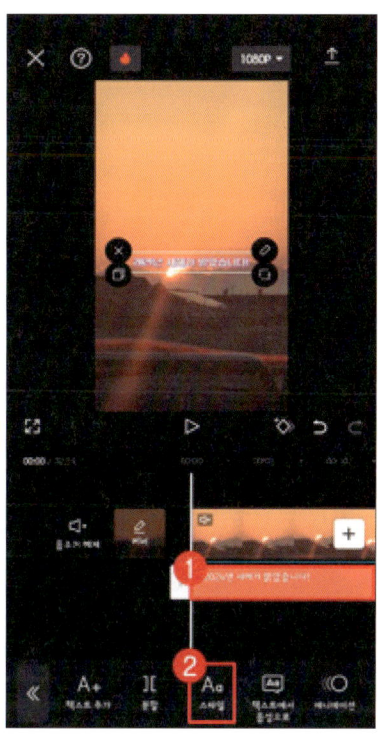 

1 ① [편집효과]에서 ② [원하는 효과]를 선택합니다. ③ [편집효과]가 적용된 것을 확인한 다음, 우측의 ④ [V]을 누릅니다. **2** 글꼴을 변경하기 위해 타임라인의 ① [텍스트]를 선택해서 하얀 외곽선이 나타나면, ② [Aa 스타일]을 누릅니다. **3** ① [글꼴]을 누른 다음, ② [원하는 글꼴]을 선택합니다.

  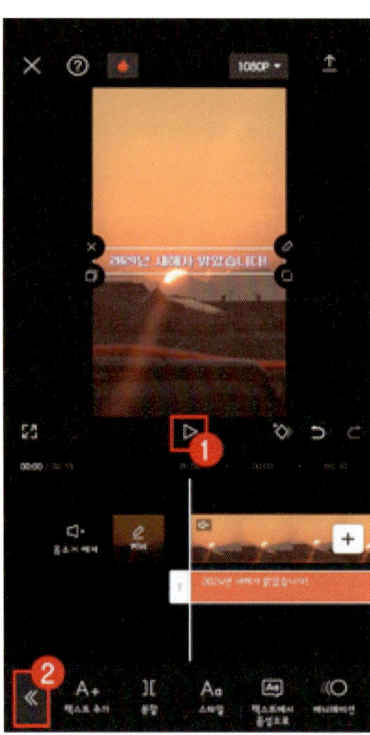

1 자막 글자 크기를 조절하기 위해 [⟲]를 손가락으로 지그시 누른 상태에서 대각선 방향으로 드래그합니다. 2 ① [자막의 글자 크기]가 확대된 것을 확인한 다음, ② [V]을 누릅니다. 3 ① [▷]을 눌러 음악과 자막이 재생되는지 확인한 다음, 좌측 아래의 ② [≪]을 누릅니다.

● 내보내기(저장하기)

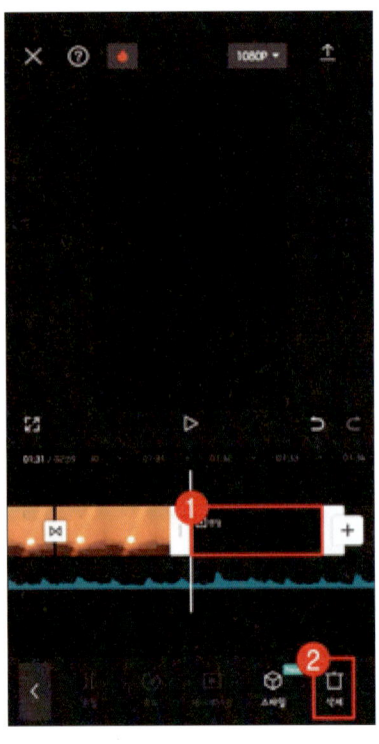  

1 워터마크를 삭제하기 위해 타임라인을 왼쪽으로 이동시켜 ① [엔딩]을 누른 다음, 우측 아래의 ② [삭제]를 선택합니다. 2 배경음악을 자르기 위해 ① [음악]를 선택한 다음, ② [분할]을 누릅니다. 3 ① [분할된 영상]을 누른 다음, ② [삭제]를 선택합니다.

1 ① [영상과 배경음악]이 동시에 끝나는 걸 확인한 다음, 우측상단의 ② [내보내기] 화살표모양을 누릅니다. **2** ① 영상을 다른 사람들과 공유하고 싶을 때 [외부앱]을 눌러 공유할 수 있고, 우측 상단의 ② [완료]를 누르면 캡컷 편집화면으로 이동합니다.

● 템플릿으로 영상만들기

 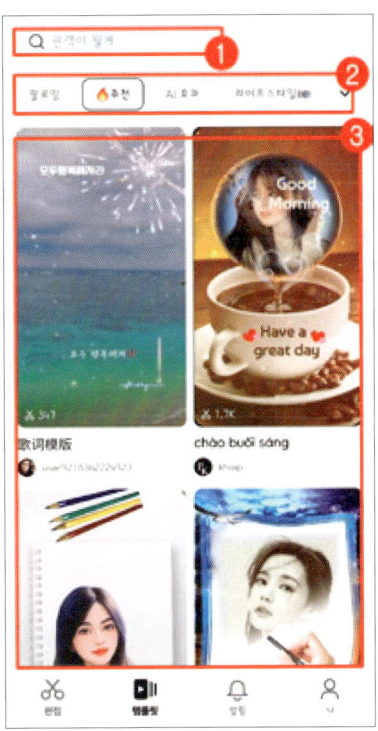 

1 캡컷 편집화면의 아래 [템플릿]를 선택합니다. **2** ① [템플릿 검색 입력창]을 눌러 원하는 템플릿을 찾을 수도 있고, ② [카테고리]를 눌러서 찾을 수 도 있습니다. 다양한 캡컷 템플릿 중에서 ③ [원하는 템플릿]을 선택합니다. **3** ① [영상 길이와 영상에 필요한 동영상/사진의 수]를 확인한 다음, 아래의 ② [템플릿 사용]을 눌러줍니다.

1 템플릿에 사용할 ① [동영상/사진]을 선택한 다음, 영상에 넣고 싶은 ② [동영상/사진]개수에 맞추어 선택합니다. ③ [선택한 클립]을 삭제할 경우, 우측의 [—]을 누르면 됩니다. 적용할 경우, 우측의 ④ [다음]을 누릅니다. **2** ① [선택한 클립]을 확인하고, 우측 상단의 ② [내보내기]을 누릅니다. **3** ① [내보내기]를 누르면 영상에 워터마크가 표시되고, 워터마크 없는 영상을 저장하려면 ② [워터마크 없이 내보내기]를 눌러줍니다.

※ 틱톡에 공유를 원하지 않는 분이나 워터마크 없는 영상을 원하는 분은 꼭 틱톡 공유를 선택해야 워터마크 없는 영상을 저장할 수 있습니다.

1 ① [TikTok에 공유]를 선택한 다음, ② [완료]를 누릅니다. **2** 캡컷 편집화면에 [내가 작업한 영상]들이 보입니다.

이미지 합성 어플 활용하기 (포토퍼니아)

1 포토퍼니아

[포토퍼니아] 앱(App)은 이미지를 합성하여 사진 콜라주를 만드는 앱

[포토퍼니아] 앱(App) 활용

- 포토퍼니아는 스마트폰뿐만 아니라 PC에서도 활용이 가능합니다.
- 다양한 카테고리별 테마를 제공하고 원하는 효과를 선택하여 사진과 합성할 수 있는 앱입니다.
- 사용이 매우 간단해 연령에 상관없이 누구나 쉽게 사용할 수 있습니다.
- 특별하고 독창적으로 몇 초 만에 놀라운 사진 콜라주를 만들 수 있습니다.
- 이미지 합성 후 소셜 사이트에 저장, 이메일 보내기 또는 친구들과 바로 공유할 수 있습니다.

1 ① [Play 스토어 ▶]에서 [포토퍼니아]를 검색합니다. ② [설치] 후 열기를 터치합니다.
2 앱 평가 화면에 [나중에]를 터치합니다.
3 포토퍼니아 앱의 첫 화면입니다. 왼쪽 상단에 위치한 가이드 메뉴 중 [카테고리]를 터치합니다.

1 카테고리 화면을 위로 드래그하여 [잡지]를 선택합니다. 2 다양한 잡지 템플릿 중 [아침 신문]을 터치합니다.

3 ① 하단에 [사진을 선택하십시오]를 터치합니다. ② 사진을 불러올 수 있는 팝업창에서 [기존 사진 선택]을 터치합니다.

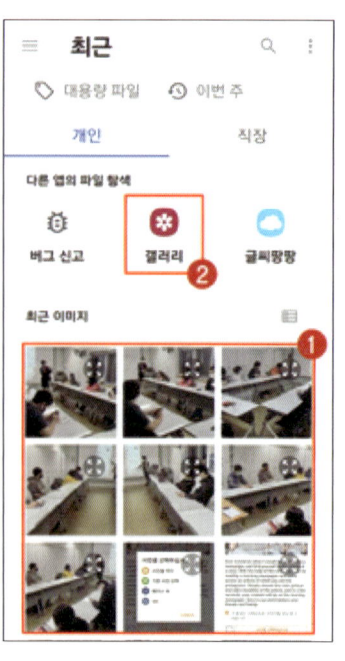

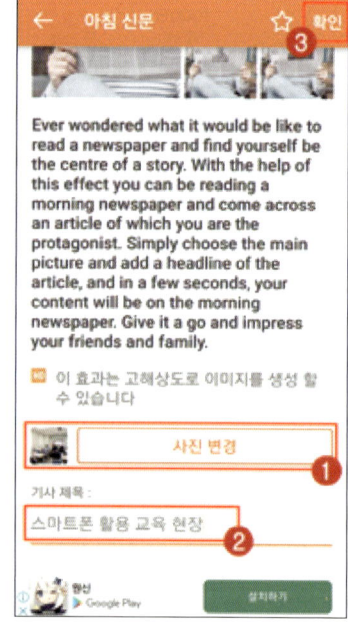

1 ① 사용자 갤러리에 최근 사진 순으로 보이며 더 많은 사진을 보려면 ② [갤러리]를 터치하여 선택할 수 있습니다.

2 사진을 선택 후 [확인]을 터치합니다.

3 ① 선택한 사진이 맞는지 확인 및 사진을 변경할 수 있습니다. ② 사진에 제목도 삽입할 수 있습니다.
   ③ [확인]을 터치하여 진행합니다.

1️⃣ 이미지 합성이 진행 중인 화면입니다.

2️⃣ 사진 합성이 완료된 화면입니다. ① 저장할 이미지의 사이즈를 선택할 수 있습니다. ② 사용자 갤러리에 저장할 수 있습니다. ③ 완성된 사진을 다른 사이트로 공유할 수 있습니다.

3️⃣ 이번에는 원하는 템플릿을 [검색 아이콘]을 터치하여 찾아보겠습니다.

  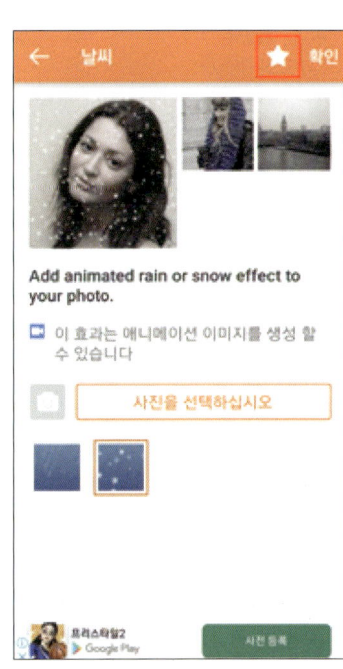

1️⃣ ① 검색창에 [날씨]를 검색합니다. ② 날씨에 관련된 템플릿 중 원하는 템플릿을 터치합니다.

2️⃣ ① 합성에 필요한 사진을 직접 촬영하거나 사용자 갤러리에서 사진을 불러올 수 있습니다.
② 비 내리기 효과와 눈 내리기 효과 중 선택합니다. ③ [확인]을 터치하여 진행합니다.

3️⃣ ★를 터치하여 맘에 드는 효과를 즐겨찾기에 등록할 수 있습니다.

사진작가들이 가장 많이 사용하는 카메라 앱

피크닉 (풍경 사진에 최적화 된 앱)

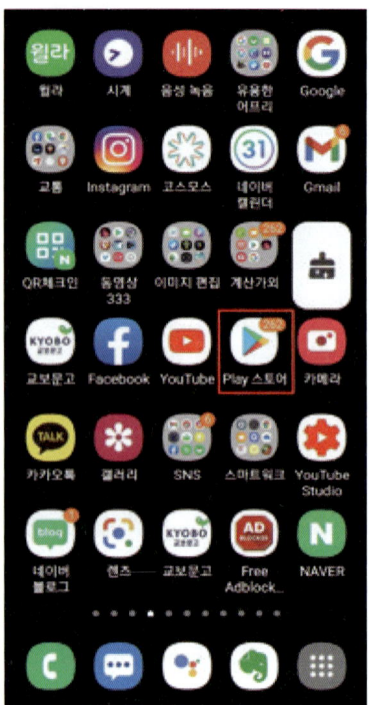 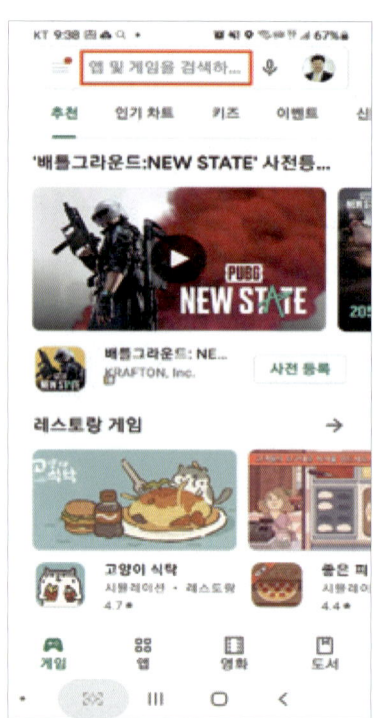 

1 [피크닉] 앱을 다운받기 위해 [Play 스토어]를 터치합니다. 2 상단 검색창을 터치합니다.
3 검색창에 [피크닉]이라고 입력합니다.

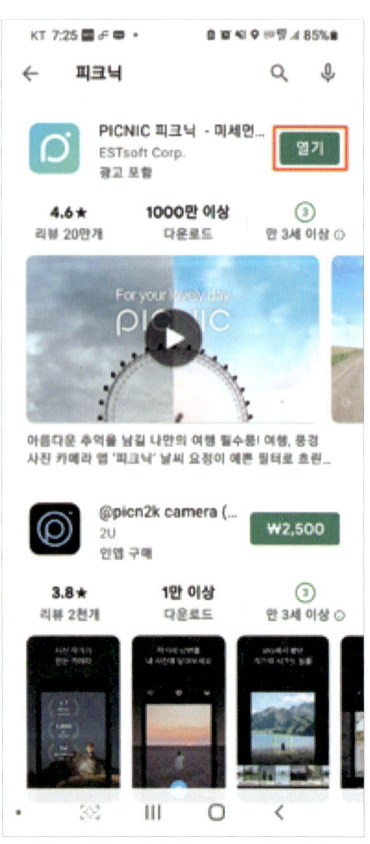  

1 [피크닉] 앱 설치가 완료되면 [열기]를 터치합니다.
2 [피크닉] 앱 화면 하단 왼쪽에 [갤러리]를 터치합니다. 3 액세스 [허용]을 터치합니다.

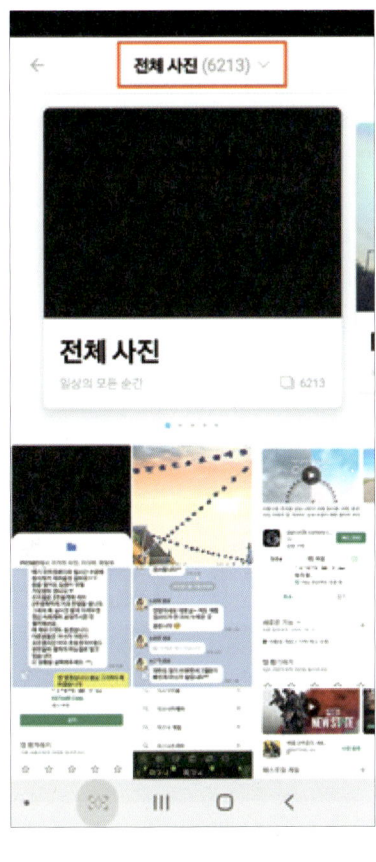  

1️⃣ 상단 [전체 사진]을 터치하면 자신의 스마트폰 갤러리에 있는 [앨범]들이 보이고 원하는 사진을 가져올 수 있습니다.

2️⃣ [전체 사진] 밑에 있는 사진들은 최근 사진들이 보여집니다. 하늘이 있는 사진을 한 장 선택합니다.

3️⃣ 선택된 사진 밑에 카메라 필터 앱들이 보여지는데 맨 왼쪽에 [Original]로부터 오른쪽으로 5칸을 이동하면 [Alps]필터를 터치하면 흐린 하늘에 구름이 생성되는 것을 볼 수 있습니다.

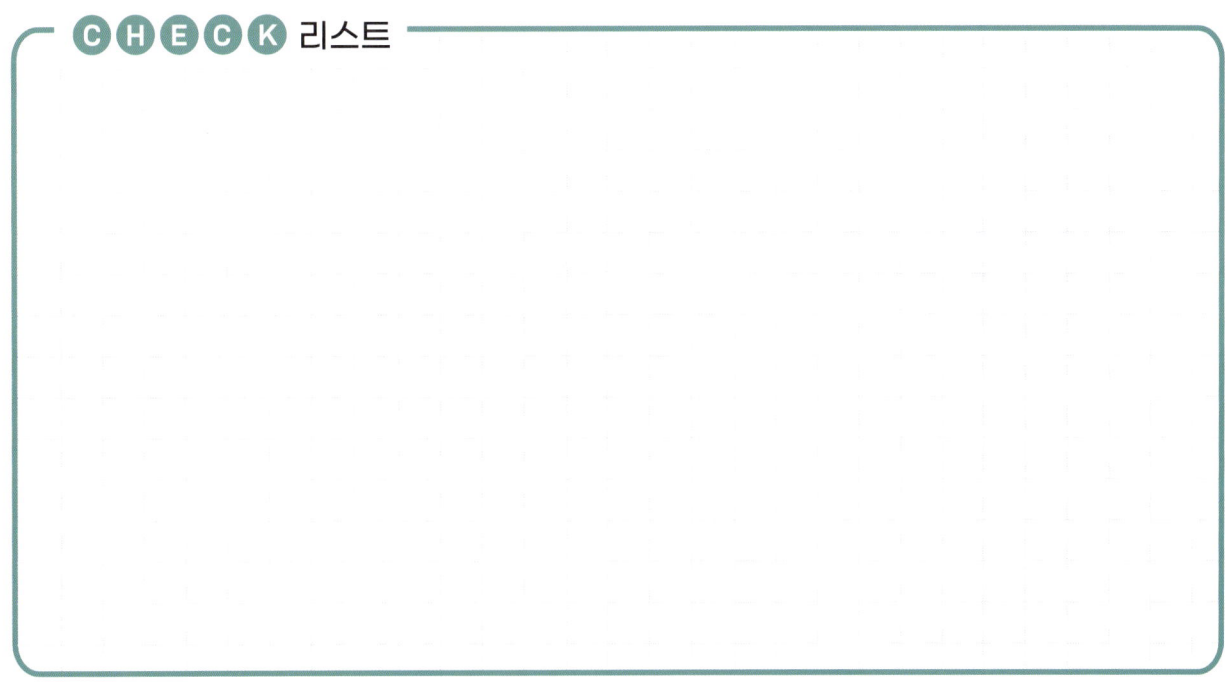

 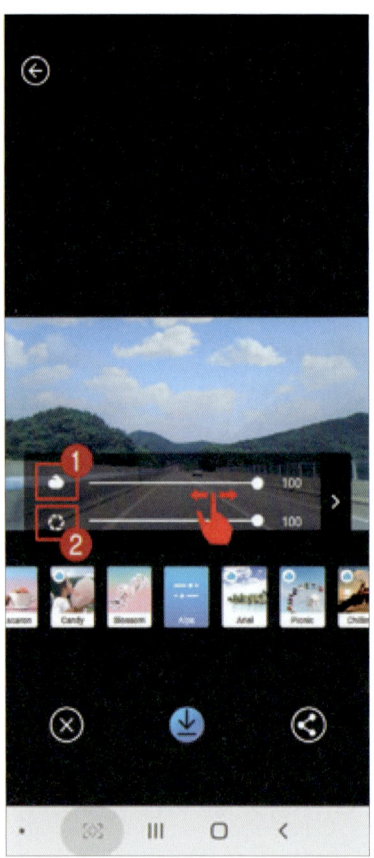 

◆1 가져온 사진 우측 하단에 ①[구름 아이콘]을 터치하면 [구름]을 없앨 수 도 있고 만들 수도 있습니다. ②[아래로 화살표 아이콘]을 터치하면 [갤러리]에 저장됩니다. ◆2 ①[구름 아이콘]을 터치하면 [원형 점]이 100에 위치하고 있는데 손가락으로 좌우로 드래그하면 구름을 없앨 수도 만들 수도 있습니다. ②[톱니바퀴] 아이콘을 터치하면 채도나 명도를 조절할 수 있습니다. ◆3 [Night] 필터를 선택하면 하늘에 수많은 별들이 나타납니다. 이처럼 [피크닉] 앱은 하늘 이미지에 다양한 필터를 적용할 수 있습니다.

CHECK 리스트

키오스크 앱 활용하기 - 버거킹

[버거킹] 앱(App)의 활용

[특징]

- 버거킹의 다양한 메뉴를 스마트폰으로 편리하게 주문할 수 있습니다.
- 버거킹 회원이라면 별도의 가입절차 없이 바로 주문 가능합니다.
- 회원가입을 하지 않아도 비회원으로 햄버거를 주문할 수 있습니다.

 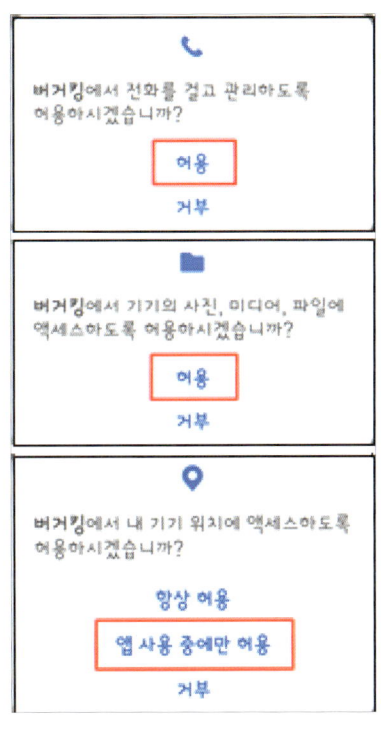 

1️⃣ 구글 [Play 스토어]에서 버거킹 앱을 설치한 후 [열기] 해줍니다. 2️⃣ 접근권한을 [허용]해 줍니다.
3️⃣ 광고 알림이 오는 광고성 푸시알림은 [동의하지않음]으로 터치하셔도 무관합니다.

CHECK 리스트

  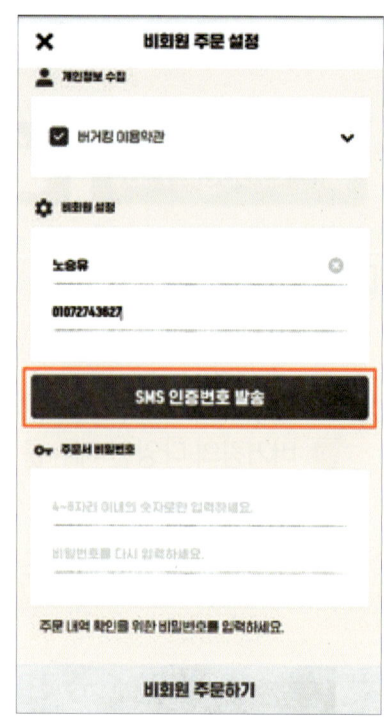

1️⃣ 스마트폰으로 주문하고 매장에서 픽업하는 킹오더를 주문해 보겠습니다. [킹오더]를 터치합니다.

2️⃣ 하단의 [비회원 주문]을 터치합니다.

3️⃣ 버거킹 이용약관에 체크하고 이름과 전화번호 입력 후 [SMS 인증번호 발송]을 터치합니다.

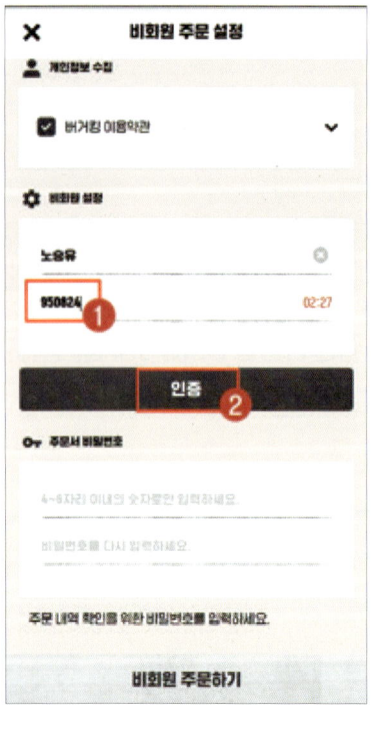  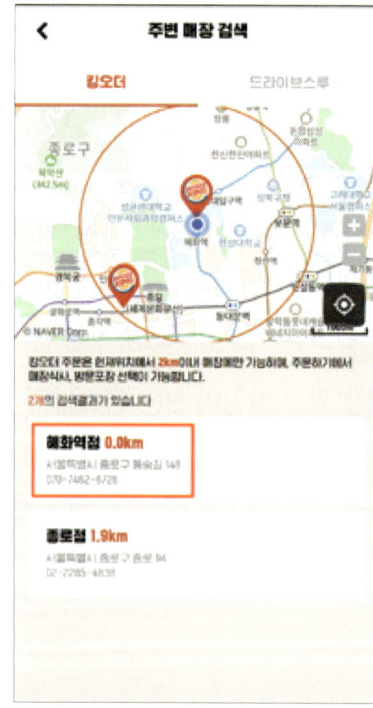

1️⃣ ①메시지로 인증번호가 발송되면 휴대번호 입력했던 자리에 인증번호를 입력합니다.
②[인증]을 터치합니다. 2️⃣ ①임의의 비밀번호 4자리 이상을 입력합니다. ②[비회원 주문하기]를 터치합니다. 3️⃣ 킹오더를 다시 한번 터치하고 킹오더 주문 후 버거를 찾아갈 매장을 터치합니다.

1️⃣ [매장 선택하기]를 터치합니다.

2️⃣ [킹오더] 메뉴에서 [프리미엄] 카테고리에서 [통새우와퍼]를 선택해 보겠습니다.

3️⃣ 통새우와퍼 라지세트, 세트, 단품 중에 통새우와퍼 단품을 구매해 보도록 하겠습니다.
[통새우와퍼 단품]을 터치합니다.

 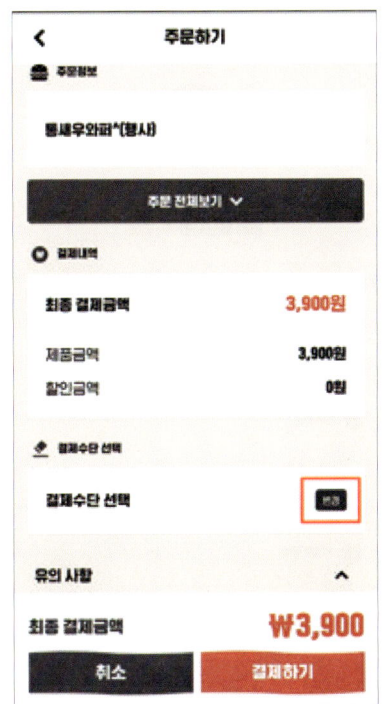 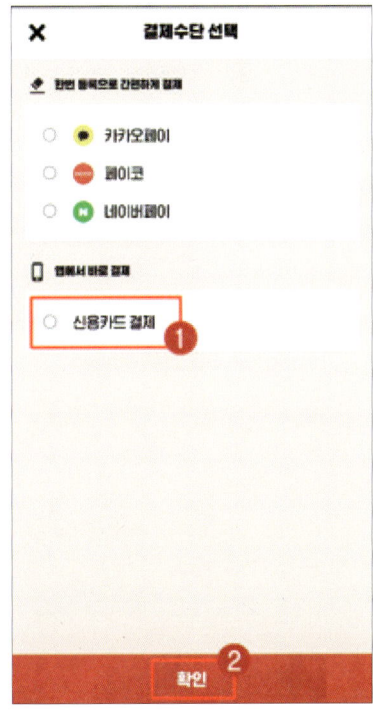

1️⃣ [킹오더 카트]에 버거가 담기고 [메뉴 추가 ➕]를 터치하면 메뉴를 더 추가할 수 있습니다. 추가할 메뉴가 없다면 [주문하기]를 터치합니다. 2️⃣ 결제수단 변경을 위해 결제수단 선택에서 [변경]을 터치합니다. 3️⃣ ①[신용카드 결제]를 선택하고 ②[확인]을 터치합니다.

 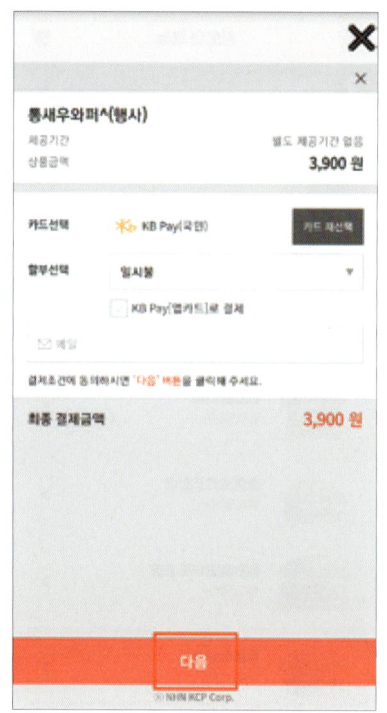 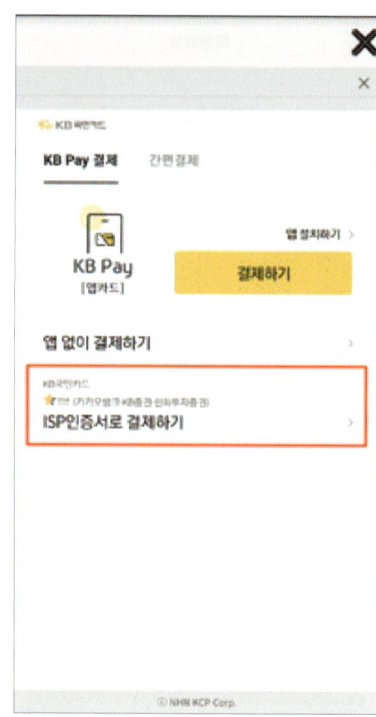

1️⃣ 이용약관 전체동의를 체크하고 일반결제에서 국민카드를 선택해 보겠습니다.
2️⃣ 할부를 선택하고 하단의 [다음]을 터치합니다.
3️⃣ [ISP인증서로 결제하기]를 진행해 보도록 하겠습니다.

* kb 국민카드 간편결제에서 카드번호를 입력하고 ARS 결제를 진행할 수도 있습니다.

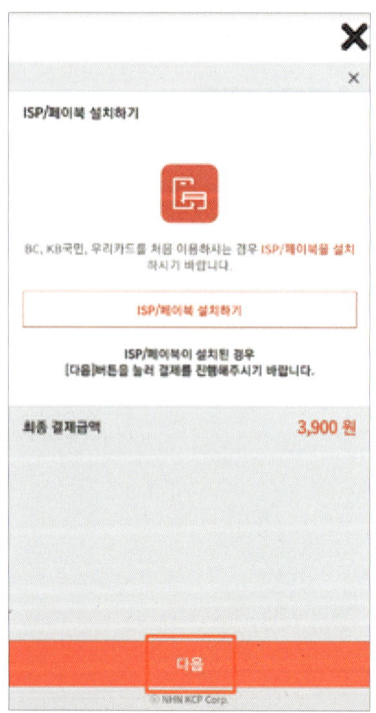 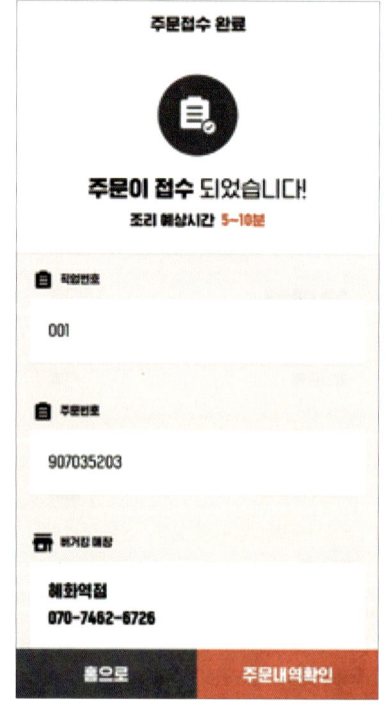 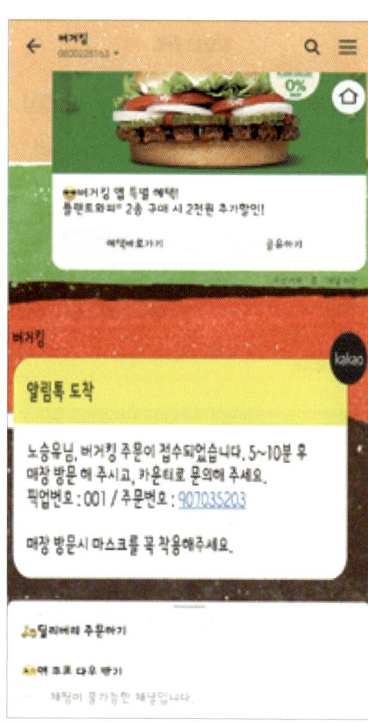

1️⃣ ISP/페이북이 설치되어있다면 [다음]을 터치합니다. 2️⃣ 결제가 진행되고 주문이 완료되었습니다.
3️⃣ 카카오톡으로 주문접수 완료 메시지가 오고 픽업번호와 주문번호가 발송된 것을 확인할 수 있습니다.

키오스크 앱 활용하기 - 코레일톡

[코레일톡] 앱(App)의 활용

[특징]

- 코레일톡은 코레일의 승차권 예약 앱 입니다.
- 스마트폰으로 예매도 바로 하고 확인도 빠르게 할 수 있습니다.
- 승차권 예매 및 승차권 확인이 가능합니다.
- 비회원으로 승차권을 예매할 수 있습니다

 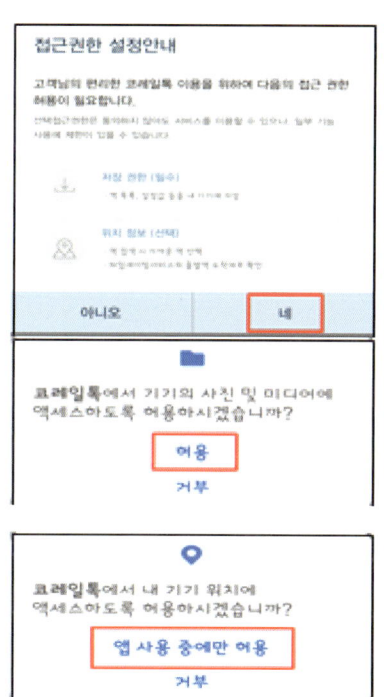 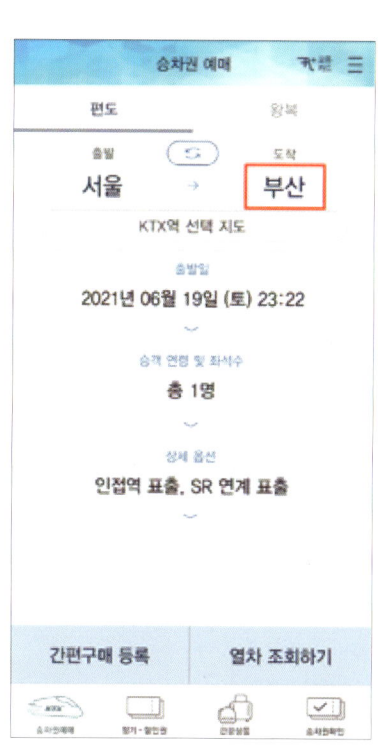

1 코레일 앱을 [설치]하고 열어줍니다. 2 접근권한을 [허용]해 주고 내 기기 위치에 엑세스 하도록 [허용]해 줍니다. 3 출발지를 터치해서 출발지를 [서울]로 정하고 [도착지]를 터치합니다.

 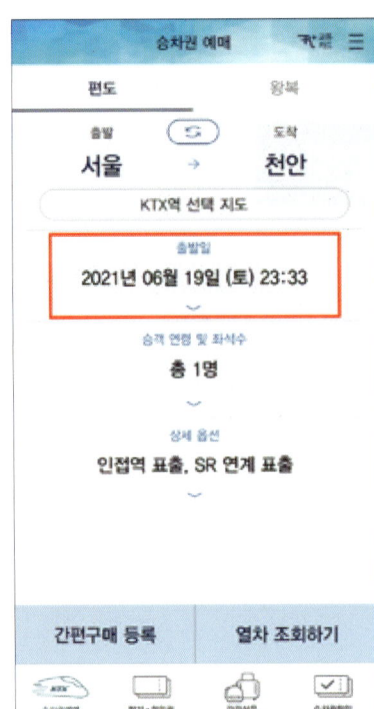 

1️⃣ 도착지를 [천안]으로 선택해서 상단에 도착지가 바뀌었는지 확인합니다.

2️⃣ [출발일]을 터치합니다.

3️⃣ 출발할 날짜를 터치하고 [승객 연령 및 좌석수]를 터치해서 탑승할 인원수를 선택합니다.

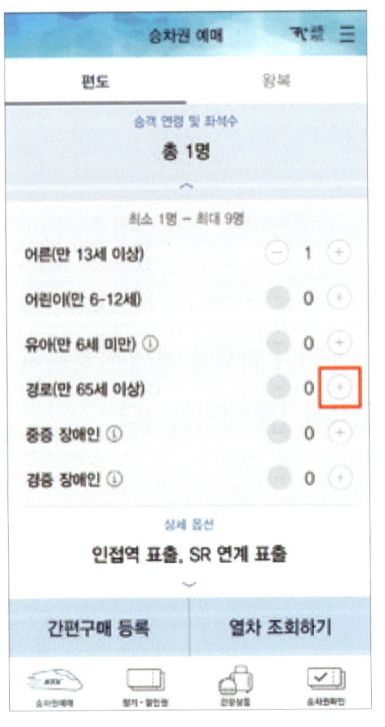 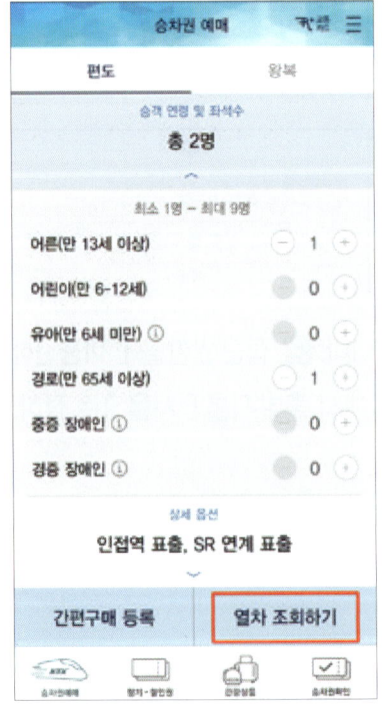 

1️⃣ 어른 1명과 경로우대 [➕]를 터치해서 경로우대 1명을 추가합니다.

2️⃣ [열차 조회하기]를 터치합니다.

3️⃣ ITX-새마을 06시 16분 열차 일반실을 선택하겠습니다. [일반실]의 운임요금을 터치합니다.

  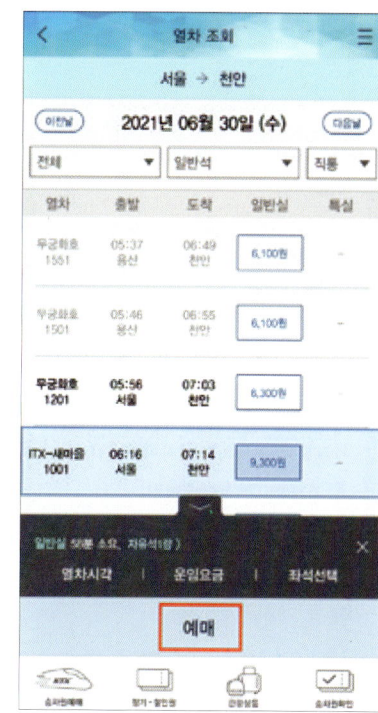

1 [좌석선택]을 터치합니다. 2 15A, 15B 두 좌석을 선택하고 [선택 완료]를 터치합니다.
3 [예매]를 터치합니다.

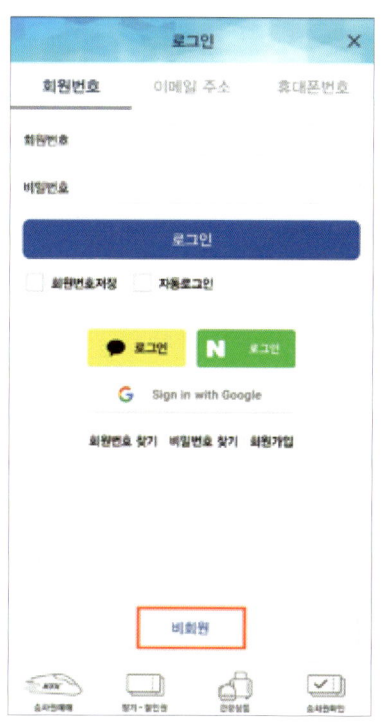 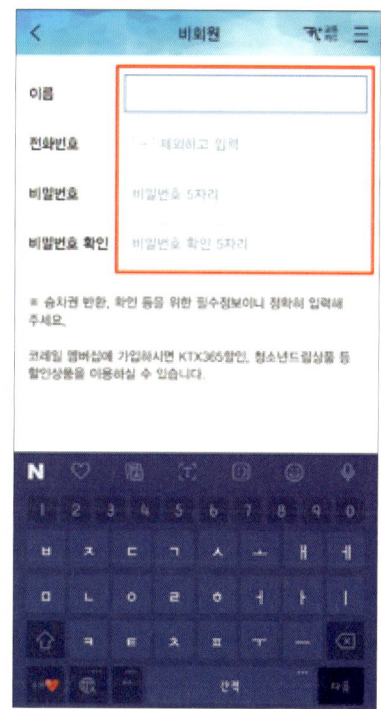 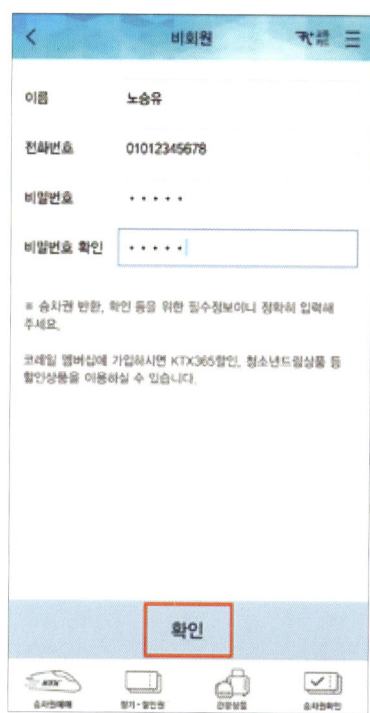

1 회원가입이 되어있지 않으면 비회원으로 열차표를 예매할 수 있습니다. [비회원]을 터치합니다.
2 이름, 전화번호, 임이의 비밀번호 5자리를 입력하고 똑같은 비밀번호 5자리를 입력합니다.
3 입력이 완료 되었으면 [확인]을 터치합니다.

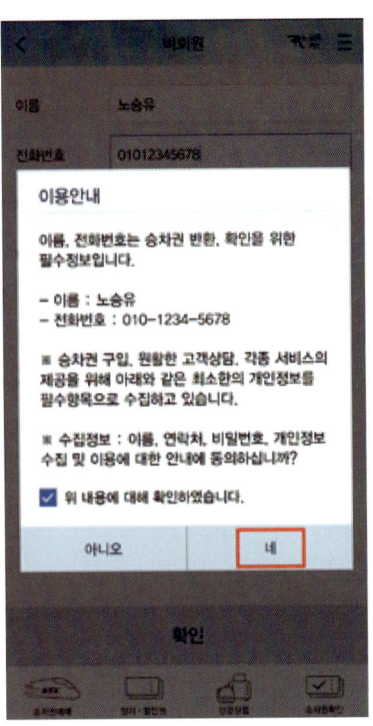 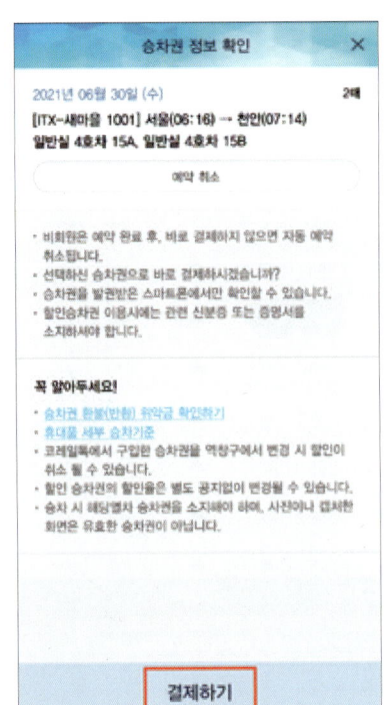 

1️⃣ 승차권 반환이나 확인을 위한 필수정보를 다시 확인하고 [네]를 터치합니다.

2️⃣ 예매 승차권을 확인하고 [결제하기]를 터치합니다.

3️⃣ 승차권 요금을 확인하고 [다음]을 터치합니다.

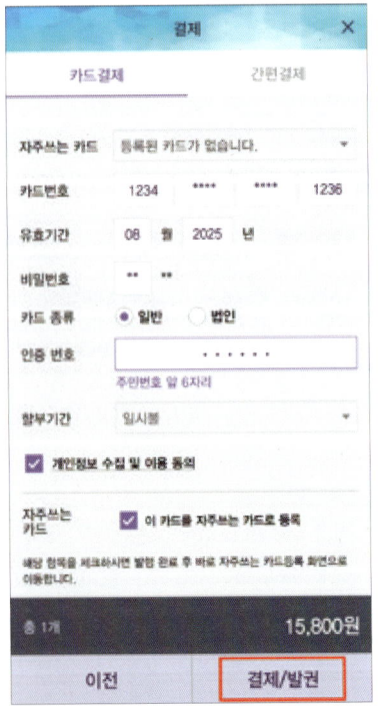  

1️⃣ 카드결제 화면에서 카드번호, 유효기간, 비밀번호, 주민번호 앞6자리를 입력하고 개인정보 수집 및 이용 동의를 해주고 [결제/발권]을 터치합니다. 2️⃣ 캡처한 승차권은 사용할 수 없고 부가운임이 발생될 수도 있습니다. 3️⃣ 운임영수증 [QR코드]를 터치하면 영수증을 확인 할 수 있습니다.

키오스크 앱 활용하기 - 영화티켓 예매하기

[CGV] 앱(App)의 활용

[특징]

- 영화 상세 페이지에서 영화 후기를 생생하게 공유하고 빠르게 예매 할 수 있습니다.
- 지금 예매로 극장 별 예매와 시간대 필터 적용이 한 번에 가능합니다.
- 더 빠르게, 더 자주 만날 수 있는 내 손안의 극장 CGV
- CGV 앱으로 더욱 풍부한 영화 정보와 편리해진 예매를 할 수 있습니다.

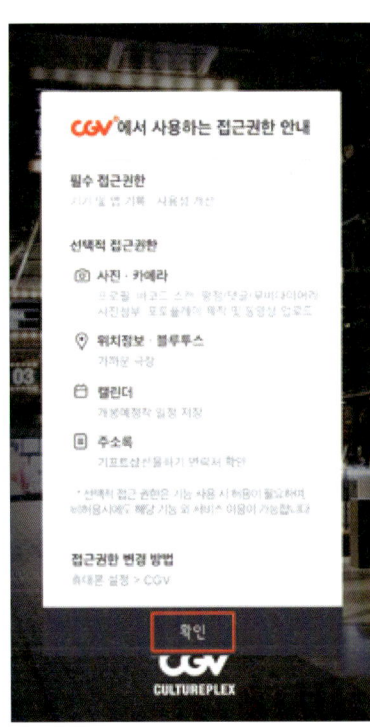  

1 CGV 앱을 설치하고 열어줍니다. 필수 접근권한의 [확인]을 터치합니다. 2 우측하단의 [지금예매]를 터치합니다. 3 자주가는 극장을 선택하고 영화를 볼 날짜를 선택한 후 [조회하기]를 터치합니다.

CHECK 리스트

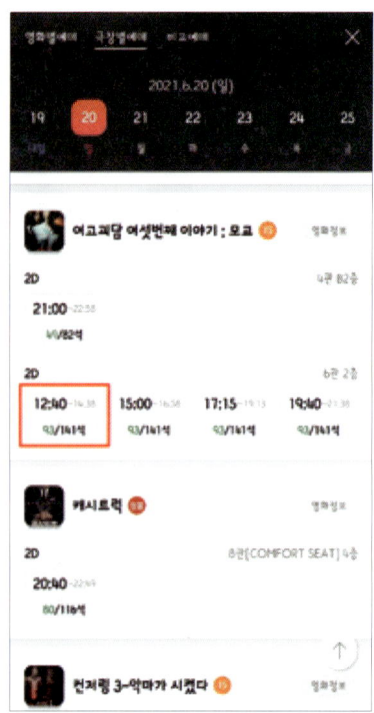 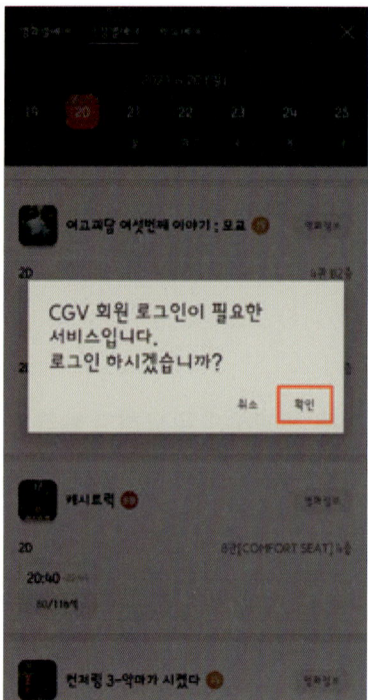 

1️⃣ 상영되는 영화시간을 확인하고 상영시간을 터치합니다. 상영시간 아래쪽에 좌석수도 표시되어 있습니다.
2️⃣ CGV 회원 로그인이 필요한 서비스입니다. [확인]을 터치합니다.
3️⃣ 회원가입을 했다면 ID와 비밀번호를 입력하고 아니라면 [비회원 예매하기]를 터치합니다.

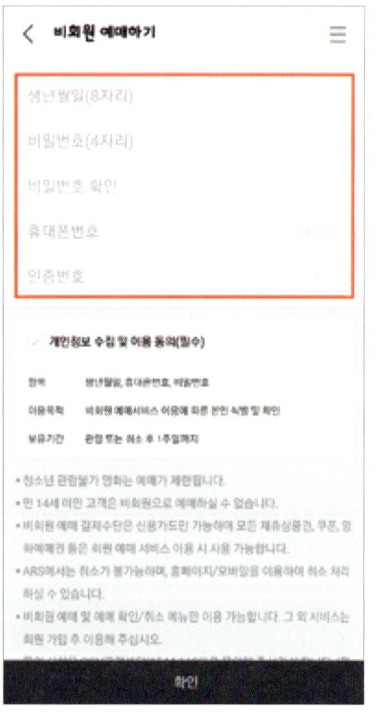  

1️⃣ 생년월일 8자리, 임의의 비밀번호 4자리, 같은 비밀번호로 한 번 더 입력합니다.
2️⃣ 휴대폰번호를 입력하고 [인증요청]을 터치합니다.
3️⃣ 인증번호를 입력하고 [인증확인]을 터치합니다.

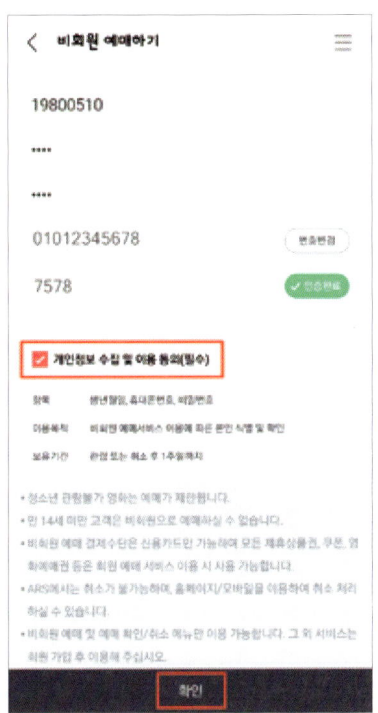 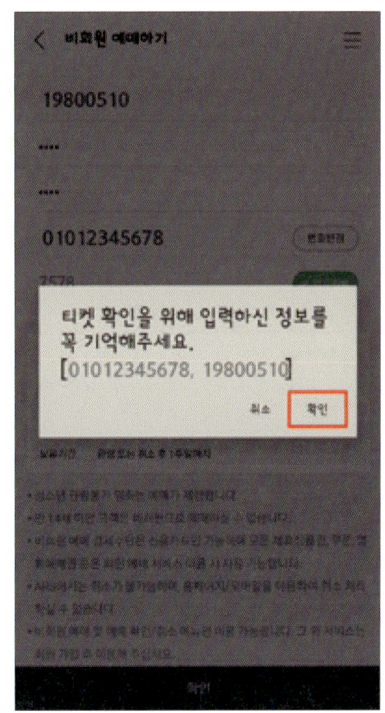 

1 개인정보 수집 및 이용동의에 체크를 하고 [확인]을 터치합니다.

2 티켓 확인을 위한 정보를 다시한번 확인하고 [확인]을 터치합니다.

3 인증절차가 끝난 후 화면 하단에 [인원선택]을 터치합니다.

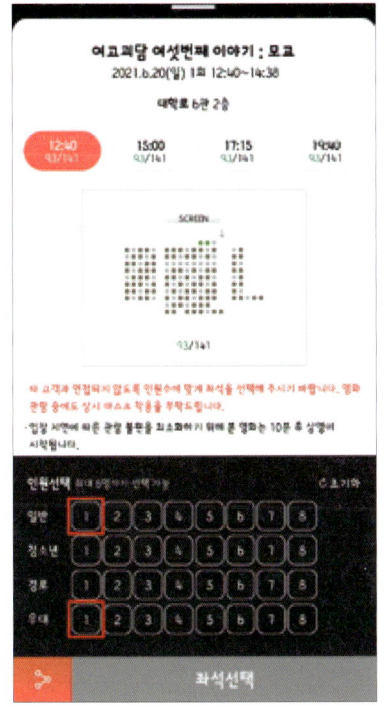 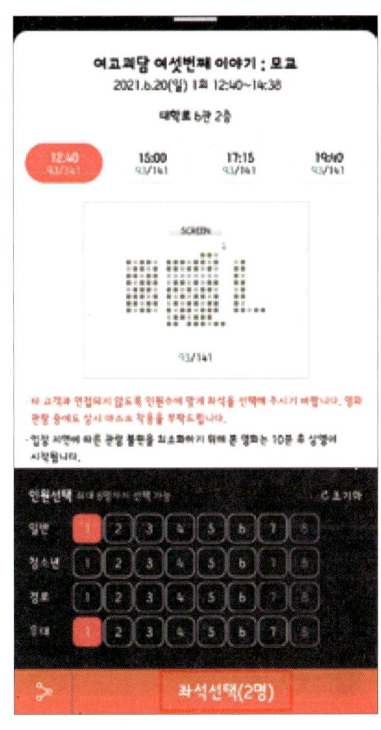 

1 영화를 볼 인원수를 터치합니다.

2 하단의 [좌석선택]을 터치합니다.

3 H12, H13 좌석을 선택하고 [결제하기]를 터치합니다.

 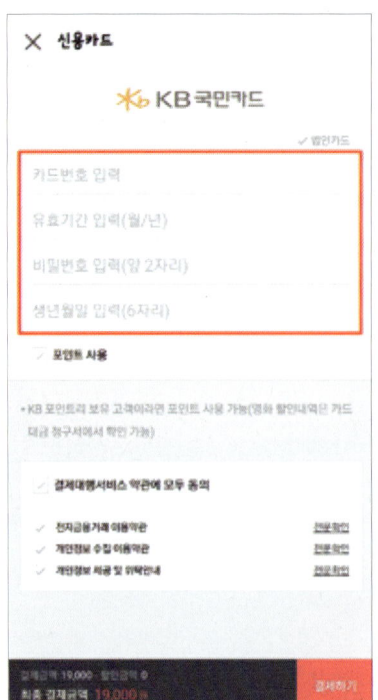 

1️⃣ 신용/체크카드에서 [카드]를 선택합니다. 국민카드를 선택해 보겠습니다.
2️⃣ 카드번호와 유효기간, 비밀번호 앞 2자리, 생년월일 6자리를 입력합니다.
3️⃣ 약관에 동의를 하고 하단의 [결제하기]를 터치합니다.

 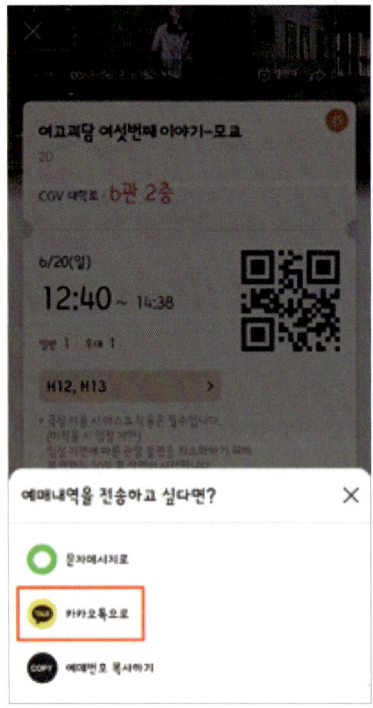 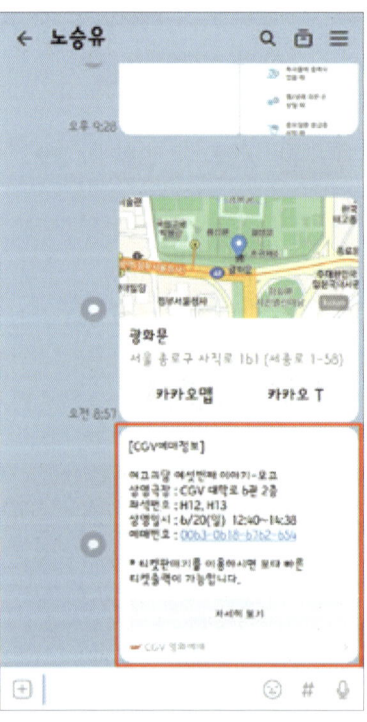

1️⃣ 영화티켓 예매가 완료되고 예매티켓을 확인할 수 있습니다. 우측상단의 [공유]를 터치하면 티켓을 공유할 수 있습니다. 2️⃣ 카카오톡으로 공유해 보겠습니다. 3️⃣ 카카오톡에 예매번호가 공유된 걸 확인할 수 있습니다.

 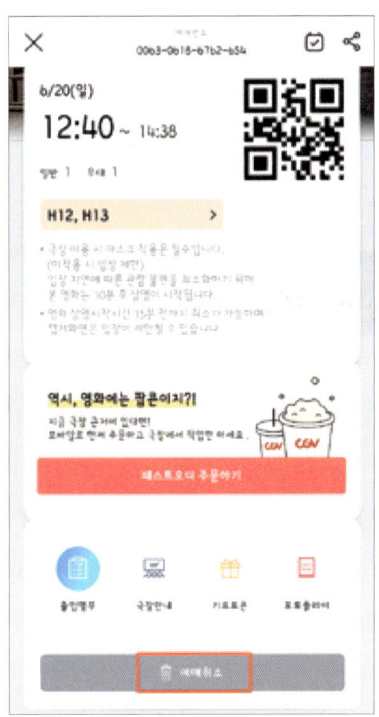 

1️⃣ 영화티켓을 예매한 후 CGV 앱 첫화면 상단에 예매티켓이 표시되어 있는 것을 확인할 수 있습니다. 스마트폰을 흔들어서 확인할 수도 있습니다.

2️⃣ 예매티켓 취소를 원하시면 티켓 제일 하단에서 [예매취소]가 가능합니다. [예매취소]를 터치합니다.

3️⃣ 예매티켓이 취소되고 카드취소가 되며 환불처리 된 것을 확인할 수 있습니다.

CHECK 리스트

키오스크 앱 활용하기 - 응급의료정보제공

[응급의료정보제공] 앱(App)의 활용

[특징]
- 병원안내, 약국안내, 진료병원, 명절(설, 추석) 병원/약국, 연휴병원/약국, 응급처치, 자동심장충격기 등 정보를 제공합니다.
- 보건복지부는 응급의료 수요증가 및 급변하는 IT(정보기술) 환경에 부응하기 위하여 스마트폰을 이용한 응급의료 관련 정보제공을 시작합니다.

[장점]
- 지도를 중심으로 실시간 진료 가능한 병원을 찾을 수 있습니다.
- 즐겨찾기로 자주 가는 병의원 및 약국을 모아볼 수 있습니다.
- 야간/주말 진료 가능한 병의원 및 약국을 찾을 수 있습니다.
- 명절 응급의료기관(휴일지킴이 약국) 찾기를 할 수 있습니다.

CHECK 리스트

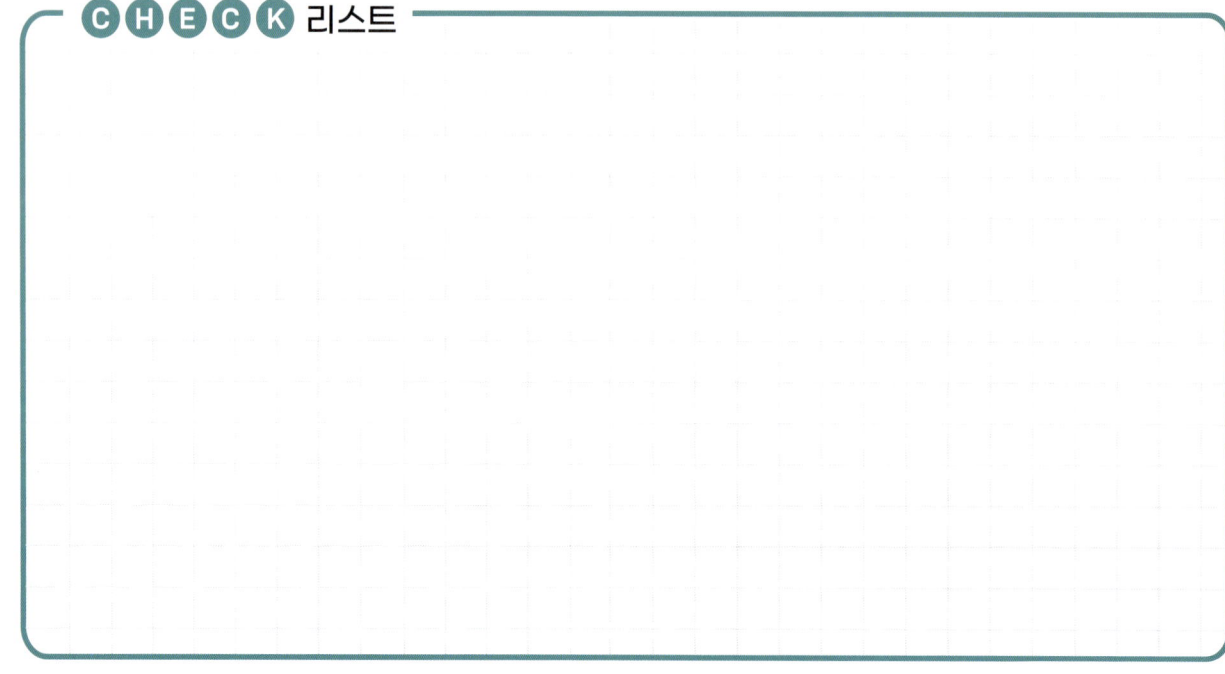

 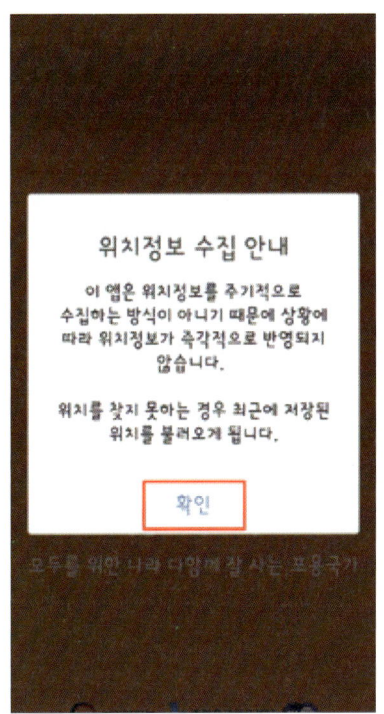 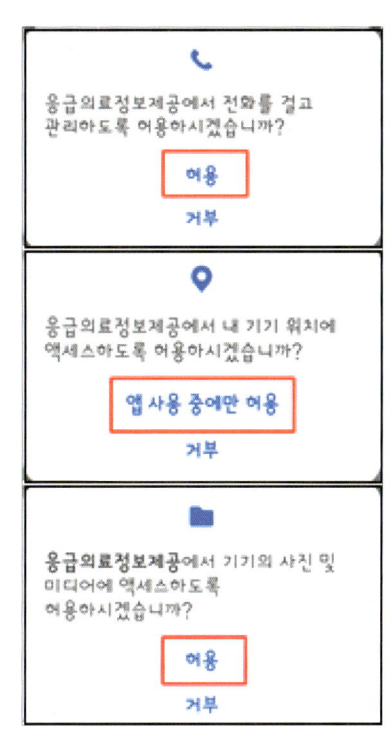

1️⃣ 구글 [Play 스토어]에서 [응급의료정보제공]을 설치한 후 열기 해주시고 3G/LTE 알림 [확인]을 터치합니다. 2️⃣ 위치정보 수집 안내 [확인]을 터치합니다.
3️⃣ 응급의료정보제공 앱 사용을 위한 권한을 [허용] 해줍니다.

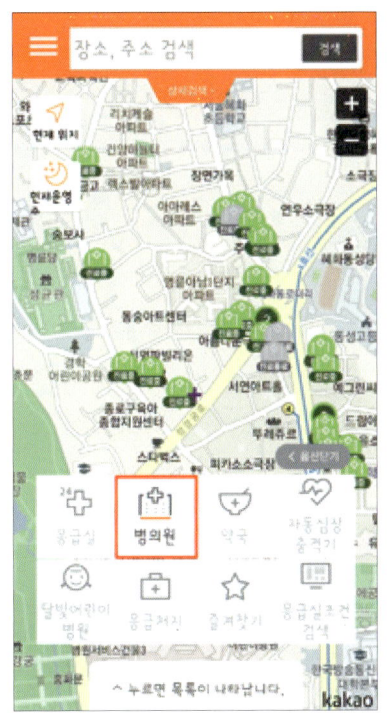  

1️⃣ 하단 옵션 메뉴에서 [병의원]을 터치합니다.
2️⃣ 상단의 검색창에서 병의원을 검색할 수도 있습니다.
3️⃣ 진료중인 병의원 터치하면 더 상세한 정보를 볼 수 있습니다. [혜화가정의원]을 터치합니다.

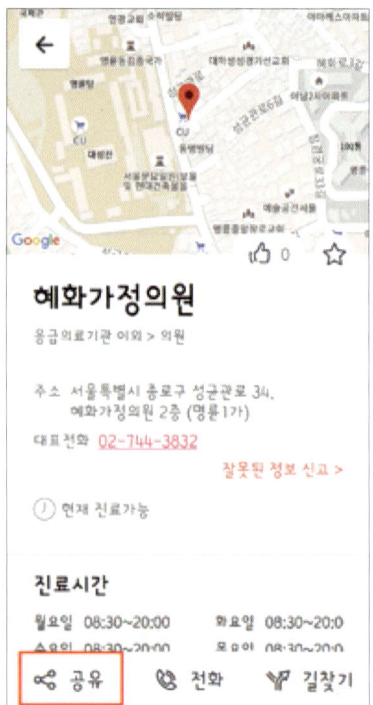  

1 좌측 하단의 [공유] 메뉴를 터치합니다.
2 카카오톡이나 페이스북으로 공유할 수 있습니다.
3 하단 중앙에 있는 [전화] 메뉴를 터치합니다.

 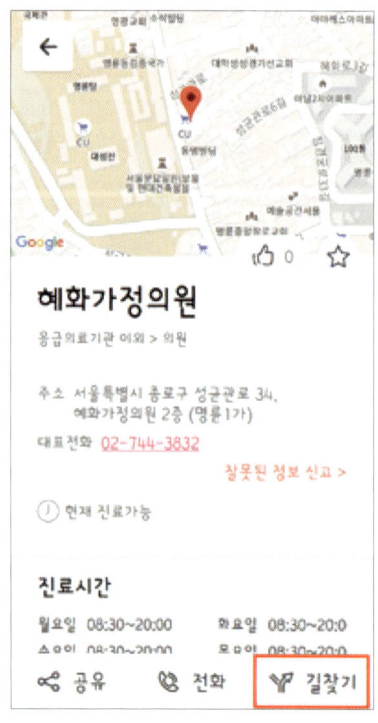 

1 병원으로 바로 전화를 걸 수 있습니다.
2 우측 하단의 [길찾기] 메뉴를 터치합니다.
3 카카오맵으로 연결이 되고 병원까지 찾아가는 경로를 보여줍니다.

  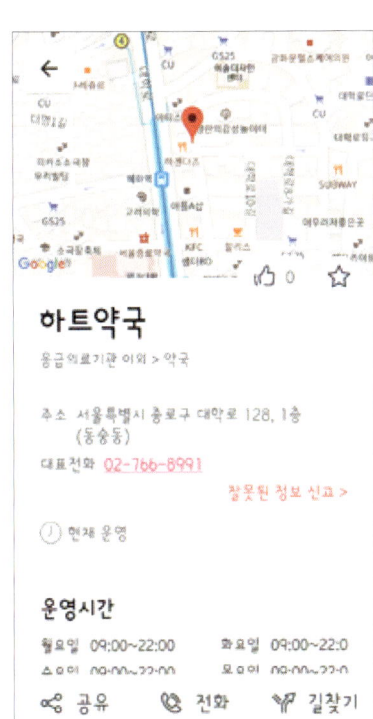

1️⃣ ①하단 옵션 메뉴에서 [약국]을 터치합니다. ②[누르면 목록이 나타납니다]를 터치하면 약국목록을 볼 수 있습니다. 2️⃣ 운영중인 약국을 터치합니다.

3️⃣ 약국에 대한 정보가 뜨고 하단메뉴를 사용해서 [공유], [전화], [길찾기] 정보를 이용할 수 있습니다.

 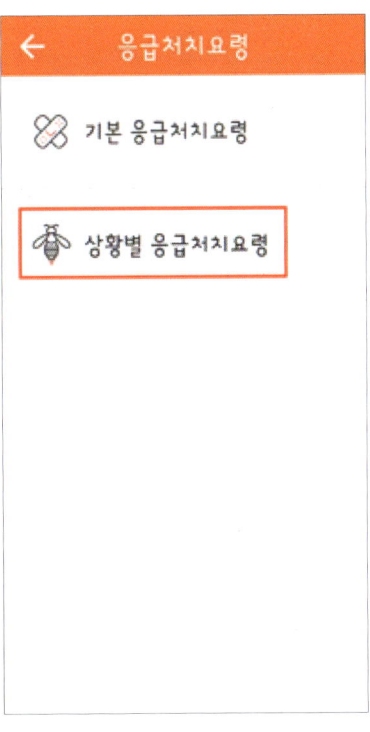 

1️⃣ 하단 옵션메뉴에서 [응급처치]를 터치합니다.
2️⃣ [상황별 응급처치요령]을 터치합니다.
3️⃣ 상황별 응급처치에 대한 정보를 열람할 수 있습니다.

키오스크 앱 활용하기 - 카카오택시

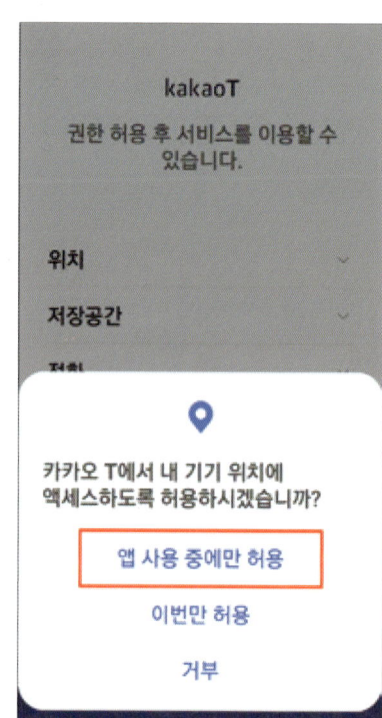

1. ①Play스토어 검색창에 [카카오 T]를 검색합니다. ②설치 후 [열기]를 터치합니다.
2. 서비스 이용 권한 허용에 [확인]을 터치하여 진행합니다.
3. 서비스 이용 권한 설정을 위해 3번의 [허용]을 터치하여 진행합니다.

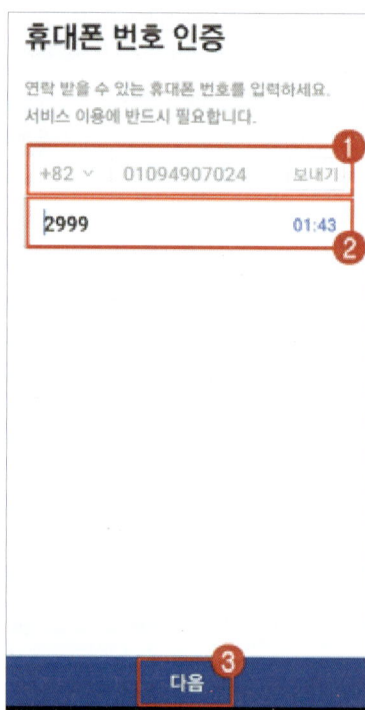

1. [카카오계정으로 시작하기]를 터치합니다. 2. [확인]을 터치합니다.
3. ①휴대폰 인증을 위해 전화번호를 입력 후 [보내기]를 터치합니다. ②문자로 전송된 [인증번호]를 입력합니다. ③[다음]을 터치합니다.

1 인증 절차가 끝났습니다. 카카오 T 첫 화면입니다. [택시]를 터치합니다. **2** ①위치 정보에 허용하였기에 [현재 위치]가 보입니다. ②[어디로 갈까요?]를 터치합니다. **3** ①[도착지 주소]를 입력합니다. ②정확한 주소를 확인 후 [도착]을 터치합니다

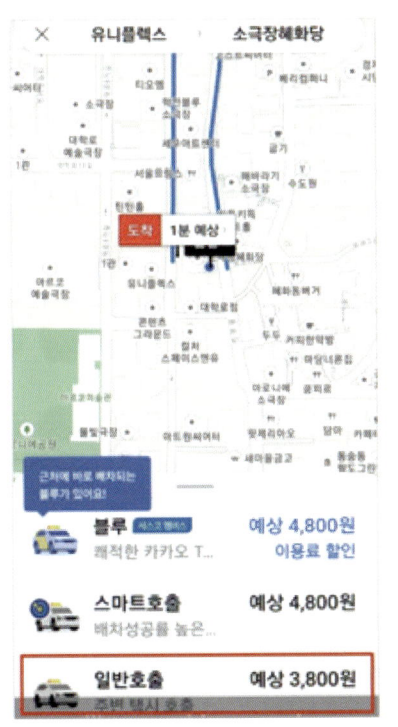 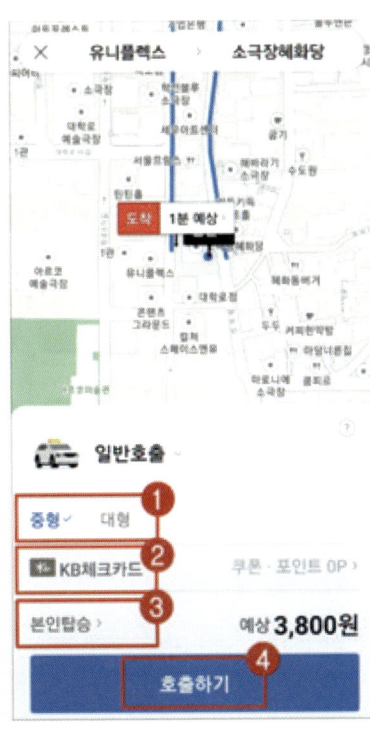 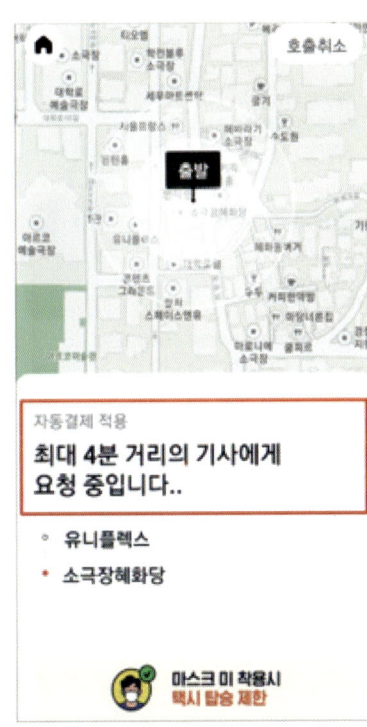

1 [일반호출]을 터치합니다. **2** ①중형 차와 대형 차를 선택할 수 있습니다.
②택시비 지불할 카드를 등록할 수 있습니다. ③본인 승차가 아닐 경우 연락처를 선택할 수 있습니다.
④[호출하기]를 터치합니다. **3** 가장 가까운 거리에 있는 기사에게 요청이 되고 호출이 정상적으로 접수되면 기사님의 현재 위치, 도착 시간, 차량번호까지 확인할 수 있습니다.

키오스크 앱 활용하기 - 배달(배민 등)

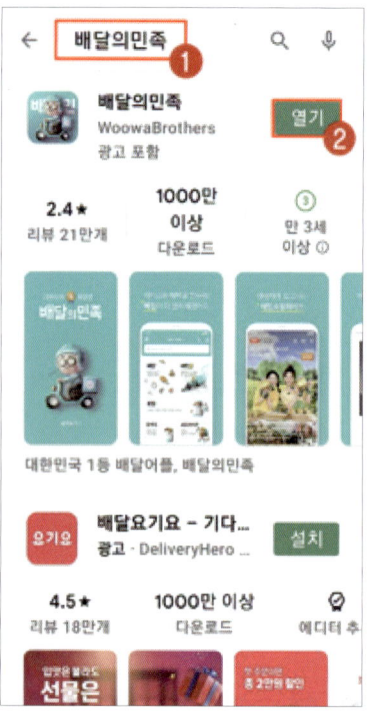
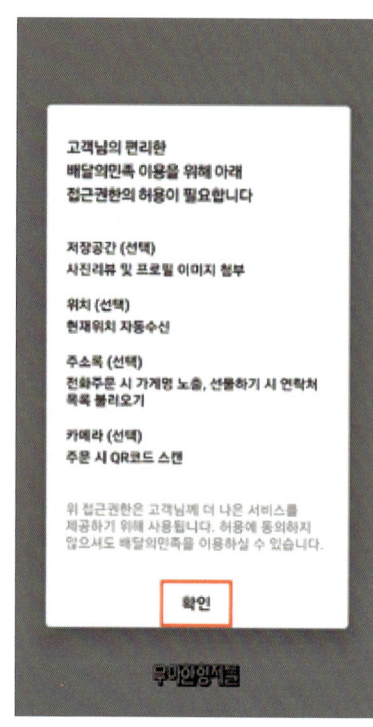
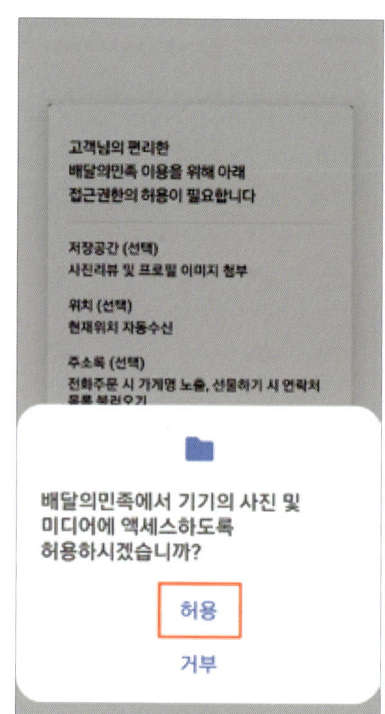

1 ①Play 스토어에서 [배달의민족]을 검색하여 설치 후 ②[열기]를 터치합니다.
2 권한 허용에 대한 안내가 보이고 [확인]을 터치합니다.
3 [허용]을 터치하여 진행합니다.

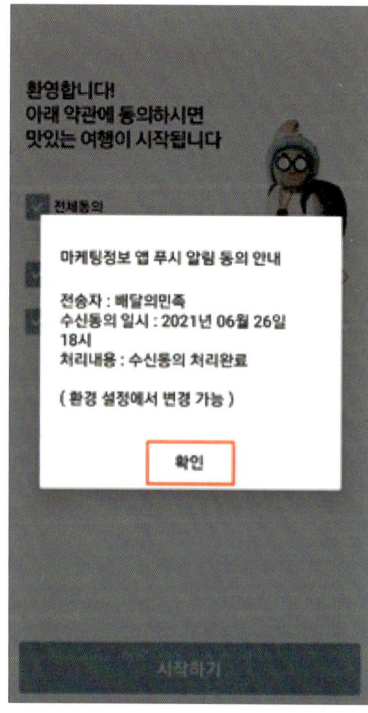
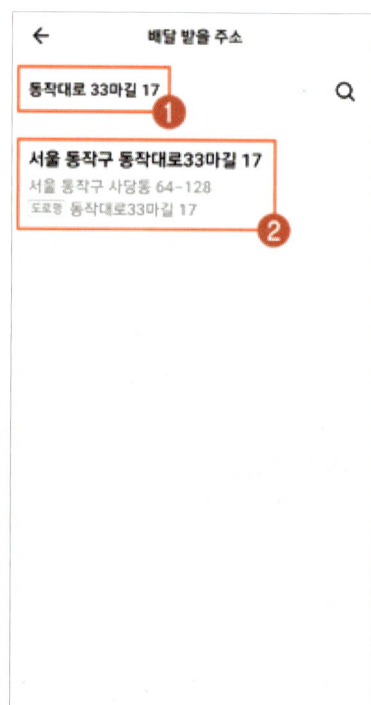

1 ①약관에 [전체동의]를 체크합니다. ②[시작하기]를 터치합니다.
2 [확인]을 터치하여 진행합니다.
3 ①주소를 검색합니다. ②배달 받을 주소를 선택합니다.

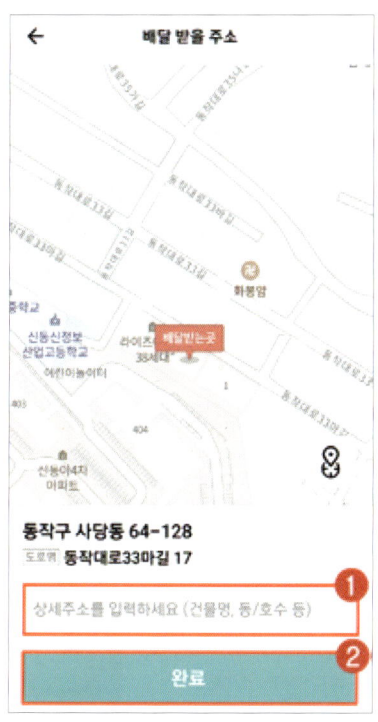

1️⃣ ①[상세주소]를 정확하게 입력 후 ②[완료]를 터치합니다.
2️⃣ 메인화면에서 [배달]을 터치합니다.
3️⃣ ①음식 카테고리에서 ②원하는 메뉴를 선택합니다.

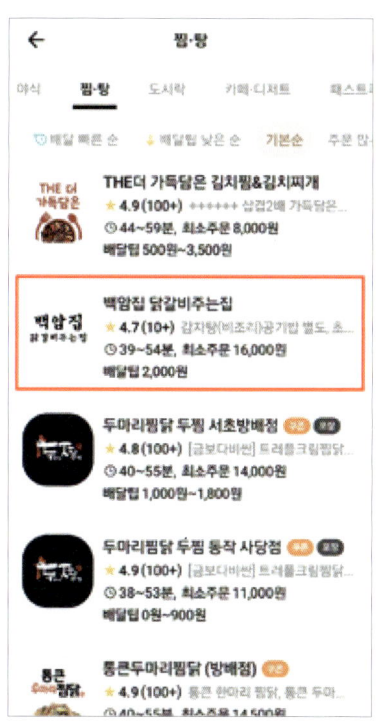

1️⃣ 화면에 노출되는 배달 음식점은 입력한 주소에 맞춰 갱신됩니다. 음식점을 선택합니다.
2️⃣ 음식점을 터치하여 화면을 드래그해서 메뉴를 확인합니다.
3️⃣ ①선택한 배달 음식점의 메뉴를 분류하여 빠르게 검색할 수 있습니다. ②원하는 음식을 선택합니다.

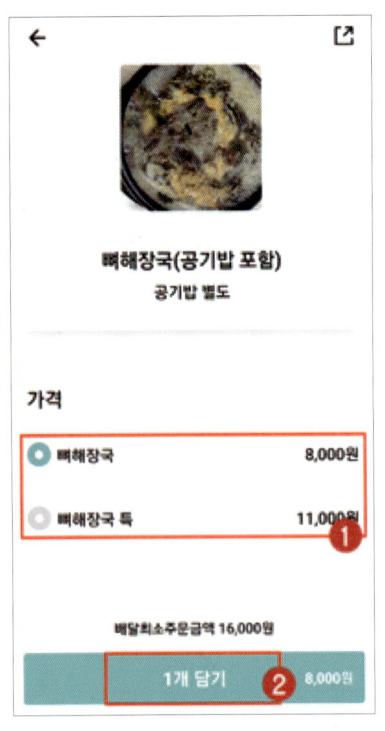  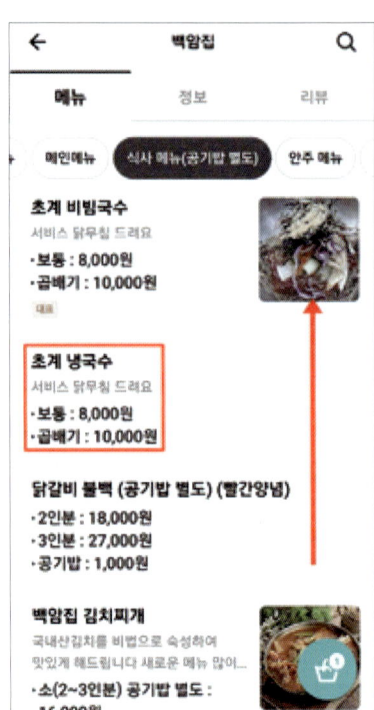

1 ①선택한 음식에 따라 조금씩은 다르지만 음식의 양이나 기호를 선택할 수 있는 화면입니다.
②1개 담기를 선택하여 음식을 장바구니에 담아주세요. **2** 선택한 음식이 장바구니에 담겨 1 표시가 생긴 걸 확인할 수 있습니다. **3** 추가 음식을 장바구니에 담을 수 있습니다.

1 장바구니 아이콘을 터치합니다. **2** ①선택한 음식의 개수를 바꿀 수 있습니다.
②추가할 음식이 있다면 [➕ 더 담으러 가기]를 선택하여 진행합니다.
③음식 담기가 끝났다면 주문 금액을 확인 후 [배달 주문하기]를 터치합니다.
3 [비회원으로 주문하기]를 기준으로 예시를 진행합니다.

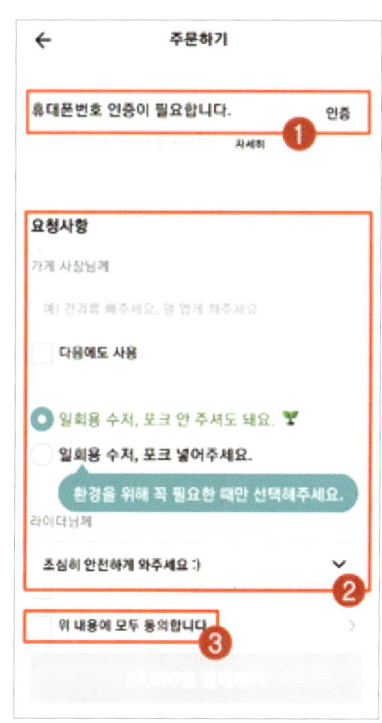 

1 ①비회원으로 진행하였기 때문에 배달 중 생기는 문제 해결을 위해 본인의 휴대폰 번호를 인증하여야 합니다. ②요청사항을 통해 배달에 필요한 정보를 추가적으로 음식점에 전달할 수 있습니다.
③[위 내용에 모두 동의합니다]를 체크합니다. **2** [결제하기]를 터치하여 결재를 진행하시면 됩니다.

CHECK 리스트

키오스크 앱 활용하기 - 쇼핑 (이마트, 네이버 앱 쇼핑)

1 네이버 앱 첫 화면입니다. ①네이버 아이디로 로그인합니다. ②[삼선] 메뉴 버튼을 터치합니다.

2 네이버에서 지원하는 많은 기능들의 바로 가기를 확인할 수 있습니다.
전체서비스에서 [네이버 쇼핑]을 터치합니다. **3** ①원하는 상품을 검색할 수 있습니다.
②[삼선]을 터치하면 배송현황 및 장바구니를 확인할 수 있는 [쇼핑 MY]에 진입할 수 있습니다.

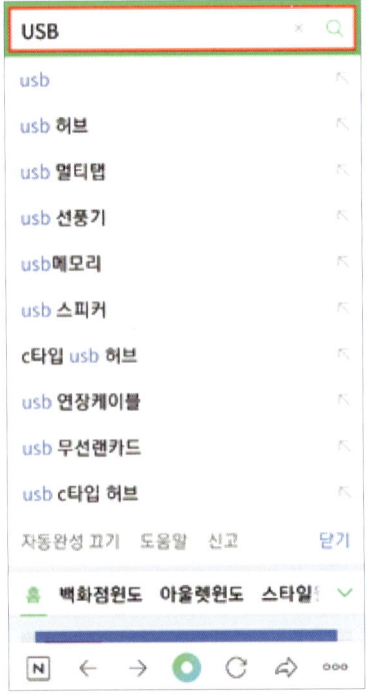 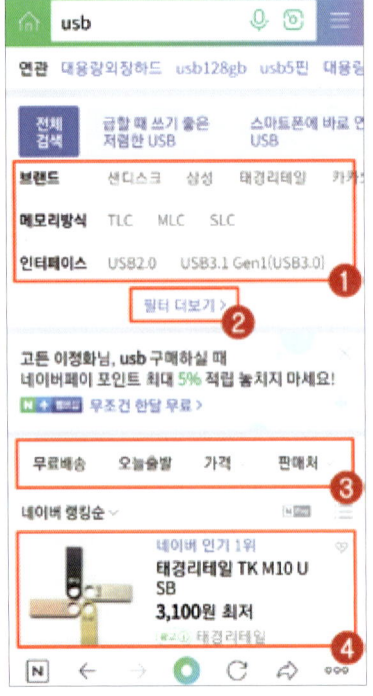 

1 검색창에 원하는 상품을 입력 후 돋보기 아이콘 검색을 터치합니다. **2** ①검색한 상품 형식에 맞춰 고를 수 있는 필터가 나옵니다. ②[필터 더보기]를 터치하여 상세한 필터 설정을 통해 원하는 제품을 찾을 수 있습니다. ③판매자 필터를 통해 원하는 조건의 제품을 찾을 수 있습니다. ④조건에 맞는 상품을 터치합니다. **3** [최저가 사러가기]를 터치합니다.

1 제품 옵션 더보기를 터치합니다. **2** ①제품의 색상을 선택할 수 있습니다. ②제품 수량을 선택합니다. ③[**구매하기**]를 터치합니다. **3** 로그인하지 않아도 비회원으로 주문할 수 있습니다. [**비회원으로 주문하기**]를 터치하여 진행합니다.

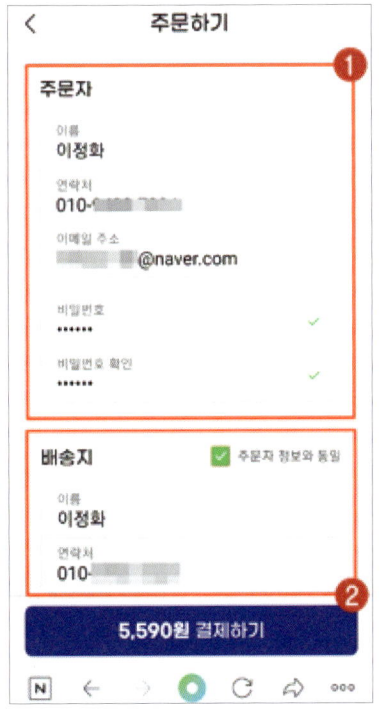  

1 ①주문자 이름, 연락처, 이메일, 비회원 주문서이기 때문에 주문한 제품에 대한 정보를 열람하는데 필요한 임시 비밀번호를 입력합니다. ②배송지를 입력합니다. **2** ①주소를 검색하여 입력합니다. ②배송 요청사항을 선택할 수 있습니다. **3** 결재할 카드사를 선택 후 하단 화면에 전체 동의에 체크합니다. [**결제하기**]를 터치하여 결제를 진행합니다.

키오스크 앱 활용하기 - 이마트몰

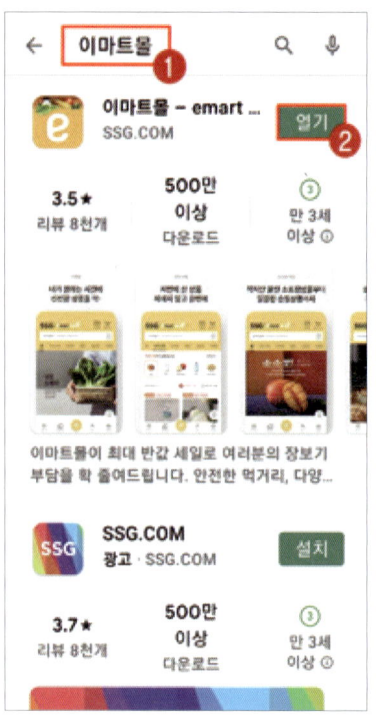 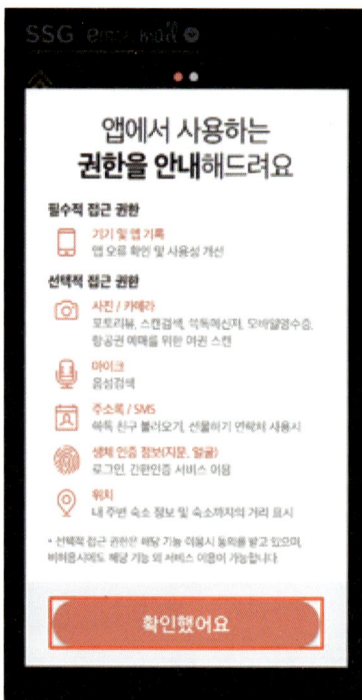 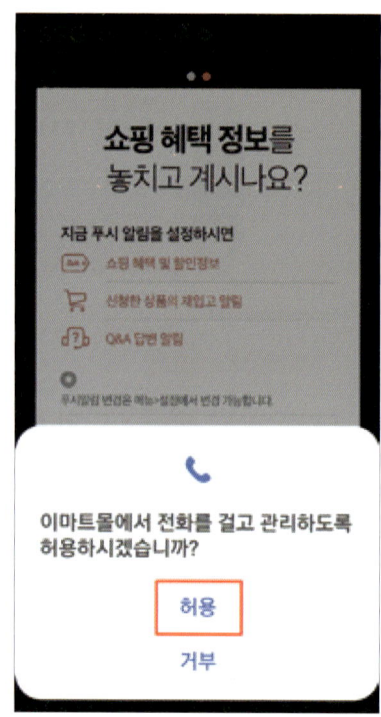

1️⃣ ①Play 스토어에서 [이마트몰]을 검색하여 설치 후 ②[열기]를 터치합니다.

2️⃣ 권한 안내 확인 후 [확인했어요]를 터치합니다. 3️⃣ [허용]을 터치하여 진행합니다.

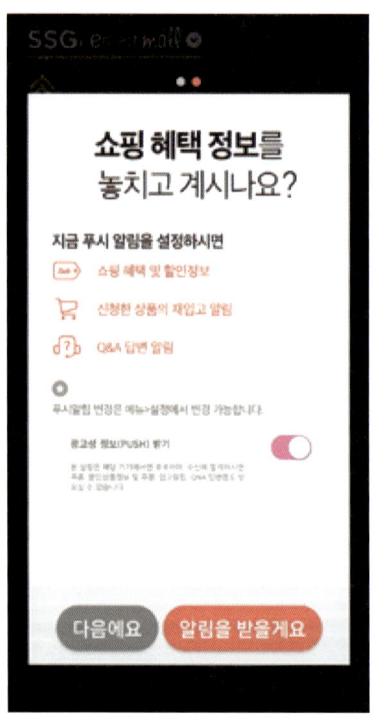  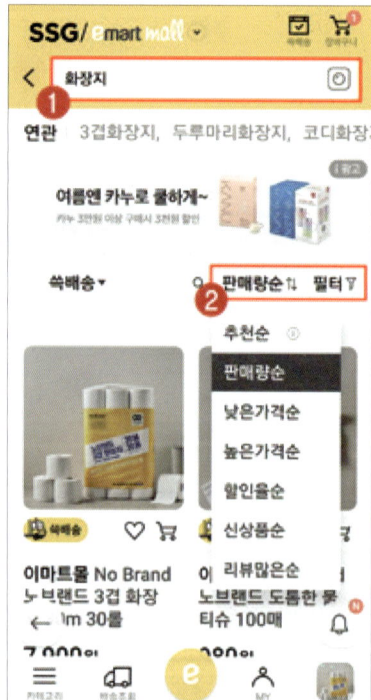

1️⃣ 쇼핑 광고 알림을 받을지 여부를 선택합니다. 2️⃣ 이마트몰 홈 화면입니다.

①원하는 상품 키워드를 직접 입력하여 검색할 수 있으며 ②하단 카테고리에서 선택할 수도 있습니다.

3️⃣ ①구매할 상품을 입력 후 검색합니다. ②원하는 조건의 필터를 선택할 수 있습니다.

  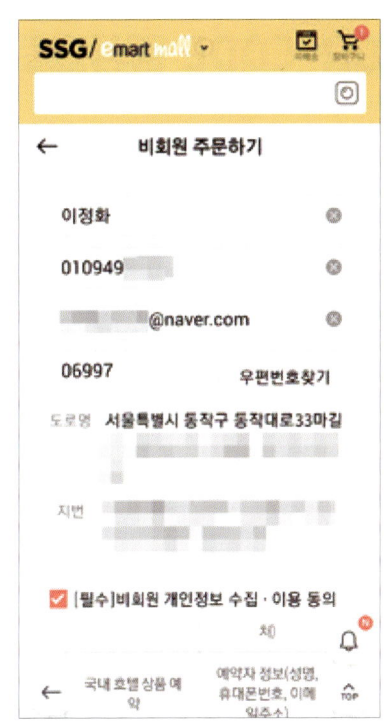

1️⃣ ①상품의 수량 및 색상을 선택할 수 있는 옵션 [더보기]입니다. ②추가로 구매할 상품이 있다면 [장바구니]를 터치합니다. ③추가 상품이 없다면 [바로구매]를 터치하여 진행합니다.

2️⃣ 로그인하지 않아도 비회원으로 주문할 수 있습니다. [비회원으로 주문하기]를 터치하여 진행합니다.

3️⃣ 주문자 이름, 연락처, 이메일, 주소, 개인정보 수집 동의 체크 후 [주문하기]를 터치합니다.

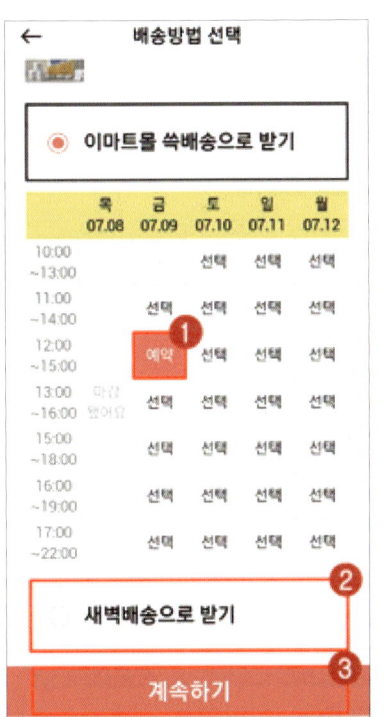 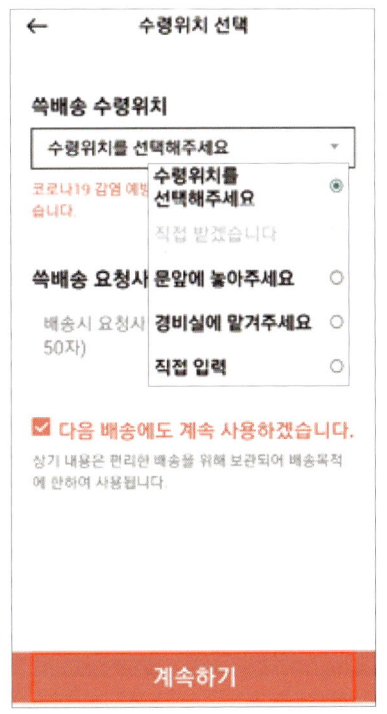 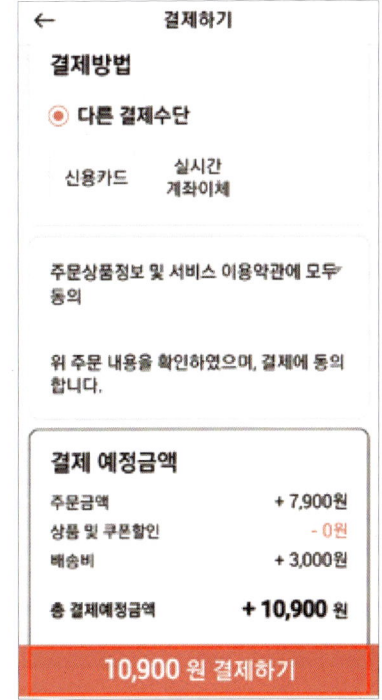

1️⃣ ①배송 날짜와 시간을 선택할 수 있습니다. ②일반 배송인지 새벽 배송인지 선택할 수 있습니다. ③[계속하기]를 터치합니다. 2️⃣ 배송 수령위치 선택, 요청사항 등을 입력 후 [계속하기]를 터치합니다. 3️⃣ 결재할 카드사를 선택합니다. 이용약관 동의 후 [결제하기]를 터치하고 [휴대폰 인증] 절차 후 결재를 진행합니다.

QR-CODE 영상으로 볼 수 있는 키오스크 현장

KTX 열차 예매하기	KTX 예매 취소하기
무인민원 발급기	베스킨라빈스31 주문하기
KFC 주문하기	맥도널드 주문하기
버거킹 주문하기	EDIYA 음료 주문하기
농협 ATM 사용하기	무인점포매장 이용하기

스마트폰, 요금제, 보험 선택하는 방법

▶ 통신사 단말기보험 선택하기

< SKT 단말기 보험, 2021년 7월 기준 >

T 올케어플러스 이용 요금

구분	기종	상품	이용료	자기부담금 (분실)	자기부담금 (파손)	자기부담금 (완전파손)	가입 가능 단말 출고가	보상 횟수
분실파손	안드로이드	T 올케어플러스 200 >	9,900원	40만원	10만원		150만원 초과	분실 1회 파손 3회
		T 올케어플러스 150 >	7,400원	35만원	8만원		150만원 이하 80만원 초과	
		T 올케어플러스 80 >	4,900원	15만원	4만원		80만원 이하	
		T 올케어플러스 폴드 >	11,500원	65만원	20만원	-	z-폴드 시리즈	
	애플	T 올케어플러스 i200 >	10,300원	50만원			150만원 초과	
		T 올케어플러스 i150 >	8,300원	40만원	액정 10만원 리퍼 25만원		150만원 이하 100만원 초과	
		T 올케어플러스 i100 >	6,300원	25만원			100만원 이하	
파손	안드로이드	T 올케어+파손 200 >	6,500원		10만원	10만원	150만원 초과	파손 3회 완전파손 1회
		T 올케어+파손 150 >	5,700원		8만원	8만원	150만원 이하 80만원 초과	
		T 올케어+파손 80 >	3,900원		4만원	4만원	80만원 이하	
		T 올케어+파손 폴드 >	8,900원	-	20만원	20만원	z-폴드 시리즈	
	애플	T 올케어+i200 >	7,300원				150만원 초과	파손 3회
		T 올케어+i150 >	6,200원		액정 10만원 리퍼 25만원	10만원	150만원 이하 100만원 초과	
		T 올케어+i100 >	5,100원				100만원 이하	

1 스마트폰 보험은 단말기 분실이나 파손에 대비해 매월 보험료를 납부하고, 단말기 분실이나 파손 시 도움을 받는 부가서비스입니다. 납부하는 보험료에 따라 단말기 분실이나 파손 시 보상받을 수 있는 금액에 차이가 있습니다.

단말기 보험은 스마트폰 교체 시에 가급적 가입하실 것을 권합니다. 약정기간 내내 납부하는 보험료가 부담된다면 스마트폰 교체 직후 3개월~6개월만이라도 보험을 가입하는 것이 바람직합니다. 스마트폰 교체 직후 새 스마트폰에 적응하는 과정에서 스마트폰을 분실하는 경우가 많기 때문이기도 하고, 구입 초기에 스마트폰을 분실하면 오랫동안 큰 부담을 감당해야 하기 때문입니다.

KT에는 스마트폰을 구입하고 1개월 이후에 가입할 수 있는 보험상품도 있지만, 통상적으로 단말기 보험은 새 폰을 구입하고 30일이 경과하면 가입이 불가능하다는 점을 꼭 기억하시기 바랍니다.

▶ 통신사 시니어요금제 선택하기

또한, 요금상품을 선택하는 것은 스마트폰을 구입하는 것 이상으로 중요합니다. 본인의 통화량과 데이터사용량 등을 참고해서 적당한 요금제를 선택하는 것이 현명한 통신생활의 첫걸음이기 때문입니다. 스마트폰을 사용하면서 수시로 통신매장에 들러 본인의 요금제를 점검하는 것도 좋은 습관입니다.

<SKT 시니어 요금제, 2024년 3월 기준>

<KT 시니어 요금제, 2024년 3월 기준>

▶ 통신사 스마트폰 계약 주의사항

스마트폰 계약을 하면서 참고할 사항입니다. 첫 번째는 내가 가입하고자 하는 통신사를 정확히 구분할 수 있어야 합니다. 알뜰폰은 통신사의 망을 임대해서 제공하는 서비스로 요금이 저렴한 장점이 있지만, 매장이 없어서 전화로만 업무가 가능한 단점이 있습니다. 수시로 매장에 방문해서 스마트폰 사용에 대해 문의를 해야하는 어르신들은 불편할 수 있으니 주의가 필요합니다.

※ MNO(Mobile Network Operator) : skt kt lgu+와 같은 이동통신사업자
※ MVNO(Mobile Virtual Network Operator) : MNO의 망을 임대하여 서비스하는 사업자
< 출처 : 한국알뜰통신사업자협회 >

구분	이동통신사업자(3개사)	알뜰폰(27개사)
의미	KT SKT LGU+ 3개 통신사	이동통신사의 망을 빌려서 통신서비스 제공
장점	✓ 직영 매장 이용 편리 ✓ 가족결합 할인 가능 ✓ 기종, 요금제 종류 다양	✓ 전체적으로 요금 저렴 ✓ 약정 조건 부담 적음
단점	✓ 기본 24개월 약정 조건	✓ 가족결합 할인 불가
매장	직영 매장이 다수 존재 (3사 합계 전국 1만여개)	직영 매장 없음 (전화로만 업무 처리)

두 번째는 통신사 직영매장과 판매점을 구분해야 합니다. 통신사 직영매장은 각 통신사에서 직접 관리하는 매장으로, 해당 통신사의 요금제 가입이 가능하고 고객정보 전산을 통해 개통~요금수납 ~ 명의변경 등 모든 업무처리가 가능합니다. 판매점은 통신사와 직접적인 계약 관계가 없어서 모든 통신사의 요금제와 단말기 상담이 가능한 장점이 있습니다.

< KT직영매장 / SKT 직영매장 >   < 판매점 >

구분	직영대리점	판매점
간판	KT SKT LGU+ 등 특정 통신사만 명시	통신사 로고를 다양한 형태로 조합 가능
전산 프로그램	통신사 전산을 통해 사용내역 조회 가능	거래처 대리점을 통해 전화로 정보 조회
상품·서비스	특정 통신사 단말기와 요금제만 안내	여러 통신사 단말기와 요금제 상담
매장 지속성	통신사에서 지원하는 형태로 매장 변동 적음	개인이 운영하는 형태로 매장 변동이 많음

세 번째는, 통신서비스 계약에 대한 안내입니다.

①통신서비스 계약은 기기를 구입하는 계약과 요금제를 약정하는 계약 2건으로 진행됩니다
②스마트폰 할부 계약은 무이자가 아니라 5.9% 할부이자가 있습니다
③요금제 약정 가입은 기본 24개월이고, 자급제폰이나 중고폰은 12개월 약정도 가능합니다

네 번째는 통신서비스 계약 주의사항입니다.

①전화가입 권유는 가급적 거절하세요 (각 통신사에서 고객관리를 위해 좋은 조건을 제시하는 전화상담도 있지만, 상담내용과 다르게 가입이 이루어져서 피해를 보는 경우도 있습니다)
②할부원금과 할부기간을 꼭 확인하세요 (월 통신요금을 낮추기 위해 할부기간을 길게 설정하는 방법은 할부이자로 인해 부담만 키울 수 있습니다)
③개인별 데이터 사용량에 맞는 요금제를 선택하세요
④가족들이 같은 통신사에 가입해 결합할인을 받는 것도 좋은 방법입니다
⑤매월 요금할인을 받을 수 있는 제휴카드 할인도 검토해보세요

유용한 앱 활용하기

스마트폰 하나면 노래방이 필요없다 (노래방 종결자)

 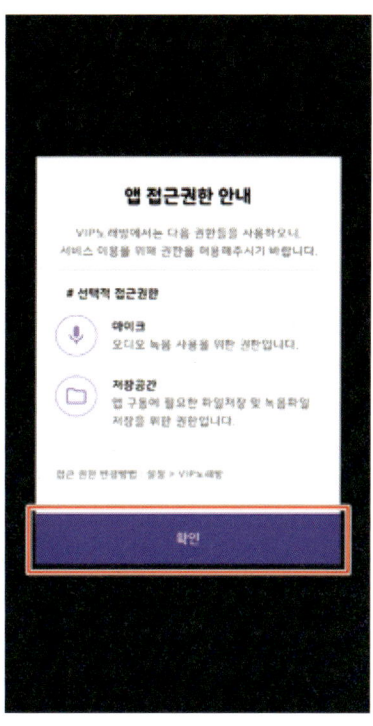 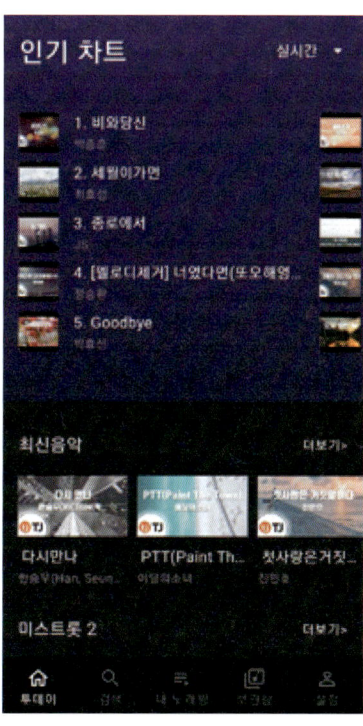

1️⃣ Play 스토어에서 [노래방 종결자]를 검색합니다. 2️⃣ 어플 설치를 위해 앱 접근권한 안내를 확인합니다. 3️⃣ 인기차트 등을 통해 음악 재생이 가능합니다.

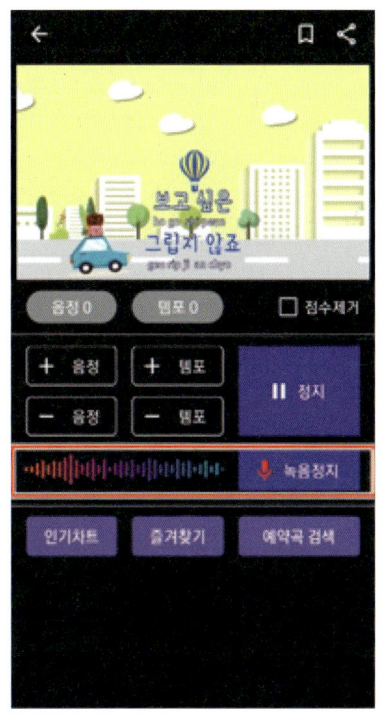  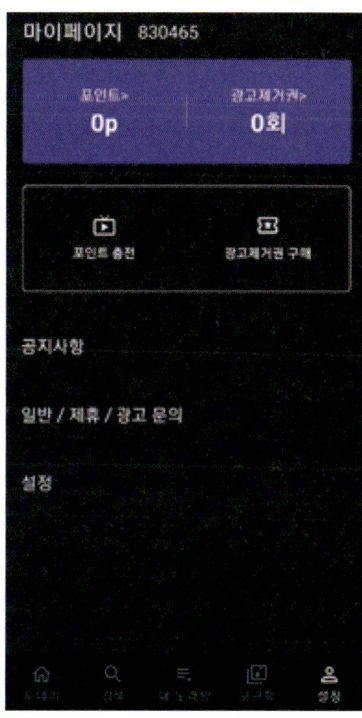

1️⃣ 음악을 선택하면 녹음시작, 정지를 통해 본인의 노래를 녹음하고 공유할 수 있습니다. 2️⃣ 검색 기능을 통해 원하는 음악을 찾아볼 수 있습니다. 3️⃣ 마이페이지에 충전된 포인트 등을 확인할 수 있습니다.

LED 전광판

❶ Play 스토어에서 [LED전광판]을 검색합니다. ❷ 좌우 화살표 버튼으로 글씨가 움직이는 방향을 설정할 수 있습니다. ❸ ➖ ➕ 버튼으로 글씨 크기를 조정할 수 있습니다.

❶ [TEXT COLOR] 버튼으로 글씨 색상을 조정할 수 있습니다. ❷ [BACK COLOR] 버튼으로 배경 색상을 조정할 수 있습니다. ❸ [START] 버튼으로 조정한 내용을 실행할 수 있습니다.

어르신들이 꼭 알고 활용해야 할 디지털 범죄 예방 앱

세상에 이런일은 없다!

- 금융감독원에서 일반 사람들에게 전화할 일은 없다!
- 경찰청 직원 가족이 아니라면 검찰청에서 전화할 일은 없다!
- 결혼식 청첩장 전달할 때 친한 사람은 직접 전화한다.
- 택배 - 운송장번호, 네이버 택배 조회해 본다.
- 문서요구 - 문자로 폰 고장 났다고 신분증 요구할 일은 없다.
- 큰 범죄를 저질러도 검찰청이나 금융권에서 급하게 일처리 하지 않는게 현실이다!

디지털 범죄

디지털 범죄는 정보통신망을 이용하여 타인의 권리를 침해하거나 범죄를 저지르는 행위를 말합니다.

디지털 범죄 구분

❶ 정보통신망 이용형 범죄

인터넷, 스마트폰, SNS 등 정보통신망을 이용하여 타인의 금전이나 재산을 편취하거나, 개인정보를 빼돌리는 등의 범죄를 말합니다.

예시) 사이버사기, 사이버금융범죄, 개인·위치정보 침해 등이 있습니다.

❷ 정보통신망 침해형 범죄

인터넷, 스마트폰, SNS 등 정보통신망의 정상적인 기능을 방해하거나, 정보통신망을 침입하여 타인의 정보를 빼돌리거나, 정보를 훼손하는 등의 범죄를 말합니다.

예시) 해킹, 서비스 거부공격, 악성프로그램 등이 있습니다.

❸ 불법콘텐츠형 범죄

인터넷, 스마트폰, SNS 등 정보통신망을 이용하여 음란물, 불법 도박, 음란·폭력성 게시물 등을 유포하거나, 저작권을 침해하는 등의 범죄를 말합니다.

예시) 사이버성폭력, 사이버도박, 사이버 명예훼손 등이 있습니다

> ★ **한국 인터넷 진흥원 (https://www.kisa.or.kr/301)**
> 정보통신망의 고도화와 안전한 이용촉진 및 정보보호·디지털과 관련한 대국민 지원을 효율적으로 추진하고자 설립된 기관입니다. 사이트에 방문해서 '고객서비스' 메뉴를 클릭하시면 유용한 다양한 '주요 서비스'를 이용할 수 있습니다.

모바일 범죄

모바일 범죄는 디지털 범죄의 한 유형으로 볼 수 있지만, 모바일 기기의 특성상 다음과 같은 특징을 가지고 있습니다.

모바일 범죄 특징

❶ 범죄의 범위가 다양화되고 있다.

모바일 기기를 이용하여 사이버사기, 사이버금융범죄, 사이버성폭력, 사이버도박, 사이버 명예훼손, 사이버저작권침해 등의 범죄를 저지를 수 있습니다.

❷ 범죄의 난이도가 낮아지고 있다.

모바일 기기를 이용한 범죄는 비교적 간단한 기술만으로도 저지를 수 있어, 범죄에 대한 진입 장벽이 낮아지고 있습니다.

❸ 범죄의 피해가 심각해지고 있다.

모바일 기기를 이용한 범죄는 피해자의 개인정보 유출, 금전 피해, 명예훼손, 심리적 피해 등 심각한 피해를 초래할 수 있습니다.

모바일 범죄 예시

① **사이버 사기 :** 모바일 메신저, SNS, 쇼핑몰 등 모바일 기기를 이용하여 피해자에게 접근하여 금전이나 재산을 편취하는 범죄입니다.

② **사이버 금융범죄 :** 모바일 기기를 이용하여 금융기관을 사칭하거나, 악성 프로그램을 유포하여 피해자의 금융 정보를 빼돌리는 범죄입니다.

③ **사이버 성폭력 :** 모바일 기기를 이용하여 피해자의 성적 촬영물을 불법 촬영하거나, 유포하는 범죄입니다.

④ **사이버저작권침해 :** 모바일 기기를 이용하여 저작권이 있는 콘텐츠를 무단으로 복제하거나, 유포하는 범죄입니다.

⑤ **사이버도박 :** 모바일 기기를 이용하여 불법 도박을 하는 범죄입니다.

⑥ **사이버 명예훼손 :** 모바일 기기를 이용하여 피해자의 명예를 훼손하는 범죄입니다.

모바일 범죄 피해 예방 안전 수칙

● **개인정보를 안전하게 관리하세요.**
SNS, 쇼핑몰 등에서 개인정보를 입력할 때는 반드시 주의하고, 비밀번호는 자주 변경하세요.

● **출처가 불분명한 메시지나 링크는 클릭하지 마세요.**
악성 프로그램이 첨부된 메시지나 링크를 클릭하면 개인정보가 유출되거나, 피해를 입을 수 있습니다.

● **안전한 Wi-Fi에 접속하세요.**
공공장소의 Wi-Fi는 보안이 취약할 수 있으므로, 중요한 정보를 입력하거나, 개인정보를 다룰 때는 안전한 Wi-Fi에 접속하세요.

● **최신 보안 업데이트를 적용하세요.**
모바일 기기의 운영체제나 애플리케이션의 보안 업데이트를 최신 상태로 유지하세요.

꼭 알고 활용해야 할 모바일 범죄 예방 정보

스미싱

Q : 문자에 있는 인터넷 링크주소만 터치해도 내 정보가 유출 되나요?

A : 스미싱은 문자메시지(SMS)와 피싱(Phishing)의 합성어로,

❶ '무료쿠폰 제공', '돌잔치 초대장', '모바일 청첩장' 등을 내용으로 하는 문자메시지 내 인터넷주소 클릭하면

❷ 악성코드가 스마트폰에 설치되어

❸ 피해자가 모르는 사이에 소액결제 피해 발생 또는 개인·금융정보 탈취

● **문자에 있는 링크 클릭시 일어날 수 있는 일**

① 폰에 해킹 어플이 설치됨

② 특정 이유를 들어 개인정보 요구

③ 전화 도청 또는 문자 메시지 해킹 등이 일어날 수 있습니다.

개인정보를 요구한다면 이를 거절하면 될 것입니다.

그러나 해킹 어플이 자동으로 설치되거나 도청, 문자메시지 해킹이 된다면,
폰 소유자 본인은 이유도 알지 못한 상태로 본인의 여러 정보들이 새어나갈 수 있습니다.

이런 형태는 결국 해킹하는 측에서 마음만 먹는다면 얼마든지 피해를 줄 수 있기 때문에 무척이나 위험합니다.

그렇기 때문에 스미싱 문자의 링크는 애초에 누르지 않는 것이 최선입니다. 하지만 그들의 수법에 속아 실수로라도 누르게 된다면, 그때는 어떻게 대처해야 할지에 대해 알아보도록 하겠습니다.

● 스미싱 문자의 링크를 누른 후 대처 방법(안드로이드)

① 한국인터넷진흥원 118 상담센터로 전화하여 상담

② Play 스토어에서 백신 어플 (V3, 알약 등) 다운로드 후 악성코드 검사 및 치료

③ "내 파일" > Download 폴더 > apk 파일 있다면 삭제

④ 통신사 소액결제 차단, 콘텐츠이용료 결제 중지/차단 신청

⑤ 통신사 부가서비스인 번호도용차단서비스 신청

⑥ 휴대폰에 보관 중이던 공인인증서 폐기

⑦ 스미싱 문자 내 URL 주소 신고
(휴대폰 간편신고 or 보호나라 홈페이지에서 신고 접수)

⑧ 금전적 피해를 당했을 경우, 경찰서(☎112)에 피해 내용을 신고하여 '사건사고 사실확인원'을 발급받아 이동통신사, 게임사, 결제대행사 등 관련 사업자에게 제출하면 피해 구제를 받을 수 있다고 합니다.

⑨ 더 자세한 정보는 방송통신 이용자 정보 포털 사이트 참조하세요.

★ 금융감독원보이스피싱지킴이
(https://www.fss.or.kr/fss/main/sub1voice.do?menuNo=200012)

★ 보호나라 홈페이지 (https://www.boho.or.kr/main.do)

★ 와이즈유저 (www.wiseuser.go.kr)

이것만은 꼭 알고 계시면 **디지털 범죄 예방하실 수 있습니다!**

- ☑ 정부기관이나 금융기관은 어떠한 경우에도 전화나 문자로 금전 및 개인정보를 요구 하지 않습니다.

- ☑ 의심전화 표시 앱 적극 활용하기 : T전화, 후후(WhoWho), 후스콜

- ☑ 통장 양도 및 매매 금지

- ☑ ATM 지연인출제도 : 100만원 입금시 이체 및 인출 30분 지연시킬 수 있으며 사기범의 현금인출 시간을 지연시키는게 목적입니다. 이 서비스를 이용하시려면 거래 은행을 통해 ATM 지연 인출 시스템을 미리 신청하시기 바랍니다.

- ☑ 지연이체 서비스 : 자금 이체시 일정시간 송금시간을 지연시키는 서비스로 피해구제를 위한 시간을 확보 하실 수 있습니다. 직접 본인이 신청하셔야 합니다.

- ☑ 입금계좌 지정 서비스 : 내가 지정한 계좌 외에는 1일 100만원 이내 소액 송금만 가능하며 보이스피싱 사고를 사전에 방지하는 것이 목적입니다.

- ☑ 해외 IP차단 서비스 : 해외접속 IP를 통해서 이용되는 이체거래를 차단하는 서비스이며 해외에서 보이스피싱을 시도하는 경우 원천적으로 차단하는 것이 목적입니다. 스마트폰이든 PC든 상관없이 거래할 수 있는 단말기를 미리 지정하여 승인할 수 있습니다. 승인되지 않은 기기에서 거래 요청이 들어올 경우 추가 인증이 필요하므로 무단 액세스를 효과적으로 방지하고 개인 정보 도난 위험을 줄일 수 있습니다.

- ☑ 고령자 지정인 알림 서비스 : 고령자 지정인 알림 서비스는 고령자를 대상으로 하는 서비스로 사기 대출을 예방하는 데 도움이 됩니다. 이 서비스는 만 65세 이상 고객이 카드론을 이용할 때마다 지정한 사람에게 문자 메시지를 발송합니다. 고령자는 건망증과 조작에 취약하기 때문에 이 알림 시스템은 잠재적인 대출 사기를 방지하는 안전장치 역할을 합니다. 가족 등 신뢰할 수 있는 사람이 알림을 받도록 사전 승인하면 노인은 사기 대출 거래를 예방할 수 있습니다.

- ☑ 112(경찰청) 또는 1332(금융감독원)에 전화해서 지급 정지 요청을 하실 수 있습니다.

- ☑ 개인정보노출자 사고 예방시스템(https://pd.fss.or.kr)에서 신규 계좌 개설 제한을 하실 수 있습니다.

- ☑ 계좌정보통합관리서비스(www.payinfo.or.kr)에서 모든 계좌 일괄지급정지 신청을 하실 수 있습니다.

- ☑ 명의도용방지서비스(www.msafer.or.kr)에서 휴대전화 신규 개설 방지 신청을 하실 수 있습니다.

스마트폰에서 10가지 실습하기

- [✓] 스마트폰 2단계 인증

- [✓] 설정 ➡ 보안 및 개인정보 보호 ➡ 보안 업데이트 ➡ 소프트웨어 업데이트

- [✓] 출처를 알 수 없는 앱 설치 권한 확인
   ➡ 설정 ➡ 보안 및 개인정보 보호 ➡ 출처를 알 수 없는 앱 설치 비활성화

- [✓] 앱 권한관리 설정하기

- [✓] 위치 권한 설정하기

- [✓] 잠금화면 설정 여부 점검

- [✓] 구글 플레이 프로텍트 인증 기능 사용여부 점검

- [✓] 알약 설치 ➡ 다양한 보안 서비스 활용하기

- [✓] 보안폴더 활용하기

- [✓] 개발자 옵션 활성화 여부 점검 ➡ 비활성화 되어 있는 경우 안전
   개발자 옵션은 보안 조치를 우회하는 데 악용될 수 있는 고급 기능을 제공하므로 민감한 데이터에 무단 접근으로 이어질 수 있습니다. 개발자 옵션을 활성화 할 경우 동의 없이 사용자 데이터를 수집하고 전송할 수 있으므로 사용자의 개인정보를 침해할 수 있습니다.

생활법률 앱(APP) 다운받기
앱을 설치하신 후, 상단 검색창에 "**전자 금융 범죄**"를 입력하시면 다양한 자료를 보실 수 있습니다.

Ai 챗GPT 어렵지 않아요!

1 Ai란 무엇인가?

2 스마트폰에서 ChatGPT 시작하기

● AI 추천사이트

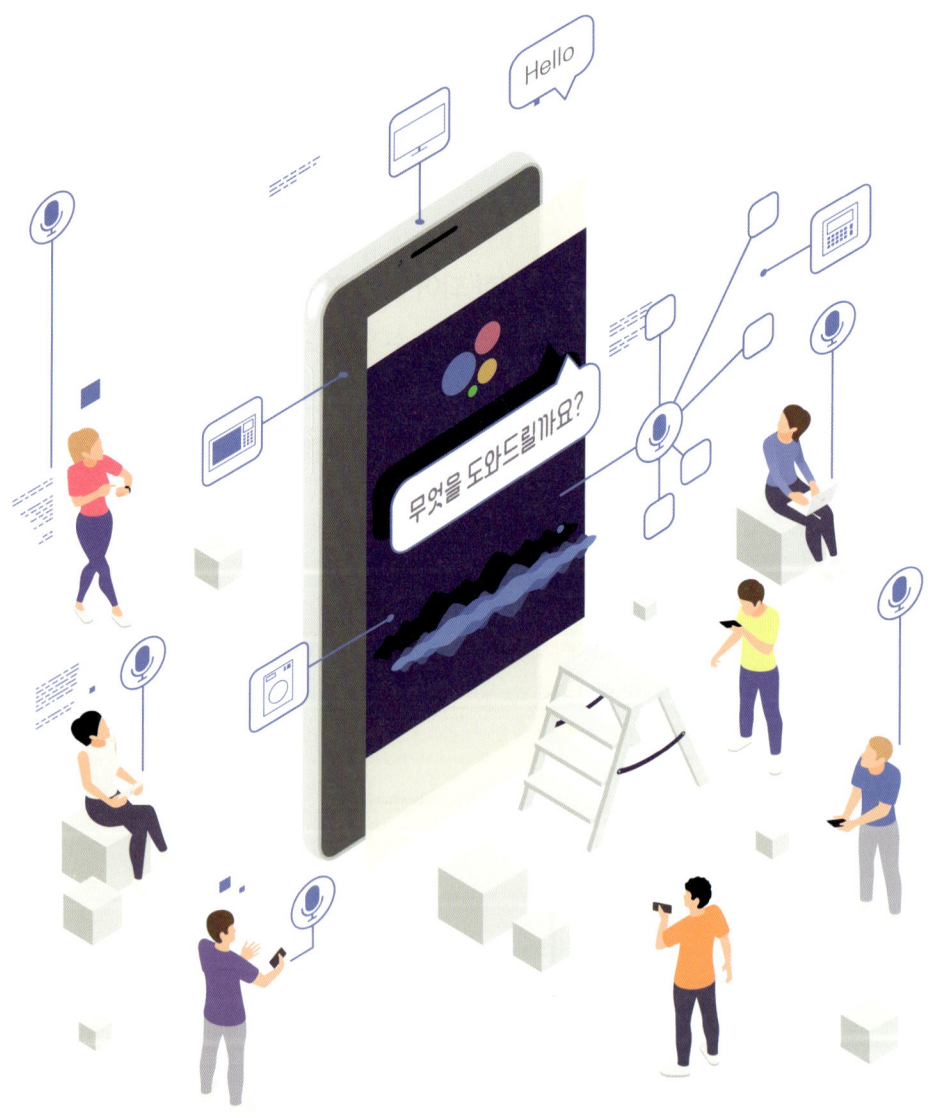

1 AI란 무엇인가?

AI는 Artificial Intelligence의 약자로, '인공지능'이라고 읽습니다.

인공지능은 학습, 문제 해결, 패턴 인식 등과 같이 주로 인간 지능과 연결된 인지 문제를 해결하는 데 주력하는 컴퓨터 공학 분야입니다.

인간의 지능에는 학습 능력, 추론 능력, 지각 능력 등이 있는데, 인공지능은 이러한 능력을 컴퓨터에 구현하여 다양한 문제를 해결할 수 있도록 합니다.

AI, 즉 인공지능은 컴퓨터나 기계가 인간처럼 생각하고 학습할 수 있게 만든 기술입니다. 이 기술은 다양한 방식으로 우리 주변에 적용되고 있습니다.

예를 들면, 스마트폰의 음성인식 기능, 자동차의 자율주행 시스템, 인터넷 쇼핑몰에서 개인의 취향에 맞춘 상품 추천 등이 모두 AI 기술을 사용하고 있습니다.

인공지능은 다양한 분야에서 활용되고 있습니다. 대표적인 분야로는 다음과 같은 것들이 있습니다.

자율주행 자동차: 자동차가 스스로 운전하는 기술에도 인공지능이 핵심적인 역할을 합니다. AI는 도로 상황, 교통 신호, 주변 차량을 인식하고 이해하여 안전한 운전을 가능하게 합니다.

의료: 인공지능은 의료 이미지 분석, 예를 들어 X-레이나 MRI 스캔에서 질병을 감지하는 데 사용됩니다. AI 알고리즘은 이러한 이미지를 빠르고 정확하게 분석하여 의사가 진단을 내리는 데 도움을 줄 수 있습니다.

금융: 은행과 금융 기관은 AI를 사용하여 사기 거래를 감지하고 위험 관리를 수행합니다. AI 시스템은 대량의 거래 데이터를 분석하여 이상 행동을 식별할 수 있습니다.

교육: 인공지능은 학생들의 학습 스타일과 성취도를 분석하여 개인별 맞춤형 학습 경험을 제공할 수 있습니다. 예를 들어, AI가 학생의 약점을 파악하고 그에 맞는 추가 학습 자료를 제공함으로써 효과적인 학습을 돕습니다.

고객 서비스: 많은 회사에서는 챗봇을 이용하여 고객 문의에 대응하고 있습니다. 이 챗봇들은 자연어 처리(NLP)라는 AI 기술을 사용하여 사람들의 질문을 이해하고 적절한 답변을 제공합니다.

추천 서비스: 넷플릭스나 유튜브 같은 플랫폼은 사용자의 시청 이력과 선호도를 분석하여 맞춤형 콘텐츠를 추천합니다. 이러한 추천 시스템 뒤에는 사용자 데이터를 분석하고 학습하는 AI 알고리즘이 있습니다.

분석 서비스: 기후 데이터를 분석하여 기후 변화의 원인과 영향을 연구하는 것으로, 기후 변화에 대응하기 위한 정책 수립에 기여합니다. 예를 들어, 미국 NASA는 인공지능을 활용하여 지구의 기후 변화를 연구하고 있습니다.

신약 개발: 인공지능을 활용하여 신약 후보 물질을 발굴하고 개발하는 것으로, 신약 개발의 효율성과 성공률을 향상시키는 데 기여합니다. 예를 들어, 화이자는 인공지능을 활용하여 신약 개발을 진행하고 있습니다.

Ai는 크게 두 가지 주요 요소로 구성됩니다.
머신러닝(Machine Learning)과 딥러닝(Deep Learning)

인공지능 ▶ 머신러닝 ▶ 딥러닝 관계

인공지능 | Artificial Intelligence
학습, 문제해결, 패턴 인식 등과 같이 주로 인간 지능과
연결된 인지 문제를 해결하는 데 주력하는 컴퓨터 공학 분야

머신러닝 | Machine Learnign
컴퓨터가 스스로 학습하여 인공지능의 성능을
향상시킬 수 있도록 알고리즘과 기술을 개발하는 분야

딥러닝 | Deep Learning
인간의 뉴런과 비슷한 방식으로 심층 인공 신경망을
기반으로 학습 방식을 구현하는 머신러닝 기술

머신러닝(Machine Learning) 은 컴퓨터에게 많은 데이터를 주고 그 안에서 패턴을 찾게 하는 방식입니다.

예를 들어, 수많은 고양이 사진을 컴퓨터에게 보여주면서 이것이 고양이라고 알려주면 컴퓨터는 점점 더 고양이를 잘 구별하게 됩니다.

딥러닝(Deep Learning) 은 기계학습의 한 분야로, 인간의 뇌가 작동하는 방식을 모방한 신경망(Neural Networks)을 사용합니다. 이 신경망은 많은 계층과 노드로 구성되어 있어서, 복잡하고 추상적인 개념까지 학습할 수 있습니다.

기계학습(Machine Learning)과 딥러닝(Deep Learning)에 대해서 좀 더 자세히 알아보겠습니다.

2 스마트폰에서 ChatGPT 시작하기

1 구글 계정 만들기

챗GPT에 [회원가입]하기 위해서는 이메일 계정이 필요합니다. 이메일 계정은 구글, 애플, 마이크로소프트, 네이버 등을 사용할 수 있으나 본 교재에서는 [구글 계정]을 사용해서 회원 가입해 보도록 하겠습니다. 먼저 구글 계정을 만들어 보겠습니다. 본인의 구글 계정 아이디와 비밀번호를 알고 계신 분은 건너뛰어도 됩니다.

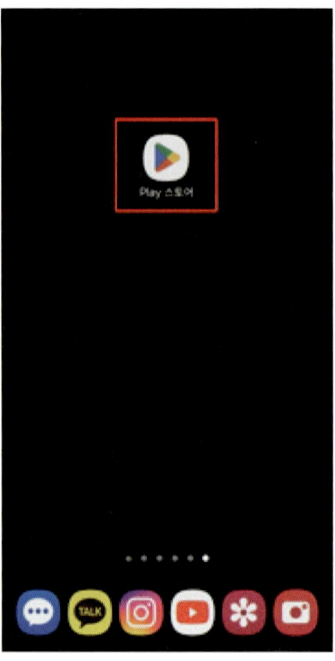  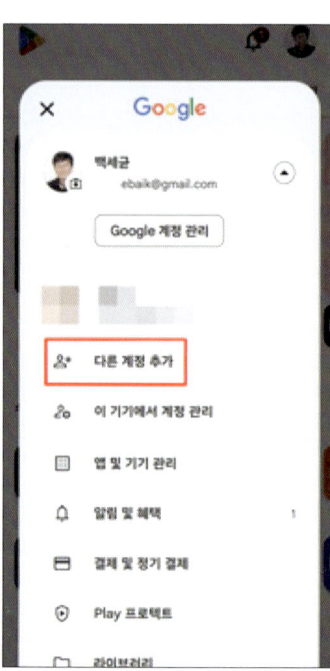

1 [Play 스토어 ▶] 앱을 터치하여 실행합니다. 2 우측 상단의 [프로필 아이콘]을 터치합니다.
3 Google 계정관리에서 [다른 계정 추가]를 선택합니다.

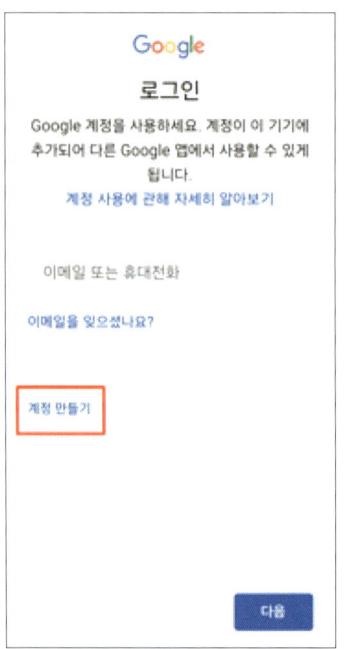  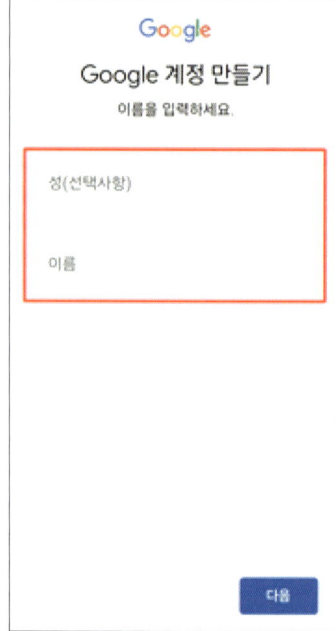

1 [계정 만들기]를 터치합니다. 2 직장용으로 구글 계정을 만드는 것이 아니라면 [개인용]을 터치합니다.
3 [성명]을 입력합니다.

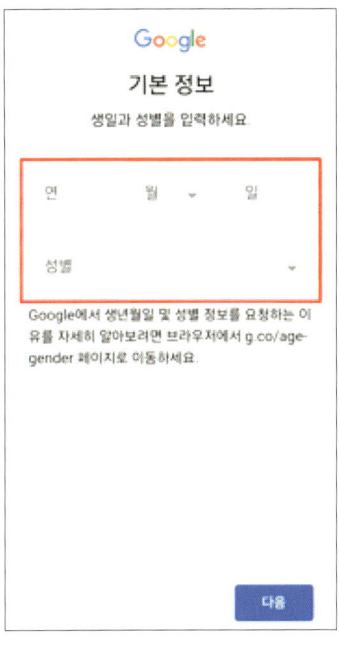  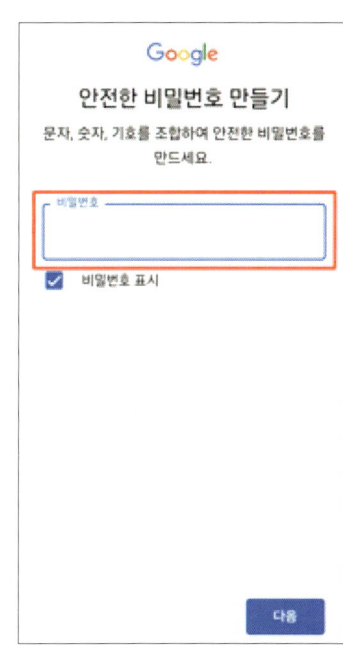

1. [생년월일과 성별]을 입력합니다. 참고로 13세 이하는 구글 계정을 만들 수 없습니다.
2. [Gmail 주소 만들기]를 진행합니다. 구글에서 추천해 주는 이메일 주소 중에서 선택해도 되고 본인이 직접 메일 주소를 만들어도 됩니다. 다만, 다른 사람이 보유하고 있지 않은 주소를 선택해야 합니다.
3. 문자, 숫자, 기호를 조합하여 안전한 [비밀번호]를 만듭니다.

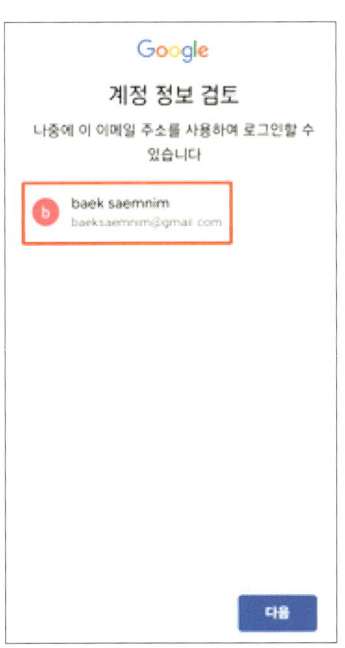  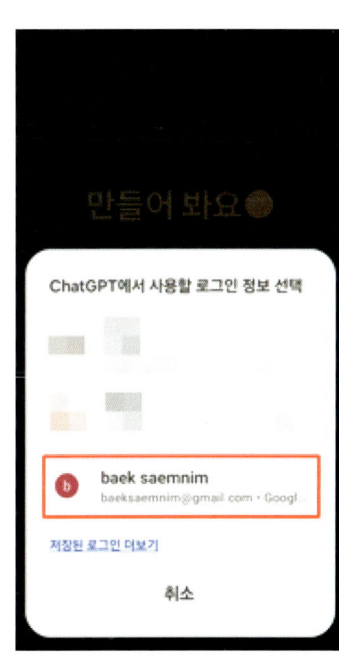

1. 이어지는 [계정 정보 검토] 단계에서 현재까지 만들어진 이름과 Gmail 주소를 확인할 수 있습니다.
2. ① [개인 정보 보호 및 약관]에서 해당 항목에 동의한 후, ② [계정 만들기]를 클릭하여 구글 계정 만들기를 완료합니다.
3. 생성된 Gmail로 이후에 챗GPT [회원가입]을 진행합니다.

2 챗GPT 설치하기

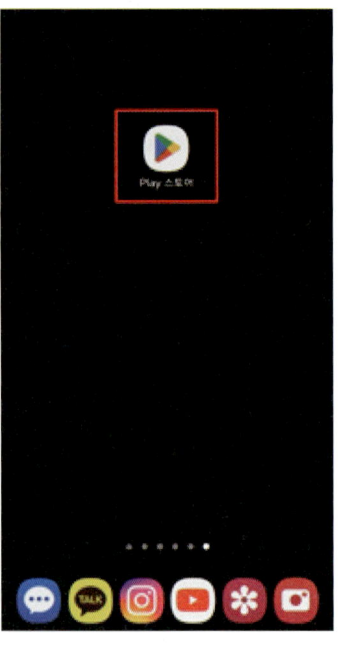 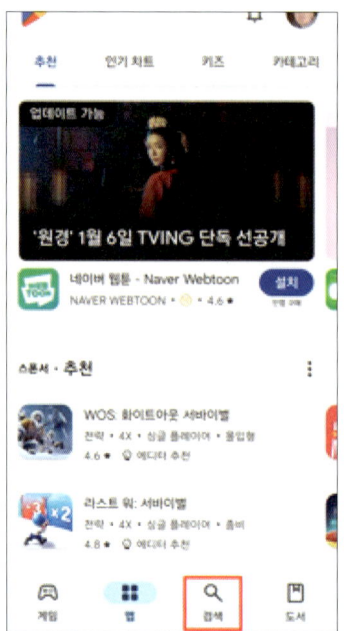 

1 [Play 스토어 ▶]를 터치합니다.
2 화면 아래의 [검색]을 터치합니다.
3 화면 상단의 [앱 및 게임 검색]을 터치하여 [챗GPT]를 입력합니다.

  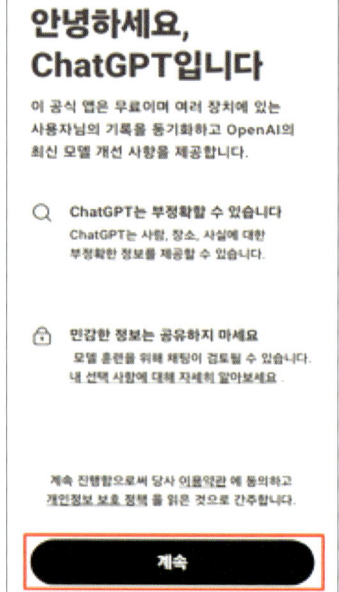

1 ① 상단의 검색창에 [챗gpt]를 입력하여 앱 조회를 하고, ② [ChatGPT (OpenAI)]를 선택하여 설치합니다. 2 설치가 완료되면 [열기]를 터치하여 실행합니다.
3 챗GPT가 설치되고 간단한 안내문이 나오면 [계속]을 터치하여 진행합니다.

3 챗GPT 회원가입 하기

  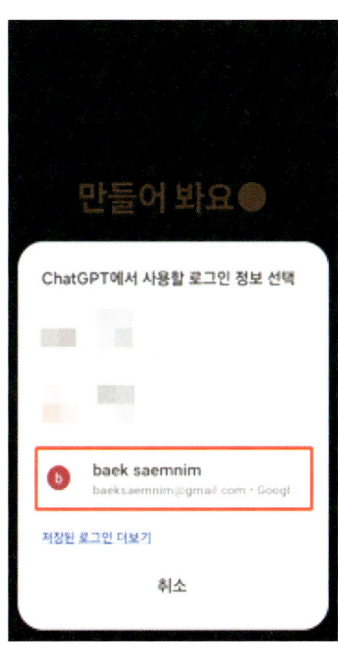

1 챗GPT 시작 화면 상단 오른쪽의 [회원 가입]을 터치하여 회원가입을 진행합니다. **2** [Google로 계속하기]를 터치합니다. **3** 나의 구글 계정들 중 하나를 선택하여 챗GPT에 로그인합니다. 앞에서 구글 계정 추가하기로 만든 나의 새로운 구글 계정이 뜹니다.

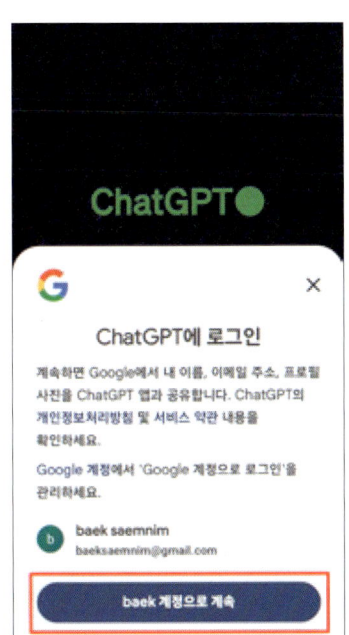  

1 선택한 구글 계정으로 회원가입 및 로그인이 진행됩니다. [??? 계정으로 계속]을 터치합니다.
2 ① 사용자 이름을 확인 후 [생일]을 입력합니다. ② [계속]을 터치하여 이용약관에 동의 절차를 진행합니다.
3 [무엇이든 부탁하세요] 입력란에 입력하여 챗GPT를 시작합니다.

4 챗GPT 기능 알아보기

① [입력창]은 질문이나 요청을 입력하는 공간입니다.
② [확장 기능 추가]는 이미지, 파일, 예시 데이터, 플러그인 등 다양한 기능이나 자료를 추가할 수 있습니다.
③ [웹 검색]은 실시간으로 인터넷에서 정보를 검색해 반영하는 기능입니다.
④ [이성(아이디어)]은 창의적인 아이디어를 제안하거나 브레인스토밍을 도와주는 기능입니다.
⑤ [음성 입력]은 사용자의 음성을 텍스트로 바꿔주는 기본 음성 입력 기능입니다.
⑥ [음성 대화]는 챗GPT와 음성으로 대화를 주고받을 수 있는 고급 기능입니다.
⑦ [Plus 이용하기]는 유료 요금제(ChatGPT Plus)로 업그레이드하는 메뉴입니다.
⑧ [임시 채팅 시작]은 채팅 기록을 저장하지 않고 대화할 수 있는 기능입니다.

  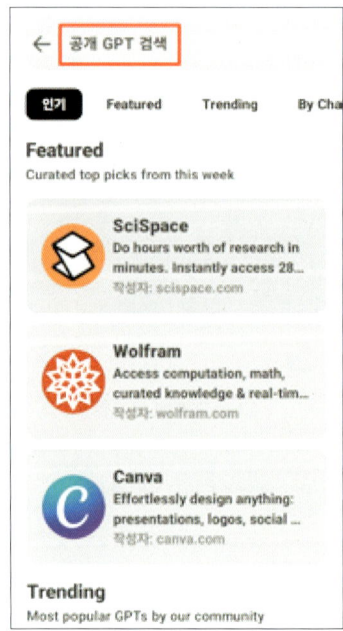

1 [햄버거 모양]버튼은 설정, 계정 정보, 테마 변경 등을 할 수 있는 사이드 메뉴 열기입니다.

2 ① [연필 모양]아이콘은 새 채팅 시작 버튼으로 새로운 대화를 시작할 때 누릅니다. ② [GPT 탐색하기] 기능은 다양한 [공개 GPT]들을 탐색하는 기능입니다. ③ [최근 채팅 없음]은 이전 대화가 없음을 나타냅니다. 향후 챗GPT와 이루어지는 모든 작업들이 이곳에 기록되어 나타납니다. ④ [사용자 프로필]은 현재 로그인된 사용자 계정을 나타내며, 이곳을 터치하여 다양한 설정을 할 수 있습니다.

3 [GPT 탐색하기]를 터치했을 때 나타나는 [공개 GPT] 목록입니다.

5 챗GPT 기능 사용하기

 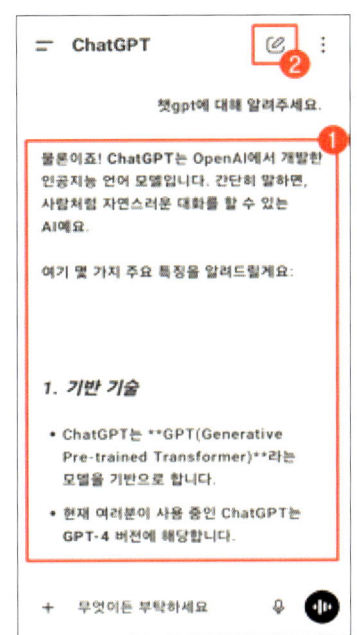 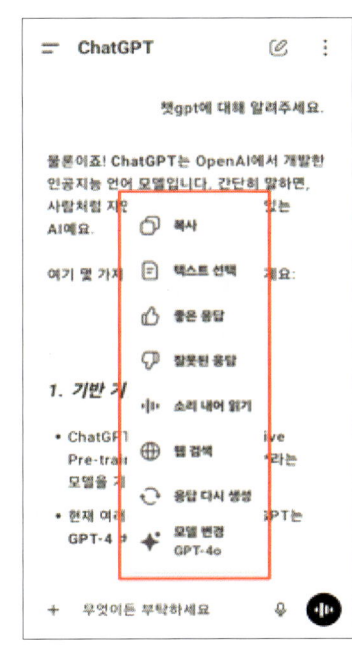

1 ① 입력창에 질문합니다. [챗gpt에 대해 알려주세요.]라고 질문을 입력해 보았습니다.
　② [화살표]버튼 터치하여 질문을 완료합니다.
2 ① 챗GPT가 질문에 대한 답을 합니다. ② 새 채팅을 하려면 [연필모양]아이콘을 터치합니다.
3 [화면의 글자를 터치]하여 [복사], [소리 내어 읽기], [웹검색], [응답 다시 생성] 등의 기능을 수행합니다.

1 [귀여운 고양이를 그려주세요.]라고 명령을 해 보았습니다.
2 귀여운 고양이가 그려졌습니다. 챗GPT의 무료 버전에서도 이미지 생성 기능이 제공되나 속도가 느리며 만들 수 있는 이미지의 개수에 제한이 있습니다.
3 ① [저장] 버튼을 터치하여 스마트폰의 [갤러리]에 저장합니다. ② [공유]버튼을 터치하여 카카오톡이나 메시지를 이용하여 친구에게 그림을 공유할 수 있습니다.

 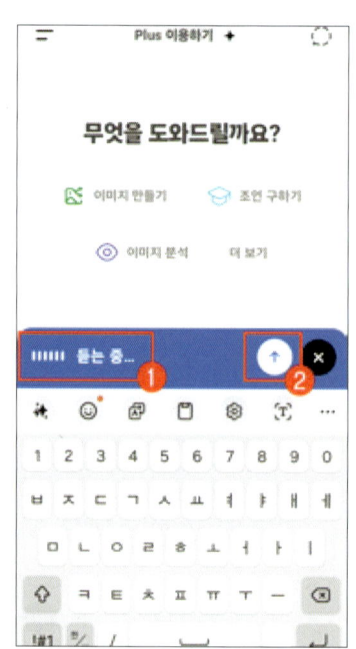 

1 이번에는 음성으로 질문을 입력해 보겠습니다. [마이크] 모양 아이콘을 터치합니다.

2 ① [듣는 중…] 문구와 함께 나의 목소리가 저장됩니다. ② 녹음이 완료되면 [화살표]버튼을 터치합니다.

3 [텍스트로 변환 중…]이라는 문구와 함께 녹음된 음성이 텍스트로 변환이 됩니다.

 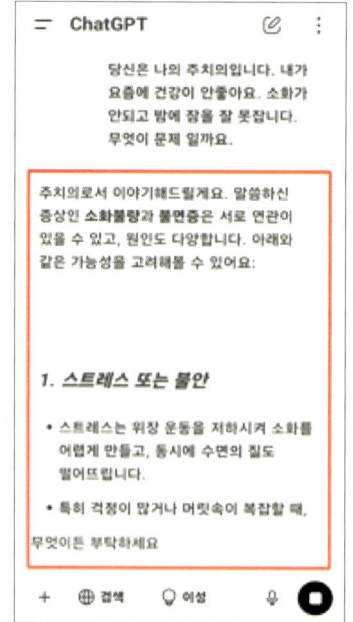 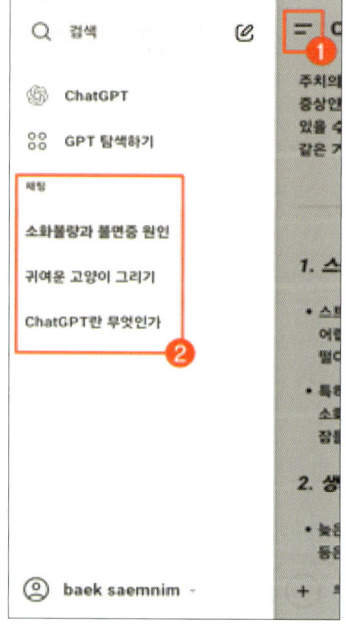

1 "당신은 나의 주치의입니다. 내가 요즘에 건강이 안 좋아요. 소화가 안 되고 밤에 잠을 잘 못잡니다. 무엇이 문제일까요."라는 나의 음성이 텍스트로 변환되어 입력창에 입력이 됩니다.

2 입력된 텍스트에 따라 챗GPT가 답변합니다.

3 ① 상단 좌측의 [햄버거] 모양의 사이드 메뉴 열기를 하면 ② 지금까지 챗GPT와 나누었던 모든 대화가 저장이 되어 있습니다. 해당 질문을 터치하여 대화를 이어갈 수 있습니다.

6 음성 대화 시작하기

챗GPT 음성 모드는 모바일 및 데스크톱에서 제공되며, [표준 음성]과 [고급 음성]으로 나뉩니다. 표준 음성은 무료 사용자를 포함한 모든 로그인 사용자에게 제공되며, 고급 음성은 Plus, Pro 및 Team 사용자에게 제공되고 있습니다. 또한 일일 사용 제한(45분)이 있으며 무료 사용자에게는 월별 미리보기 형태로 짧게 제공되고 있습니다. 고급 음성 모드는 종료 15분 전에 화면에 알림을 띄워주며, 이후 표준 음성으로 전환됩니다. 고급 음성은 GPT-4o 기술을 사용하여 단순히 음성으로 말하고 듣는 것뿐 아니라 비디오, 화면 공유, 이미지 업로드 같은 다양한 기능을 지원합니다.

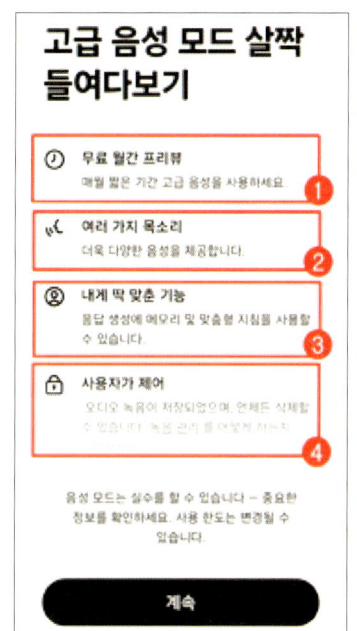

1 화면의 중간 우측에 있는 음성 아이콘이 [음성 대화 모드]입니다.

2 음성모드에 처음으로 들어갔다면 간단한 고급 음성 모드 소개 화면이 나옵니다.
  ① **무료 월간 프리뷰**: 무료 사용자의 경우 매월 짧은 시간 동안 고급 음성 모드를 사용할 수 있습니다.
  ② **여러 가지 목소리**: 음성 모드에서 대화할 수 있는 AI 음성을 선택할 수 있습니다. 음성은 남/녀 및 다양한 음성톤에 따라 9가지의 종류가 있습니다.
  ③ **내게 딱 맞춘 기능**: 응답 생성에 필요한 메모리 및 맞춤형 지침을 사용할 수 있습니다. 챗GPT 설정에서 필요한 맞춤형 지침을 넣을 수 있습니다.
  ④ **사용자가 제어**: 대화한 오디오는 자동으로 저장되며, 언제든 재생 및 삭제가 가능합니다.

3 고급 음성 모드 시작 시 대화하고 싶은 음성을 선택할 수 있습니다. 9가지의 다양한 음성을 듣고 선택할 수 있습니다. 선택 후 [완료]를 터치하면 음성으로 대화를 시작합니다.

 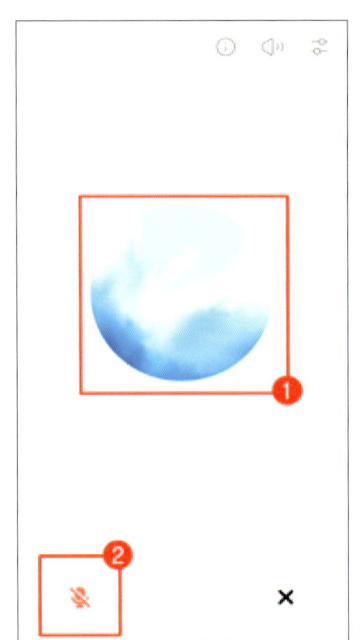 

1 이번에는 음성으로 질문을 입력해 보겠습니다. [마이크] 모양 아이콘을 터치합니다.

2 ① 중앙에 [파란색 구슬]이 있는 화면으로 이동하게 됩니다. ② 화면 하단의 [마이크] 아이콘은 마이크 음성을 [켜기 / 끄기] 할 수 있습니다.

3 [X] 버튼을 눌러 음성 대화를 종료합니다.

 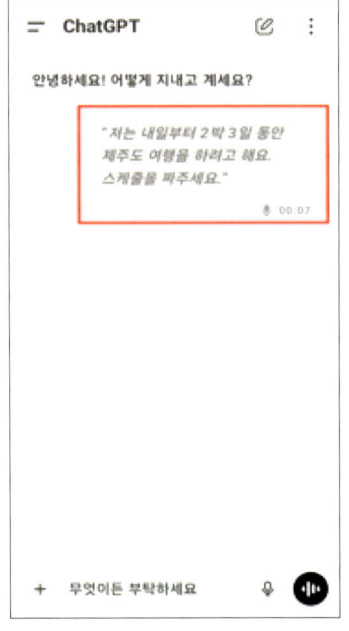 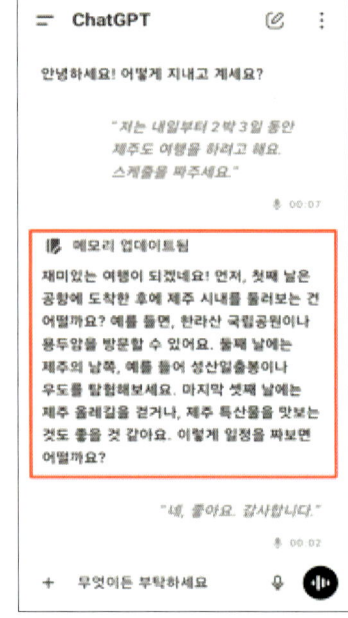

1 음성모드를 시작하면 챗GPT와 대화가 시작됩니다. 아래는 대화의 예시입니다. 챗GPT가 인사를 합니다.

2 챗GPT에게 제주도 여행 스케쥴을 짜달라고 요청합니다.

3 챗GPT가 여행 스케쥴을 짜서 제시합니다.

AI 추천사이트

클로바노트

1. 클로바노트 (Clova Note)
클로바노트는 **음성 녹음을 자동으로 텍스트로 변환해주는 인공지능 필기 앱**입니다. 회의, 강의, 인터뷰 등 다양한 상황에서 녹음한 내용을 빠르고 정확하게 받아쓰기 할 수 있습니다. 중요한 내용을 쉽게 기록하고, 검색하거나 공유할 수 있어 실생활에 매우 편리합니다.

메디세이프

2. 메디세이프 (Medisafe)
메디세이프는 **약 복용 시간을 잊지 않도록 알림을 제공하는 건강관리 앱**입니다. 복용해야 할 약의 이름과 시간을 등록하면, 정해진 시간에 알림을 보내줍니다. 가족이나 보호자와 정보 공유도 가능해, 꾸준한 약 복용이 필요한 시니어에게 특히 유용합니다.

Life360

3. Life360
Life360은 **가족 위치 공유와 안전 알림 기능을 제공하는 앱**입니다. 가족 구성원이 어디에 있는지 실시간으로 확인할 수 있고, 긴급 상황 발생 시 위치를 빠르게 공유할 수 있습니다. 외출이 잦은 시니어와 가족 모두에게 안심을 더해주는 서비스입니다.

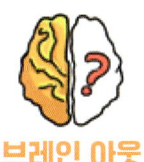
브레인 아웃

4. 브레인 아웃 (Brain Out)
브레인 아웃은 **창의력과 논리력을 키워주는 두뇌 훈련 게임 앱**입니다. 다양한 퍼즐과 문제를 풀면서 사고력을 기를 수 있어, 시니어의 인지 능력 유지와 치매 예방에도 도움이 됩니다. 쉽고 재미있는 방식으로 두뇌를 자극할 수 있습니다.

텍스트 음성 변환

5. 텍스트 음성 변환
텍스트 음성 변환은 **입력한 글자를 자연스러운 음성으로 읽어주는 앱**입니다. 시각 장애인이나 글을 읽기 어려운 사용자도 손쉽게 정보를 들을 수 있도록 도와줍니다. 다양한 목소리와 언어를 선택할 수 있으며, 간단한 조작으로 텍스트를 음성으로 변환해 파일로 저장하거나 공유할 수 있습니다

국민비서 구삐

6. 국민비서 구삐(정부 알림 앱)
국민비서 구삐는 **정부에서 제공하는 알림 서비스 앱**입니다. 건강검진, 백신 접종, 연금, 세금 등 다양한 행정 정보를 미리 받아볼 수 있어, 중요한 일정을 놓치지 않고 챙길 수 있습니다. 카카오톡, 네이버 등 다양한 플랫폼에서도 이용 가능합니다.

활용편

1. 샌드애니웨어 (send-anywhere.com)

샌드애니웨어는 **쉽고 빠른 무제한 파일 전송 서비스**입니다. 모바일, PC, 태블릿 등 다양한 기기에서 간편하게 파일을 주고받을 수 있습니다. 별도의 회원가입 없이도 파일을 전송할 수 있으며, 사진, 동영상, 문서 등 다양한 파일 형식을 지원해 일상에서 유용하게 활용할 수 있습니다.

2. 웜홀 (Wormhole.app)

웜홀(Wormhole) 서비스는 **10GB 이상의 대용량도 빠른 속도로 전송이 가능한 무료 서비스**입니다. 별도의 설치가 필요 없는 웹 기반 서비스로, 스마트폰과 PC, 태블릿 등 기기 구분 없이 파일을 안전하게 공유할 수 있습니다. 파일은 암호화되어 전송되며, 일정 시간이 지나면 자동으로 삭제되어 보안도 뛰어납니다.

3. 리무브 (remove.bg)

remove는 **개인이 무료로 사용할 수 있는 배경제거 사이트**입니다. 인공지능 기술을 활용하여 피사체를 인식하고, 배경을 깔끔하게 지워줍니다. 안드로이드폰은 구글 플레이스토어에서도 다운받아 사용할 수 있습니다. 캔바 CANVA 에디터를 활용해서 디자인을 만들 수도 있습니다.

4. 구글 렌즈 (Google Lens)

구글 렌즈는 **사진 속 사물, 글자, 식물, 동물 등을 인식하여 정보를 제공하는 인공지능 서비스**입니다. 스마트폰 카메라로 사물을 비추면 자동으로 번역, 검색, 복사, 쇼핑 등 다양한 기능을 이용할 수 있습니다. 명함 저장, 음식 사진 검색 등 일상생활에서 매우 유용하게 활용됩니다.

5. 포토스캐너 (Google 포토스캐너)

포토스캐너는 **인공지능을 활용해 종이 사진이나 문서를 스마트폰 카메라로 스캔하여 디지털 파일로 저장할 수 있는 앱**입니다. 자동으로 왜곡을 보정하고, 색상과 밝기를 조정해 원본에 가까운 이미지를 만들어줍니다. 오래된 사진이나 중요한 문서를 보관할 때 편리합니다.

6. 파파고 (Papago)

파파고는 **네이버에서 제공하는 인공지능 번역 서비스**입니다. 텍스트, 음성, 이미지 등 다양한 형태의 번역을 지원하며, 영어는 물론 일본어, 중국어 등 여러 언어를 실시간으로 번역할 수 있습니다. 해외 여행이나 외국어 자료 활용 시 매우 유용합니다.

7. 리미니 (Remini.ai)

리미니는 **인공지능 기술을 이용해 흐릿하거나 오래된 사진을 선명하게 복원해주는 앱**입니다. 손상된 사진이나 저화질 이미지를 고화질로 변환할 수 있어, 소중한 추억을 다시 감상할 수 있습니다. 간단한 조작만으로 사진 품질을 높일 수 있습니다.

유용한 사이트 소개

1 스마트쉼센터

- 인터넷, 스마트폰 과의존으로 어려움을 겪고 있는 사람들을 위해 과의존 진단을 받을 수 있으며 상담이 필요한 경우 온라인 상담 및 센터내방상담, 가정방문상담으로 도움을 주는 센터입니다.
- 기관에서 예방교육을 신청할 수 있으며 자료실에서 콘텐츠 교육자료, 상담사례를 참고할 수 있습니다.
- 스마트폰 과의존 상담 전문인력을 양성하고 전국에 18개 스마트쉼센터가 운영되고 있습니다.

2 스마트초이스

- 통신서비스 이용자에게 통신요금, 통신서비스 관련 정보를 알기 쉽고 체계적으로 제공하기 위해 한국 통신사업자 연합회에서 운영하는 통신요금 정보포털 사이트입니다.
- 이동전화 요금제 추천과 요금 할인 단말기 지원금 조회, 분실·도난 단말기 조회, 통신 미환급금 조회 등을 확인할 수 있으며 eSIM이 탑재된 스마트폰도 가입, 해지, 번호이동이 가능합니다.

3 시티즌 코난

- 스마트폰의 보이스피싱에 악용되는 악성앱을 탐지하기 위한 악성앱 순간 탐지기로 경찰대학 치안정책연구소와 (주)인피니그루에서 개발하고 공동 운영하고 있습니다.
- 전화 가로채기앱, 금융기관 사칭앱, 경찰/검찰 등의 공공기관 사칭앱, 의료 사칭앱, 택배/쇼핑 사칭앱, 몸캠 악성앱 등을 실시간으로 탐지 가능하며 미설치된 악성파일(.apk/ .zip)의 탐지 및 삭제도 가능합니다.

4 피싱아이즈

피싱아이즈는 금융 보이스피싱 탐지 및 예방 솔루션으로서 시티즌코난(피싱아이즈 폴리스)과 함께 운영되고 있습니다. 피싱아이즈는 경찰청 및 제휴된 금융사와 다양한 유형의 피싱에 대해 실시간적으로 공동 대응함으로써, 피싱범의 4대 현혹 행위(악성 앱, 원격제어 앱, 문자, 카카오톡)와 5대 갈취 채널(APP, WEB, ARS, ATM, 창구)로부터 보이스피싱을 예방하는 국내 유일의 "보이스피싱 민관 공동 대응망 서비스" 입니다. 피싱아이즈는 경찰대학 치안정책 연구소와 함께 운영하는 시티즌코난(= 피싱아이즈 폴리스)과 함께 운영됩니다.

5 더치트(thecheat.co.kr)

더치트는 2006년 1월 4일 비영리로 개설된 국내 최초의 사기피해 정보공유 사이트이며, 사기피해사례 공유를 통한 사기피해 재발방지 및 피해자 간 공동대응을 목적으로 운영되고 있습니다. 모바일 앱도 이용할 수 있습니다.

중고거래 특성상 소액의 경우 수수료가 아까워서 그냥 선입금을 해 버리는 경우가 있는데 그러면 중고 사기의 위험성이 높아집니다. 이와 같은 중고거래 사기이를 막기 위해서 제공되는 서비스가 바로 더치트입니다. 더치트는 문제가 있는 사용자의 이름이나 아이디 휴대폰 번호로 계좌번호 등을 공유하는 사이트라고 합니다. 피해자들의 자발적 신고로 데이터베이스가 쌓여 있기 때문에 신뢰도가 높은 편입니다. 그럼에도 불구하고 등록된 데이터가 없는 경우도 있어서 주의를 필요로 합니다.

더치트를 이용하더라도 모든 피해를 막거나 확인이 불가능한 경우도 있기 때문에 안심할 수는 없습니다. 가급적 지역 주민과 바로 직거래할 수 있는 플랫폼 이용을 권장합니다. 꼭 택배를 통한 중고거래를 해야겠다면 앞서 언급한 것처럼 더치트를 통해 먼저 조회를 해보시는게 좋습니다.

만약 판매자가 선입금을 하라고 하면 입금은 절대 하지 말고 에스크로 또는 네이버페이 등 안전거래를 이용하도록 합니다. 물론 수수료는 구매자가 부담하는 조건으로 제시하면 웬만해선 판매자도 오케이 합니다. 때문에 안전 거래를 하는 것이 좋습니다.

6 건강e음

건강보험심사평가원의 모바일 앱 서비스인 『건강e음』은 기관 홈페이지(www.hira.or.kr)의 주요 조회·신청서비스를 모바일 환경에서 쉽고 편리하게 이용할 수 있도록 구성하였습니다.

● **건강e음 주요서비스**

※ **비급여 진료비 정보:** 의료기관에서 제출한 비급여 진료비용의 가격 등을 확인하여 공개함으로써, 해당 의료기관의 적정한 비급여 제공과 의료기관을 이용하는 환자의 합리적인 선택을 돕습니다.

※ **내 진료정보 열람:** 내가 낸 진료비, 총 진료비 등과 진료내역, 처방조제내역 등의 정보를 확인할 수 있습니다.

※ **나의 건강수첩:** 올 한해의 한방 추나요법, 치과 스케일링, 물리치료, 응급진료, 방사선단순영상 촬영 횟수 등 나의 의료이용 정보를 확인할 수 있습니다.

7 응급 의료 정보제공

보건복지부는 응급의료 수요 증가 및 급변하는 IT(정보기술) 환경에 부응하기 위하여 스마트폰을 이용한 응급의료 관련 정보제공을 시작합니다.

● **[응급의료정보제공 앱 주요 기능]**

※ **지도 중심으로 실시간 진료 가능한 병원 찾기**
  - 내 위치를 중심으로 주변 병의원 및 약국을 검색할 수 있습니다.

※ **즐겨찾기로 자주 가는 병의원 및 약국 모아 보기**
  - 자주 가는 병원을 즐겨찾기에 등록하고, 등록된 병원의 상세정보를 빠르게 찾을 수 있습니다.

※ **응급실 상황 한눈에 보기**
  - 현재 위치를 기반으로 각 응급실의 세부 상황을 한눈에 파악할 수 있습니다.

※ **야간/주말 진료 가능한 병원 찾기**
  - 야간이나 주말에 현재 운영 중인 병의원 및 약국을 빠르게 찾을 수 있도록 아이콘을 제공하고 있습니다.

※ **현 위치 중심으로 내 주변 AED 찾기**
  - 내 주변에 있는 AED(자동 심장 충격기)를 빠르게 찾을 수 있고, 점검 상태를 알 수 있습니다. (60일 이내 점검 여부)

※ **명절 응급의료기관(휴일지킴이약국)찾기**
  - 명절 시기에 운영하는 병의원 및 약국을 조회할 수 있습니다.

 대한민국을 넘어
전 세계가 스마트해지는 그날까지
디지털 콘텐츠 그룹이 함께 합니다!